2021年期货从业人员考试通关辅导丛书

期货法律法规通关题库

期货从业人员考试通关辅导丛书编写组 | 编

中国财经出版传媒集团
中国财政经济出版社

图书在版编目（CIP）数据

期货法律法规通关题库 / 期货从业人员考试通关辅导丛书编写组编. --北京：中国财政经济出版社，2021.6

（2021年期货从业人员考试通关辅导丛书）

ISBN 978-7-5223-0447-2

Ⅰ.①期… Ⅱ.①期… Ⅲ.①期货交易-法规-中国-资格考试-习题集 Ⅳ.①D922.287-44

中国版本图书馆CIP数据核字（2021）第050683号

责任编辑：张　莹　　　　责任校对：胡永立

封面设计：田　晗　　　　责任印制：刘春年

期货法律法规通关题库

QIHUO FALU FAGUI TONGGUAN TIKU

中国财政经济出版社 出版

URL：http：//www.cfeph.cn

E-mail：cfeph@cfeph.cn

社址：北京市海淀区阜成路甲28号　邮政编码：100142

营销中心电话：010-88191522

天猫网店：中国财政经济出版社旗舰店

网址：https：//zgczjjcbs.tmall.com

北京密兴印刷有限公司印刷　各地新华书店经销

成品尺寸：170mm×240mm　16开　23.5印张　483 000字

2021年6月第1版　2021年6月北京第1次印刷

定价：60.00元

ISBN 978-7-5223-0447-2

（图书出现印装问题，本社负责调换，电话：010-88190548）

本社质量投诉电话：010-88190744

打击盗版举报热线：010-88191661　QQ：2242791300

目　录

一、《期货交易管理条例》通关练习

（一）单项选择题（在以下各小题所给出的四个选项中，只有一个选项符合题目要求，请将正确选项的代码填入括号中）

1. 设立期货交易所，由（　　）审批。未经国务院批准或者国务院期货监督管理机构批准，任何单位或者个人不得设立期货交易场所或者以任何形式组织期货交易及其相关活动。

A. 国务院期货监督管理机构　　B. 各地期货业协会

C. 各省级人民政府　　D. 中国证监会地方派出机构

【参考答案】A

【答案解析】见《期货交易管理条例》第六条规定，设立期货交易所，由国务院期货监督管理机构审批。

2. 国务院期货监督管理机构根据审慎监管原则和各项业务的风险程度，（　　）期货公司注册资本最低限额。

A. 可以降低　　B. 可以提高

C. 不可以变更　　D. 可以取消

【参考答案】B

【答案解析】见《期货交易管理条例》第十六条规定。

3. 期货公司注册资本应当是实缴资本。股东应当以货币或者期货公司经营必需的非货币财产出资，货币出资比例不得低于（　　）。

A. 60%　　B. 65%

C. 75%　　D. 85%

【参考答案】D

【答案解析】见《期货交易管理条例》第十六条规定。

4. 国务院期货监督管理机构应当在受理期货公司设立申请之日起（　　）个月内，根据审慎监管原则进行审查，做出批准或者不批准的决定。

A. 2　　B. 3

C. 6　　D. 8

【参考答案】C

【答案解析】见《期货交易管理条例》第十六条规定，未经国务院期货监督管理机构批准，任何单位和个人不得委托或者接受他人委托持有或者管理期货公司的股权。

5. 期货公司从事经纪业务，接受客户委托，以自己的名义为客户进行期货交易，交易结果（　　）。

A. 由客户承担　　B. 由期货公司承担

C. 由政府承担　　D. 由保险公司承担

【参考答案】A

【答案解析】见《期货交易管理条例》第十八条规定。

6. 期货公司接受客户委托为其进行期货交易，应当事先向客户出示（　　），经客户签字确认后，与客户签订书面合同。

A. 期货交易许可证　　B. 公司税务登记证

C. 风险说明书　　D. 公司营业执照

【参考答案】C

【答案解析】见《期货交易管理条例》第二十四条规定。

7.《期货交易管理条例》中所称期货交易，是指采用公开的集中交易方式或者（　　）批准的其他方式进行的以期货合约或者期权合约为交易标的的交易活动。

A. 期货公司　　B. 国务院期货监督管理机构

C. 中国期货业协会　　D. 期货交易所

【参考答案】B

【答案解析】期货交易采用公开的集中交易方式或者国务院期货监督管理机构批准的其他方式进行。

8. 期货交易所向会员、期货公司向客户收取的保证金，（　　）国务院期货监督管理机构、期货交易所规定的标准，并应当与自有资金分开，专户存放。

A. 不得高于　　B. 不得低于

C. 要远远高于　　D. 要远远低于

【参考答案】B

【答案解析】见《期货交易管理条例》第二十八条规定。

9. 期货交易所实行（　　）。

A. 当日负债结算制度　　B. 当日无负债结算制度
C. 前一交易日无负债结算制度　　D. 前一交易日无负债结算制度
【参考答案】B
【答案解析】见《期货交易管理条例》第三十三条规定，期货交易所实行当日无负债结算制度。

10.（　）对期货市场实行集中统一的监督管理。
A. 国务院期货监督管理机构　　B. 期货公司
C. 中国期货业协会　　D. 期货交易所
【参考答案】A
【答案解析】国务院期货监督管理机构对期货市场实行集中统一的监督管理。

11. 期货公司根据期货交易所的结算结果对客户进行结算，结算结果（　）。
A. 应当按照与客户约定的方式及时通知客户
B. 可以不及时通知客户
C. 应当按照与客户约定的方式次日通知客户
D. 可以由他人通知客户
【参考答案】A
【答案解析】见《期货交易管理条例》第三十三条规定。

12. 期货交易所会员的保证金不足时，（　）。
A. 1 个工作日内可以拖欠保证金　　B. 应当及时追加保证金或者自行平仓
C. 2 个工作日内可以拖欠保证金　　D. 可向交易所申请借贷
【参考答案】B
【答案解析】见《期货交易管理条例》第三十四条规定，期货交易所会员的保证金不足时，应当及时追加保证金或者自行平仓。

13. 会员未在期货交易所规定的时间内追加保证金或者自行平仓的，期货交易所应当将该会员的合约（　　），有关费用和发生的损失由该会员承担。
A. 申请平仓　　B. 强行平仓
C. 催促平仓　　D. 协议平仓
【参考答案】B
【答案解析】见《期货交易管理条例》第三十四条规定。

14. 实行会员分级结算制度的期货交易所，应当向（　　）收取结算担保金。
A. 结算会员　　B. 非结算会员

C. 结算会员和非结算会员　　　　　　　　D. 全体会员

【参考答案】A

【答案解析】见《期货交易管理条例》第三十七条规定，实行会员分级结算制度的期货交易所，应当向结算会员收取结算担保金。

15. 国有及国有控股企业进行境内外期货交易，应当遵循（　　）的原则，严格遵守国务院国有资产监督管理机构以及其他有关部门关于企业以国有资产进入期货市场的有关规定。

A. 公平公正　　　　　　　　　　　　B. 平衡利益

C. 套期保值　　　　　　　　　　　　D. 不得亏损

【参考答案】C

【答案解析】见《期货交易管理条例》第四十一条规定。

16. 期货公司涉及重大诉讼、仲裁，或者股权被冻结或者用于担保，以及发生其他重大事件时，期货公司及其相关股东、实际控制人应当自该事件发生之日起（　　）日内向国务院期货监督管理机构提交书面报告。

A. 3　　　　　　　　　　　　　　　B. 5

C. 7　　　　　　　　　　　　　　　D. 10

【参考答案】B

【答案解析】见《期货交易管理条例》第六十条规定。

17. 申请设立期货公司，注册资本最低限额为人民币（　　）万元。

A. 1 000　　　　　　　　　　　　　B. 2 000

C. 3 000　　　　　　　　　　　　　D. 5 000

【参考答案】C

【答案解析】见《期货交易管理条例》第十六条规定，申请设立期货公司，注册资本最低限额为人民币 3 000 万元。

18. 申请设立期货公司，主要股东以及实际控制人需具有持续盈利能力，信誉良好，最近（　　）年无重大违法违规记录。

A. 1　　　　　　　　　　　　　　　B. 2

C. 3　　　　　　　　　　　　　　　D. 5

【参考答案】C

【答案解析】申请设立期货公司，主要股东以及实际控制人需具有持续盈利能力，信誉良好，最近 3 年无重大违法违规记录。

19. 会计师事务所、律师事务所、资产评估机构等中介服务机构未勤勉尽责，所出具的文件有虚假记载、误导性陈述或者重大遗漏的，责令改正，没收业务收入，暂停或者撤销相关业务许可，并处业务收入 1 倍以上 5 倍以下的罚款。对直接负责的主管人员和其他直接责任人员给予警告，并处（　　）的罚款。

A. 1 万元以上 5 万元　　B. 3 万元以上 5 万元以下

C. 3 万元以上 10 万元以下　　D. 5 万元以上 10 万元以下

【参考答案】C

【答案解析】见《期货交易管理条例》第七十六条规定。

20. 国务院期货监督管理机构、期货交易所、期货保证金安全存管监控机构和期货保证金存管银行等相关单位的工作人员，泄露知悉的国家秘密或者会员、客户商业秘密，或者徇私舞弊、玩忽职守、滥用职权、收受贿赂的，（　　）。

A. 依法给予行政处分　　B. 依法给予纪律处分

C. 依法给予行政处分或者纪律处分　　D. 依法给予刑事处分

【参考答案】C

【答案解析】见《期货交易管理条例》第七十八条规定。

21. 期货公司新增持有（　　）以上股权的股东或者控股股东发生变化，应当经国务院期货监督管理机构批准。

A. 1%　　B. 2%

C. 3%　　D. 5%

【参考答案】D

【答案解析】见《期货交易管理条例》第十九条规定。

22. 期货公司变更注册资本且调整股权结构，国务院期货监督管理机构应当自受理申请之日起（　　）内做出批准或者不批准的决定。

A. 20 日　　B. 1 个月

C. 2 个月　　D. 3 个月

【参考答案】A

【答案解析】见《期货交易管理条例》第十九条规定。

23. 期货公司办理合并、分立、停业、解散或者破产业务，国务院期货监督管理机构应当自受理申请之日起（　　）内做出批准或者不批准的决定。

A. 20 日　　B. 1 个月

C. 2 个月　　D. 3 个月

【参考答案】C

【答案解析】见《期货交易管理条例》第十九条规定。

24. 期货公司或者其分支机构，成立后无正当理由超过（　　）个月未开始营业，或者开业后无正当理由停业连续（　　）个月以上，国务院期货监督管理理机构应当依法办理期货业务许可证注销手续。

A. 1；1　　B. 2；2

C. 1；3　　D. 3；3

【参考答案】D

【答案解析】见《期货交易管理条例》第二十条规定。

25. 期货交易的结算，由（　）统一组织进行。

A. 期货交易所　　B. 国务院期货监督管理机构

C. 国务院有关主管部门　　D. 中国证监会

【参考答案】A

【答案解析】期货交易的结算，由期货交易所统一组织进行。

26. 期货交易所、期货公司、非期货公司结算会员应当按照（　）、财政部门的规定提取、管理和使用风险准备金，不得挪用。

A. 中国期货业协会　　B. 国务院期货监督管理机构

C. 国务院有关主管部门　　D. 期货交易所

【参考答案】B

【答案解析】期货交易所、期货公司、非期货公司结算会员应当按照国务院期货监督管理机构、财政部门的规定提取、管理和使用风险准备金，不得挪用。

27. 期货交易的收费项目、收费标准和管理办法由（　）统一制定并公布。

A. 中国期货业协会　　B. 国务院期货监督管理机构

C. 国务院相关主管部门　　D. 中国证监会

【参考答案】C

【答案解析】期货交易的收费项目、收费标准和管理办法由国务院有关主管部门统一制定并公布。

28. 会员未在期货交易所规定的时间内追加保证金或者自行平仓的，期货交易所应当将该会员的合约强行平仓，强行平仓的有关费用和发生的损失由（　）。

A. 会员承担　　B. 期货交易所承担

C. 会员和交易所共同分担　　D. 会员和交易所协商解决

【参考答案】A

【答案解析】见《期货交易管理条例》第三十四条规定。

29. 银行业金融机构从事期货交易融资或者担保业务的资格，由（　）批准。

A. 国务院银行监督管理机构　　B. 国务院期货监督管理机构

C. 财政部　　D. 中国证监会

【参考答案】A

【答案解析】见《期货交易管理条例》第四十条规定。

30. 在调查操纵期货交易价格、内幕交易等重大期货违法行为时，经国务院期货监督管理机构主要负责人批准，可以限制被调查事件当事人的期货交易，但限制的时间不得超过（　　）个交易日；案情复杂的，可以延长至（　　）个交易日。

A. 7；15　　B. 15；20

C. 15；30　　D. 30；45

【参考答案】C

【答案解析】见《期货交易管理条例》第四十七条第（七）款规定。

31. 期货投资者保障基金的筹集、管理和使用的具体办法，由（　　）会同国务院财政部门制定。

A. 国务院期货监督管理机构　　B. 期货保证金安全存管监控机构

C. 中国期货业协会　　D. 期货交易所

【参考答案】A

【答案解析】见《期货交易管理条例》第五十条规定。

32. 期货保证金安全存管监控机构依照有关规定对保证金安全实施监控，进行（　　）稽核，发现问题应当立即报告国务院期货监督管理机构。

A. 每日　　B. 每月

C. 每季　　D. 每年

【参考答案】A

【答案解析】见《期货交易管理条例》第五十二条规定。

33. 对经过整改符合有关法律、行政法规规定以及持续性经营规则要求的期货公司，国务院期货监督管理机构应当自验收完毕之日起（　　）日内解除对其采取的有关措施。

A. 3　　B. 5

C. 7　　D. 10

【参考答案】A

【答案解析】见《期货交易管理条例》第五十五条规定。

34. 当期货市场出现异常情况时，（　　）可以采取必要的风险处置措施。

A. 中国期货业协会　　B. 期货公司

C. 国务院期货监督管理机构　　D. 期货交易所

【参考答案】C

【答案解析】见《期货交易管理条例》第五十八条规定。

35. 期货交易所、非期货公司结算会员不按照规定建立、健全结算担保金制度的，对直接负责的主管人员和其他直接责任人员给予纪律处分，并处（　）的罚款。

A. 1 万元以上 5 万元以下　　B. 1 万元以上 10 万元以下

C. 3 万元以上 10 万元以下　　D. 5 万元以上 30 万元以下

【参考答案】B

【答案解析】见《期货交易管理条例》第六十四条规定。

36. 期货交易所允许会员在保证金不足的情况下进行期货交易的，应责令改正，给予警告，没收违法所得，并处（　）的罚款。

A. 1 万元以上 5 万元以下　　B. 1 万元以上 10 万元以下

C. 违法所得 1 倍以上 5 倍以下　　D. 违法所得 5 倍以上

【参考答案】C

【答案解析】见《期货交易管理条例》第六十五条规定。

37. 期货交易所未建立或者未执行当日无负债结算、涨跌停板、持仓限额和大户持仓报告制度，没有违法所得或者违法所得不满 10 万元的，责令改正，给予警告，并处（　）的罚款

A. 1 万元以上 5 万元以下　　B. 3 万元以上 10 万元以下

C. 5 万元以上 30 万元以下　　D. 10 万元以上 50 万元以下

【参考答案】D

【答案解析】见《期货交易管理条例》第六十五条规定。

38. 期货公司违反规定从事与期货业务无关的活动的，责令改正，给予警告，没收违法。没有违法所得或者违法所得不满 10 万元的，并处（　）的罚款；情节严重的，责令停业整顿或者吊销期货业务许可证。

A. 10 万元以上 30 万元以下　　B. 10 万元以上 50 万元以下

C. 30 万元以上 50 万元以下　　D. 50 万元以上 100 万元以下

【参考答案】A

【答案解析】见《期货交易管理条例》第六十六条规定。

39. 期货公司进行混码交易的，对直接负责的主管人员和其他直接责任人员给予警告，并处（　）的罚款；情节严重的，暂停或者撤销期货从业人员资格。

A. 1万元以上3万元以下　　B. 1万元以上5万元以下

C. 1万元以上10万元以下　　D. 5万元以上10万元以下

【参考答案】B

【答案解析】见《期货交易管理条例》第六十六条规定。

40. 期货公司挪用客户保证金的，责令改正，给予警告，没收违法所得，并处违法所得1倍以上5倍以下的罚款；没有违法所得或者违法所得不满10万元的，并处（　　）的罚款；情节严重的，责令停业整顿或者吊销期货业务许可证。

A. 10万元以上30万元以下　　B. 10万元以上50万元以下

C. 30万元以上50万元以下　　D. 20万元以上100万元以下

【参考答案】B

【答案解析】见《期货交易管理条例》第六十七条规定。

41. 期货公司向客户提供虚假成交回报的，对直接负责的主管人员和其他直接责任人员给予警告，并处（　　）的罚款；情节严重的，暂停或者撤销期货从业人员资格。

A. 1万元以上3万元以下　　B. 1万元以上5万元以下

C. 1万元以上10万元以下　　D. 5万元以上10万元以下

【参考答案】C

【答案解析】见《期货交易管理条例》第六十七条规定。

42. 利用内幕信息从事期货交易，或者向他人泄露内幕信息，使他人利用内幕信息进行期货交易的，没收违法所得，并处违法所得（　　）的罚款。

A. 1倍以上3倍以下　　B. 1倍以上5倍以下

C. 3倍以上5倍以下　　D. 5倍以上

【参考答案】B

【答案解析】见《期货交易管理条例》第六十九条规定。

43. 单位从事内幕交易的，应当对直接负责的主管人员和其他直接责任人员给予警告，并处（　　）的罚款。

A. 1万元以上3万元以下　　B. 1万元以上5万元以下

C. 3万元以上10万元以下　　D. 3万元以上30万元以下

【参考答案】D

【答案解析】见《期货交易管理条例》第六十九条规定。

44. 任何单位或者个人，以自己为交易对象，自买自卖，影响期货交易价格或者期货交易量的，责令改正，没收违法所得，并处违法所得1倍以上5倍以下的罚款；没有违法所得或者违法所得不满（　　）万元的，处（　　）的罚款。

A. 3；3 万元以上 30 万元以下　　B. 10；10 万元以上 50 万元以下

C. 30；30 万元以上 50 万元以下　　D. 20；20 万元以上 100 万元以下

【参考答案】D

【答案解析】见《期货交易管理条例》第七十条规定。

45. 任何单位或个人，蓄意串通，按事先约定的时间、价格和方式相互进行期货交易，影响期货交易价格或者期货交易量的，对直接负责的主管人员和其他直接责任人员给予警告，并处（　　）的罚款。

A. 1 万元以上 5 万元以下　　B. 1 万元以上 10 万元以下

C. 3 万元以上 10 万元以下　　D. 3 万元以上 30 万元以下

【参考答案】B

【答案解析】见《期货交易管理条例》第七十条规定。

46. 国有及国有控股企业违反期货交易管理条例和国务院国有资产监督管理机构以及其他有关部门关于企业以国有资产进入期货市场的有关规定进行期货交易，或者单位、个人违规使用信贷资金、财政资金进行期货交易的，给予警告，没收违法所得，并处违法所得（　　）的罚款。

A. 1 倍以上 3 倍以下　　B. 1 倍以上 5 倍以下

C. 3 倍以上 5 倍以下　　D. 5 倍以上

【参考答案】B

【答案解析】见《期货交易管理条例》第七十二条规定。

47. 国有及国有控股企业违反期货交易管理条例和国务院国有资产监督管理机构以及其他有关部门关于企业以国有资产进入期货市场的有关规定进行期货交易的，对直接负责的主管人员和其他直接责任人员给予（　　）。

A. 1 万元以上 5 万元以下的罚款　　B. 1 万元以上 10 万元以下的罚款

C. 3 万元以上 10 万元以下的罚款　　D. 降级直至开除的纪律处分

【参考答案】D

【答案解析】见《期货交易管理条例》第七十二条规定。

48. 境内单位或者个人违反规定从事境外期货交易的，责令改正，给予警告，没收违法所得，并处违法所得（　　）的罚款。

A. 1 倍以上 5 倍以下　　B. 3 倍以上 10 倍以下

C. 3 倍以上 15 倍以下　　D. 3 倍以上 30 倍以下

【参考答案】A

【答案解析】见《期货交易管理条例》第七十三条规定。

49. 境内单位或者个人违反规定从事境外期货交易的，责令改正，给予警告，没收违法所得。没有违法所得或者违法所得不满（ ）万元的，并处（ ）的罚款；情节严重的，暂停其境外期货交易。

A. 3；3 万元以上 30 万元以下　　B. 10；10 万元以上 50 万元以下

C. 30；30 万元以上 50 万元以下　　D. 20；20 万元以上 100 万元以下

【参考答案】D

【答案解析】见《期货交易管理条例》第七十三条规定。

50. 非法设立期货交易场所或者以其他形式组织期货交易活动的，由所在地县级以上地方人民政府予以取缔，没收违法所得，并处违法所得（ ）的罚款。

A. 1 倍以上 5 倍以下　　B. 1 倍以上 10 倍以下

C. 3 倍以上 10 倍以下　　D. 3 倍以上 30 倍以下

【参考答案】A

【答案解析】见《期货交易管理条例》第七十四条规定。

51. 非法设立期货交易场所或者以其他形式组织期货交易活动的，由所在地县级以上地方人民政府予以取缔，对单位直接负责的主管人员和其他直接责任人员给予警告，并处（ ）。

A. 1 万元以上 5 万元以下的罚款　　B. 1 万元以上 10 万元以下的罚款

C. 3 万元以上 10 万元以下的罚款　　D. 降级直至开除的纪律处分

【参考答案】B

【答案解析】见《期货交易管理条例》第七十四条规定。

52. 非法设立期货公司及其他期货经营机构，或者擅自从事期货业务的，予以取缔，没收违法所得，没有违法所得或者违法所得不满（ ）万元的，处（ ）的罚款。

A. 3；3 万元以上 30 万元以下　　B. 10；10 万元以上 50 万元以下

C. 30；30 万元以上 50 万元以下　　D. 20；20 万元以上 100 万元以下

【参考答案】D

【答案解析】见《期货交易管理条例》第七十四条规定。

53. 期货公司的交易软件、结算软件供应商拒不配合国务院期货监督管理机构调查，或者未按照规定向国务院期货监督管理机构提供相关软件资料，或者提供的软件资料有虚假、重大遗漏的，责令改正，处（ ）的罚款。

A. 1 万元以上 5 万元以下　　B. 1 万元以上 10 万元以下

C. 3 万元以上 10 万元以下　　D. 3 万元以上 30 万元以下

【参考答案】C

【答案解析】见《期货交易管理条例》第七十五条规定。

54. 结算，是指根据（ ）公布的结算价格对交易双方的交易结果进行的资金清算和划转。

A. 国务院期货监督管理机构 B. 期货交易所

C. 中国证监会 D. 中国期货业协会

【参考答案】B

【答案解析】结算是指根据期货交易所公布的结算价格对交易双方的交易结果进行的资金清算和划转。

55. 下列说法正确的是（ ）。

A. 持仓限额，是指期货交易所对期货交易者的持仓量规定的最低数额

B. 持仓量，是指期货交易者所持有的平仓合约的数量

C. 标准仓单，是指交割仓库开具并经期货交易所认定的标准化提货凭证

D. 商品期货合约，是指以农产品、工业品、能源、有价证券和其他商品及其相关指数产品为标的物的期货合约

【参考答案】C

【答案解析】见《期货交易管理条例》第八十一条规定。

（二）多项选择题（以下各小题给出的四个选项中，至少有两项符合题目要求，请将符合题目要求选项的代码填入括号内）

1. 从事期货交易活动，应当遵循（ ）的原则。禁止欺诈、内幕交易和操纵期货交易价格等违法行为。

A. 公开 B. 公平

C. 公正 D. 诚实信用

【参考答案】ABCD

【答案解析】见《期货交易管理条例》第三条规定。

2. 以下说法正确的有（ ）。

A. 任何单位和个人从事期货交易及其相关活动，应当遵守《期货交易管理条例》

B.《期货交易管理条例》所称期货交易，是指采用公开的集中交易方式或者中国证监会批准的其他方式进行的以期货合约或者期权合约为交易标的的交易活动

C.《期货交易管理条例》所称期货合约，是指期货交易场所统一制定的、规

定在将来某一特定的时间和地点交割一定数量标的物的标准化合约

D.《期货交易管理条例》所称期权合约，是指期货交易场所统一制定的、规定买方有权在将来某一时间以特定价格买入或者卖出约定标的物（包括期货合约）的标准化合约

【参考答案】ABCD

【答案解析】见《期货交易管理条例》第二条规定。

3. 期货交易所履行的职责包括（　　）。

A. 提供交易的场所、设施和服务　　B. 设计合约，安排合约上市

C. 组织并监督交易、结算和交割　　D. 为期货交易提供集中履约担保

【参考答案】ABCD

【答案解析】根据《期货交易管理条例》第十条规定，期货交易所履行的职责除上述条款外，还包括按照章程和交易规则对会员进行监督管理；以及国务院期货监督管理机构规定的其他职责。

4. 期货交易所应当按照国家有关规定建立、健全的风险管理制度包括（　　）。

A. 保证金制度　　B. 当日无负债结算制度

C. 涨跌停板制度　　D. 持仓限额和大户持仓报告制度

【参考答案】ABCD

【答案解析】见《期货交易管理条例》第十一条规定。

5. 当期货市场出现异常情况时，期货交易所可以按照其章程规定的权限和程序，决定采取紧急措施，包括（　　）。

A. 提高保证金

B. 调整涨跌停板幅度

C. 限制会员或者客户的最大持仓量

D. 暂时停止交易

【参考答案】ABCD

【答案解析】见《期货交易管理条例》第十二条规定。

6. 期货交易所办理（　　）事项时，应当经国务院期货监督管理机构批准。

A. 制定或者修改章程、交易规则

B. 上市、取消或者恢复交易品种

C. 上市、中止、取消或者恢复交易品种

D. 国务院期货监督管理机构规定的其他事项

【参考答案】ACD

【答案解析】见《期货交易管理条例》第十三条规定。

7. 申请设立期货公司，应当符合《公司法》的规定，其应具备的条件包括（　）。

A. 注册资本最低限额为人民币 3000 万元

B. 董事、监事、高级管理人员具备任职条件，从业人员具有期货从业资格

C. 有符合法律、行政法规规定的公司章程

D. 主要股东以及实际控制人具有持续盈利能力，信誉良好，最近 3 年无重大违法违规记录

【参考答案】ABCD

【答案解析】见《期货交易管理条例》第十六条规定。

8. 期货公司办理事项时，应当经国务院期货监督管理机构批准的包括（　）。

A. 合并、分立、停业、解散或者破产

B. 变更业务范围

C. 变更注册资本且调整股权结构

D. 新增持有 5% 以上股权的股东或者控股股东发生变化

【参考答案】ABCD

【答案解析】见《期货交易管理条例》第十九条规定。

9. 期货公司或者其分支机构有下列情形之一的，国务院期货监督管理机构应当依法办理期货业务许可证注销手续，包括（　）。

A. 营业执照被公司登记机关依法注销

B. 成立后无正当理由超过 3 个月未开始营业，或者开业后无正当理由停业连续 3 个月以上

C. 主动提出注销申请

D. 国务院期货监督管理机构规定的其他情形

【参考答案】ABCD

【答案解析】见《期货交易管理条例》第二十条规定。

10. 下列属于不得从事期货交易，期货公司不得接受其委托为其进行期货交易的单位和个人的有（　）。

A. 国家机关和事业单位

B. 国务院期货监督管理机构、期货交易所、期货保证金安全存管监控机构和期货业协会的工作人员

C. 证券、期货市场禁止进入者

D. 未能提供开户证明材料的单位和个人

【参考答案】ABCD

【答案解析】见《期货交易管理条例》第二十五条规定。

11. 期货交易所应当及时公布上市品种合约的成交量、（　　）和其他应当公布的即时行情，并保证即时行情的真实、准确。

A. 成交价　　B. 持仓量

C. 最高价与最低价　　D. 开盘价与收盘价

【参考答案】ABCD

【答案解析】见《期货交易管理条例》第二十七条规定。

12. 期货公司向客户收取的保证金，属于客户所有，除（　　）可划转的情形外，严禁挪作他用。

A. 依据客户要求支付可用资金

B. 依据客户的要求支付可用资金

C. 为客户交存保证金，支付手续费、税款

D. 国务院期货监督管理机构规定的其他情形

【参考答案】ABCD

【答案解析】见《期货交易管理条例》第二十八条规定。

13.（　　）结算会员应当按照国务院期货监督管理机构、财政部门的规定提取、管理和使用风险准备金，不得挪用。

A. 期货交易所　　B. 期货业协会

C. 期货公司　　D. 非期货公司

【参考答案】ACD

【答案解析】见《期货交易管理条例》第三十一条规定。

14. 期货交易的（　　）由国务院有关主管部门统一制定并公布。

A. 收费项目　　B. 收费标准

C. 管理办法　　D. 自律准则

【参考答案】ABC

【答案解析】见《期货交易管理条例》第三十二条规定。

15. 交割仓库不得有的行为包括（　　）。

A. 出具虚假仓单

B. 违反期货交易所业务规则，限制交割商品的入库、出库

C. 泄露与期货交易有关的商业秘密

D. 违反国家有关规定参与期货交易

【参考答案】ABCD

【答案解析】见《期货交易管理条例》第三十五条规定。

16. 期货业协会履行的职责包括（　　）。

A. 教育和组织会员遵守期货法律法规和政策

B. 制定会员应当遵守的行业自律性规则，监督、检查会员行为，对违反协会章程和自律性规则的，按照规定给予纪律处分

C. 负责期货从业人员资格的认定、管理以及撤销工作

D. 受理客户与期货业务有关的投诉，对会员之间、会员与客户之间发生的纠纷进行调解

【参考答案】ABCD

【答案解析】见《期货交易管理条例》第四十五条规定。

17. 国务院期货监督管理机构对期货市场实施监督管理，依法履行的职责包括（　　）。

A. 制定有关期货市场监督管理的规章、规则，并依法行使审批权

B. 对品种的上市、交易、结算、交割等期货交易及其相关活动，进行监督管理

C. 对期货交易所、期货公司及其他期货经营机构、非期货公司结算会员、期货保证金安全存管监控机构、期货保证金存管银行、交割仓库等市场相关参与者的期货业务活动，进行监督管理

D. 制定期货从业人员的资格标准和管理办法，并监督实施

【参考答案】ABCD

【答案解析】见《期货交易管理条例》第四十六条规定。

18. 国务院期货监督管理机构依法履行职责，可以采取的措施包括（　　）。

A. 对期货交易所、期货公司及其他期货经营机构、非期货公司结算会员、期货保证金安全存管监控机构和交割仓库进行现场检查

B. 进入涉嫌违法行为发生场所调查取证

C. 询问当事人和与被调查事件有关的单位和个人，要求其对与被调查事件有关的事项做出说明

D. 查阅、复制与被调查事件有关的物权登记等资料

【参考答案】ABCD

【答案解析】见《期货交易管理条例》第四十七条规定。

19. （　　）应当向国务院期货监督管理机构报送财务会计报告、业务资料和其他有关资料。

A. 中国期货业协会　　B. 期货交易所

C. 期货公司及其他期货经营机构　　D. 期货保证金安全存管监控机构

【参考答案】BCD

【答案解析】见《期货交易管理条例》第四十八条规定。

20. 对期货公司及其他期货经营机构报送的年度报告，审核中发现问题的，必要时，国务院期货监督管理机构可以要求（　　）报送相关资料。

A. 非期货公司结算会员　　B. 交割仓库

C. 期货公司股东　　D. 实际控制人或者其他关联人

【参考答案】ABCD

【答案解析】见《期货交易管理条例》第四十八条规定。

21. 国务院期货监督管理机构对期货交易所和期货保证金安全存管监控机构的（　　），实行资格管理制度。

A. 董事　　B. 监事

C. 高级管理人员　　D. 普通管理人员

【参考答案】ABC

【答案解析】见《期货交易管理条例》第五十三条规定。

22. 国务院期货监督管理机构应当制定期货公司持续性经营规则，对期货公司的（　　）等风险监管指标做出规定。

A. 净资本与净资产的比例

B. 净资本与境内期货经纪、境外期货经纪等业务规模的比例

C. 净资本与流动资产的比例

D. 流动资产与流动负债的比例

【参考答案】ABD

【答案解析】见《期货交易管理条例》第五十四条规定。

23. 期货公司违法经营或者出现重大风险，严重危害期货市场秩序、损害客户利益的，经国务院期货监督管理机构批准，可以对该期货公司直接负责的董事、监事、高级管理人员和其他直接责任人员采取的措施有（　　）。

A. 通知出境管理机关依法阻止其出境

B. 允许其出境

C. 申请司法机关禁止其转移、转让或者以其他方式处分财产，或者在财产上设定其他权利

D. 允许其转移、转让或者以其他方式处分财产，或者在财产上设定其他权利

【参考答案】AC

【答案解析】见《期货交易管理条例》第五十六条规定。

24. (　　)等中介服务机构向期货交易所和期货公司等市场相关参与者提供相关服务时，应当遵守期货法律、行政法规以及国家有关规定，并按照国务院期货监督管理机构的要求提供相关资料。

A. 税务师事务所　　B. 会计师事务所

C. 律师事务所　　D. 资产评估机构

【参考答案】BCD

【答案解析】见《期货交易管理条例》第六十一条规定。

25. 期货交易所有(　　)行为，责令改正，给予警告，没收违法所得，并处违法所得1倍以上5倍以下的罚款；没有违法所得或者违法所得不满10万元的，并处10万元以上50万元以下的罚款；情节严重的，责令停业整顿。

A. 未建立或者未执行当日无负债结算、涨跌停板、持仓限额和大户持仓报告制度的

B. 允许会员在保证金不足的情况下进行期货交易的

C. 直接或者间接参与期货交易，或者违反规定从事与其职责无关的业务的

D. 违反规定收取保证金，或者挪用保证金的

【参考答案】ABCD

【答案解析】见《期货交易管理条例》第六十五条规定。

26. 下列属于期货公司欺诈客户行为的有(　　)。

A. 向客户做获利保证或者不按照规定向客户出示风险说明书的

B. 在经纪业务中与客户约定分享利益、共担风险的

C. 不按照规定接受客户委托或者不按照客户委托内容擅自进行期货交易的

D. 隐瞒重要事项或者使用其他不正当手段，诱骗客户发出交易指令的

【参考答案】ABCD

【答案解析】见《期货交易管理条例》第六十七条规定。

27. 任何单位或者个人有(　　)行为的，责令改正，没收违法所得，并处违法所得1倍以上5倍以下的罚款；没有违法所得或者违法所得不满20万元的，处20万元以上100万元以下的罚款。

A. 单独或者合谋，集中资金优势、持仓优势或者利用信息优势联合或者连续买卖合约，操纵期货交易价格的

B. 蓄意串通，按事先约定的时间、价格和方式相互进行期货交易，影响期货交易价格或者期货交易量的

C. 以自己为交易对象，自买自卖，影响期货交易价格或者期货交易量的；为影响期货市场行情囤积现货的

D. 国务院期货监督管理机构规定的其他操纵期货交易价格的

【参考答案】ABCD

【答案解析】见《期货交易管理条例》第七十条规定。

28. 利用内幕信息从事期货交易，或者向他人泄露内幕信息，使他人利用内幕信息进行期货交易的，(　　)。

A. 没收违法所得，并处违法所得 1 倍以上 5 倍以下的罚款

B. 没有违法所得或者违法所得不满 10 万元的，处 10 万元以上 50 万元以下的罚款

C. 如果是单位从事内幕交易的，还应当对直接负责的主管人员和其他直接责任人员给予警告，并处 3 万元以上 30 万元以下的罚款

D. 国务院期货监督管理机构、期货交易所和期货保证金安全存管监控机构的工作人员进行内幕交易的，从重处罚

【参考答案】ABCD

【答案解析】见《期货交易管理条例》第六十九条规定。

29. 未经(　　)批准，任何单位或者个人不得设立期货交易场所或者以任何形式组织期货交易及其相关活动。

A. 国务院　　B. 国务院期货监督管理机构

C. 期货交易所　　D. 中国期货业协会

【参考答案】AB

【答案解析】见《期货交易管理条例》第六条规定。

30. 以下自被解除职务之日起未逾 5 年，不得担任期货交易所的负责人、财务会计人员的有(　　)。

A. 因违法行为或者违纪行为被解除职务的期货交易所、证券交易所、证券登记结算机构的负责人

B. 期货公司监事

C. 证券公司的董事

D. 期货公司高级管理人员

【参考答案】ABCD

【答案解析】见《期货交易管理条例》第九条规定。

31. 因违法行为或者违纪行为被撤销资格的律师、注册会计师或者(　　)的专业人员，自被撤销资格之日起未逾 5 年，不得担任期货交易所的负责人、财

务会计人员。

A. 财务顾问机构　　B. 验证机构

C. 投资咨询机构　　D. 资信评级机构

【参考答案】ABCD

【答案解析】见《期货交易管理条例》第九条规定。

32. 未经国务院期货监督管理机构审核并报国务院批准，期货交易所不得从事（　　）。

A. 信托投资业务　　B. 股票投资业务

C. 非自用不动产投资业务　　D. 其职责无关的业务

【参考答案】ABCD

【答案解析】见《期货交易管理条例》第十条规定。

33. 期货公司是依照（　　）规定设立的经营期货业务的金融机构。

A. 公司法　　B. 期货交易管理条例

C. 证券法　　D. 期货法

【参考答案】AB

【答案解析】见《期货交易管理条例》第十五条规定。

34. 期货公司可以申请（　　）。

A. 经营境内期货经纪业务　　B. 经营境外期货经纪

C. 期货投资咨询　　D. 从事期货自营业务

【参考答案】ABC

【答案解析】见《期货交易管理条例》第十七条规定。

35. 期货公司及其分支机构在注销期货业务许可证前，应当（　　）。

A. 结清相关期货业务　　B. 依法返还客户的保证金

C. 妥善处理客户资产　　D. 依法返还客户的其他资产

【参考答案】ABCD

【答案解析】见《期货交易管理条例》第二十条规定。

36. 期货公司应当（　　）。

A. 建立、健全并严格执行业务管理规则和风险管理制度

B. 向期货交易所报告大户名单、交易情况

C. 遵守信息披露制度

D. 保障客户保证金的存管安全

【参考答案】ABCD

【答案解析】见《期货交易管理条例》第二十一条规定。

37. 期货公司不得（　　）。

A. 未经客户委托或者不按照客户委托内容，擅自进行期货交易

B. 向客户做获利保证

C. 在经纪业务中与客户约定分享利益

D. 在经纪业务中与客户共担风险

【参考答案】ABCD

【答案解析】见《期货交易管理条例》第二十四条规定。

38. 下列关于期货公司说法正确的有（　　）。

A. 期货公司应当为每一个客户单独开立专门账户、设置交易编码，不得混码交易

B. 期货公司经营期货经纪业务又同时经营其他期货业务的，应当严格执行业务分离和资金分离制度，不得混合操作

C. 期货公司根据期货交易所的结算结果对客户进行结算，并应当将结算结果按照与客户约定的方式及时通知客户

D. 未经期货公司许可，任何单位和个人不得发布期货交易即时行情

【参考答案】ABC

【答案解析】见《期货交易管理条例》第二十七条、第二十九条、第三十条规定。

39. 当期货交易所会员的交易保证金不足时，自己应当采取的措施包括（　　）。

A. 及时追加保证金　　B. 自行平仓

C. 强行平仓　　D. 与期货交易所协商

【参考答案】AB

【答案解析】见《期货交易管理条例》第三十四条规定，期货交易所会员的交易保证金不足时，应当及时追加保证金或者自行平仓。

40. 境内单位或者个人从事境外期货交易的办法，由国务院期货监督管理机构会同（　　）等有关部门制定，报国务院批准后施行。

A. 国务院商务主管部门　　B. 国有资产监督管理机构

C. 银行业监督管理机构　　D. 外汇管理部门

【参考答案】ABCD

【答案解析】见《期货交易管理条例》第四十二条规定。

41. 下列说法正确的有（　　）。

A. 会员在期货交易中违约的，期货交易所先以该会员的保证金承担违约

责任

B. 会员在期货交易中违约，保证金不足的，期货交易所应当以风险准备金代为承担违约责任

C. 会员在期货交易中违约，保证金不足的，期货交易所应当以自有资金代为承担违约责任

D. 会员在期货交易中违约，保证金不足的，期货交易所不代为承担违约责任

【参考答案】ABC

【答案解析】见《期货交易管理条例》第八十四条规定。

42. 下列关于期货业协会说法正确的有（　　）。

A. 期货业协会是期货业的自律性组织，是社会团体法人

B. 期货公司及其他专门从事期货经营的机构应当加入期货业协会，并缴纳会员费

C. 期货业协会的权力机构为全体会员组成的会员大会

D. 期货业协会的章程由会员大会制定，并报国务院期货监督管理机构备案

【参考答案】ABCD

【答案解析】见《期货交易管理条例》第四十三条、第四十四条规定。

43. 国务院期货监督管理机构应当对期货公司及其分支机构的（　　）等方面提出要求。

A. 经营条件　　B. 风险管理

C. 内部控制　　D. 关联交易

【参考答案】ABCD

【答案解析】见《期货交易管理条例》第五十四条规定。

44. 当期货公司经营行为严重危及期货公司的稳健运行、损害客户合法权益，或者涉嫌严重违法违规正在被国务院期货监督管理机构调查的，国务院期货监督管理机构可以区别情形，对其采取（　）措施。

A. 限制或者暂停部分期货业务

B. 停止批准新增业务

C. 限制转让财产或者在财产上设定其他权利

D. 限制期货公司自有资金或者风险准备金的调拨和使用

【参考答案】ABCD

【答案解析】见《期货交易管理条例》第五十五条规定。

45. 期货公司的交易软件、结算软件，应当满足期货公司（　　）的要求。

A. 审慎经营

B. 持续经营

C. 风险管理

D. 国务院期货监督管理机构有关保证金安全存管监控规定

【参考答案】ACD

【答案解析】见《期货交易管理条例》第五十九条规定。

46. 期货交易所、非期货公司结算会员有（　　）等行为的，责令改正，给予警告，没收违法所得。

A. 违反规定接纳会员

B. 违反规定收取手续费

C. 不限制会员实物交割总量的

D. 不即时发布价格预测信息

【参考答案】AB

【答案解析】见《期货交易管理条例》第六十四条规定。

47. 期货公司有（　　）行为且情节严重的，责令停业整顿或者吊销期货业务许可证。

A. 接受不符合规定条件的单位或者个人委托的

B. 不按照规定提取、管理和使用风险准备金的

C. 允许会员在保证金不足的情况下进行期货交易的

D. 从事或者变相从事期货自营业务的

【参考答案】ABCD

【答案解析】见《期货交易管理条例》第六十六条规定。

48. 期货公司有（　　）行为的，对直接负责的主管人员和其他直接责任人员给予警告，并处1万元以上5万元以下的罚款；情节严重的，暂停或者撤销期货从业人员资格。

A. 伪造、涂改或者不按照规定保存期货交易、结算、交割资料的

B. 进行混码交易的

C. 拒绝或者妨碍国务院期货监督管理机构监督检查的

D. 任用不具备资格的期货从业人员的

【参考答案】ABCD

【答案解析】见《期货交易管理条例》第六十六条规定。

49. 期货公司有（　　）行为且情节严重的，责令停业整顿或者吊销期货业务许可证。

A. 向客户做获利保证或者不按照规定向客户出示风险说明书的

B. 在经纪业务中与客户约定分享利益、共担风险的

C. 挪用客户保证金的

D. 隐瞒重要事项或者使用其他不正当手段，诱骗客户发出交易指令的

【参考答案】ABCD

【答案解析】见《期货交易管理条例》第六十七条规定。

50. 下列说法正确的有（　　）。

A. 国务院期货监督管理机构、期货交易所和期货保证金安全存管监控机构的工作人员进行内幕交易的，从重处罚

B. 国务院期货监督管理机构应当与有关部门建立监督管理的信息共享和协调配合机制

C. 国务院期货监督管理机构可以和其他国家或者地区的期货监督管理机构建立监督管理合作机制，实施跨境监督管理

D. 期货公司的股东有虚假出资或者抽逃出资行为的，国务院期货监督管理机构应当责令其限期改正，并可责令其转让所持期货公司的股权

【参考答案】ABCD

【答案解析】见《期货交易管理条例》第五十七条、第六十二条、第六十九条规定。

51. 会计师事务所、律师事务所、资产评估机构等中介服务机构未勤勉尽责，所出具的文件有虚假记载、误导性陈述或者重大遗漏的，（　　）。

A. 责令改正，没收业务收入

B. 暂停或者撤销相关业务许可

C. 处业务收入 1 倍以上 10 倍以下的罚款

D. 对直接负责的主管人员和其他直接责任人员给予警告，并处 1 万元以上 10 万元以下的罚款

【参考答案】AB

【答案解析】处业务收入 1 倍以上 5 倍以下的罚款。对直接负责的主管人员和其他直接责任人员给予警告，并处 3 万元以上 10 万元以下的罚款。

52. 商品期货合约，是指以（　　）和其他商品及其相关指数产品为标的物的期货合约。

A. 有价证券　　B. 工业品

C. 能源　　D. 农产品

【参考答案】BCD

【答案解析】见《期货交易管理条例》第八十一条规定。

53. 金融期货合约，是指以（　　）等金融产品及其相关指数产品为标的物

的期货合约。

A. 有价证券　　B. 利率

C. 汇率　　D. 能源

【参考答案】ABC

【答案解析】见《期货交易管理条例》第八十一条规定。

54. 内幕信息，是指可能对期货交易价格产生重大影响的尚未公开的信息，包括（　　）。

A. 国务院期货监督管理机构以及其他相关部门制定的对期货交易价格可能发生重大影响的政策

B. 期货交易所做出的可能对期货交易价格发生重大影响的决定

C. 期货交易所会员、客户的资金和交易动向

D. 国务院期货监督管理机构认定的对期货交易价格有显著影响的其他重要信息

【参考答案】ABCD

【答案解析】见《期货交易管理条例》第八十一条规定。

55. 内幕信息的知情人员，是指由于其管理地位、监督地位或者职业地位，或者作为雇员、专业顾问履行职务，能够接触或者获得内幕信息的人员，包括（　　）。

A. 期货交易所的保安人员

B. 期货交易所打字员

C. 期货公司保洁员

D. 其他由于任职可获取内幕信息的从业人员

【参考答案】ABD

【答案解析】见《期货交易管理条例》第八十一条规定。

56. 境外机构在境内设立、收购或者参股期货经营机构，以及境外期货经营机构在境内设立分支机构（含代表处）的管理办法，由（　　）等有关部门制定，报国务院批准后施行。

A. 国务院期货监督管理机构　　B. 外汇管理部门

C. 国务院商务主管部门　　D. 中国人民银行

【参考答案】ABC

【答案解析】见《期货交易管理条例》第八十三条规定。

（三）判断题（判断以下各小题的正误，正确的填写A，错误的填写B）

1. 国务院期货监督管理机构对期货市场实行集中统一的监督管理。（　　）

【参考答案】A

【答案解析】见《期货交易管理条例》第五条规定。

2. 期货交易所以营利为目的，按照其章程的规定实行自律管理。（ ）

【参考答案】B

【答案解析】见《期货交易管理条例》第七条规定，期货交易所不以营利为目的，按照其章程的规定实行自律管理。

3. 期货交易所不以其全部财产承担民事责任。（ ）

【参考答案】B

【答案解析】见《期货交易管理条例》第七条规定，期货交易所以其全部财产承担民事责任。

4. 期货交易所的负责人由国务院期货监督管理机构任免。（ ）

【参考答案】A

【答案解析】见《期货交易管理条例》第七条规定。

5. 期货交易所的管理办法由国务院期货监督管理机构制定。（ ）

【参考答案】A

【答案解析】见《期货交易管理条例》第七条规定。

6. 期货交易所可以实行会员分级结算制度。实行会员分级结算制度的期货交易所会员由结算会员组成。（ ）

【参考答案】B

【答案解析】见《期货交易管理条例》第八条规定，实行会员分级结算制度的期货交易所会员由结算会员和非结算会员组成。

7. 期货交易所的所得收益按照国家有关规定管理和使用，不应当首先用于保证期货交易场所、设施的运行和改善。（ ）

【参考答案】B

【答案解析】见《期货交易管理条例》第十四条规定，期货交易所的所得收益按照国家有关规定管理和使用，但应当首先用于保证期货交易场所、设施的运行和改善。

8. 期货公司可以从事与期货业务无关的活动，法律、行政法规或者国务院期货监督管理机构另有规定的除外。（ ）

【参考答案】B

【答案解析】见《期货交易管理条例》第十七条规定，期货公司不得从事与期货业务无关的活动，法律、行政法规或者国务院期货监督管理机构另有规定的除外。

9. 期货公司可以为其股东、实际控制人或者其他关联人提供融资，但不得对外担保。（ ）

【参考答案】B

【答案解析】见《期货交易管理条例》第十七条规定，期货公司不得为其股东、实际控制人或者其他关联人提供融资，不得对外担保。

10. 从事期货投资咨询业务的经营机构不必取得国务院期货监督管理机构批准的业务资格，具体管理办法由国务院期货监督管理机构制定。（ ）

【参考答案】B

【答案解析】从事期货投资咨询业务的经营机构应当取得国务院期货监督管理机构批准的业务资格。

11. 期货公司不得未经客户委托或者不按照客户委托内容，擅自进行期货交易。（ ）

【参考答案】A

【答案解析】见《期货交易管理条例》第二十四条规定。

12. 期货公司可以向客户作获利保证，并可以在经纪业务中与客户约定分享利益或者共担风险。（ ）

【参考答案】B

【答案解析】见《期货交易管理条例》第二十四条规定，期货公司不得向客户作获利保证；不得在经纪业务中与客户约定分享利益或者共担风险。

13. 期货交易所可以发布价格预测信息。（ ）

【参考答案】B

【答案解析】见《期货交易管理条例》第二十七条规定，期货交易所不得发布价格预测信息。

14. 期货公司应当为每一个客户单独开立专门账户、设置交易编码，不得混码交易。（ ）

【参考答案】A

【答案解析】见《期货交易管理条例》第二十九条规定。

15. 期货公司经营期货经纪业务又同时经营其他期货业务的，可以有选择地执行业务分离和资金分离制度，可以混合操作。（ ）

【参考答案】B

【答案解析】不得混合操作。

16. 未经期货交易所许可，单位和个人可以发布期货交易即时行情。（ ）

【参考答案】B

【答案解析】见《期货交易管理条例》第二十七条规定。

17. 国务院期货监督管理机构依法履行职责，进行监督检查或者调查时，被检查、调查的单位和个人应当配合，如实提供有关文件和资料，不得拒绝、阻碍和隐瞒；其他有关部门和单位应当给予支持和配合。（ ）

【参考答案】A

【答案解析】见《期货交易管理条例》第四十九条规定。

18. 国家根据期货市场发展的需要，设立期货投资者保障基金。期货投资者保障基金的筹集、管理和使用的具体办法，由国务院期货监督管理机构会同国务院财政部门制定。（ ）

【参考答案】A

【答案解析】见《期货交易管理条例》第五十条规定。

19. 期货公司及其分支机构不符合持续性经营规则或者出现经营风险的，国务院期货监督管理机构可以对期货公司及其董事、监事和高级管理人员采取谈话、提示、记入信用记录等监管措施或者责令期货公司限期整改，并对其整改情况进行检查验收。（ ）

【参考答案】A

【答案解析】见《期货交易管理条例》第五十五条规定。

20.《期货交易管理条例》所称期货合约，是指中国证监会统一制定的、规定在将来某一特定的时间和地点交割一定数量标的物的标准化合约。（ ）

【参考答案】B

【答案解析】期货合约由期货交易所统一制定。

21. 期货交易所的负责人由国务院期货监督管理机构任免。（ ）

【参考答案】A

【答案解析】见《期货交易管理条例》第七条规定。

22. 期货交易所可以实行会员分级结算制度。实行会员分级结算制度的期货交易所会员由结算会员和非结算会员组成。（ ）

【参考答案】A

【答案解析】见《期货交易管理条例》第六十五条规定。

23. 期货公司办理合并、分立、停业、解散或者破产业务，国务院期货监督管理机构应当自受理申请之日起 20 日内做出批准或者不批准的决定。（ ）

【参考答案】B

【答案解析】国务院期货监督管理机构应当自受理申请之日起 2 个月内做出批准或者不批准的决定。

24. 期货公司或者其分支机构，成立后无正当理由超过 1 个月未开始营业，或者开业后无正当理由停业连续 3 个月以上，国务院期货监督管理机构应当依法办理期货业务许可证注销手续。 ( )

【参考答案】B

【答案解析】成立后无正当理由超过 3 个月未开始营业，或者开业后无正当理由停业连续 3 个月以上，国务院期货监督管理机构应当依法办理期货业务许可证注销手续。

25. 其他期货经营机构从事期货投资咨询业务，应当遵守中国期货业协会的规定。 ( )

【参考答案】B

【答案解析】其他期货经营机构从事期货投资咨询业务，应当遵守国务院期货监督管理机构的规定。

26. 期货交易所会员的保证金不足时，应当强行平仓。 ( )

【参考答案】B

【答案解析】期货交易所会员的保证金不足时，应当及时追加保证金或者自行平仓。

27. 期货交易所对结算会员和非结算会员结算，收取和追收保证金，以结算担保金、风险准备金、自有资金代为承担违约责任，以及采取其他相关措施。 ( )

【参考答案】B

【答案解析】期货交易所只对结算会员结算。

28. 对经过整改符合有关法律、行政法规规定以及持续性经营规则要求的期货公司，国务院期货监督管理机构应当自验收完毕之日起 5 日内解除对其采取的有关措施。 ( )

【参考答案】B

【答案解析】3 日内解除对其采取的有关措施。

29. 期货公司涉及重大诉讼、仲裁，或者股权被冻结或者用于担保，以及发生其他重大事件时，期货公司及其相关股东、实际控制人应当自该事件发生之日起 3 日内向国务院期货监督管理机构提交书面报告。 ( )

【参考答案】B

【答案解析】5 日内向国务院期货监督管理机构提交书面报告。

30. 限制会员实物交割总量的，对直接负责的期货交易所主管人员和其他直接责任人员给予纪律处分，处 1 万元以上 5 万元以下的罚款。 ( )

【参考答案】B

【答案解析】限制会员实物交割总量的，对直接负责的主管人员和其他直接责任人员给予纪律处分，处1万元以上10万元以下的罚款。

31. 期货公司伪造、变造、出租、出借、买卖期货业务许可证或者经营许可证的，对直接负责的主管人员和其他直接责任人员给予纪律处分，处1万元以上10万元以下的罚款。 ( )

【参考答案】B

【答案解析】处1万元以上5万元以下的罚款。

32. 期货公司未将客户交易指令下达到期货交易所的；对直接负责的主管人员和其他直接责任人员给予警告，并处1万元以上5万元以下的罚款；情节严重的，暂停或者撤销期货从业人员资格。 ( )

【参考答案】B

【答案解析】处1万元以上10万元以下的罚款。

33. 单位从事内幕交易的，应当对直接负责的主管人员和其他直接责任人员给予警告，并处5万元以上30万元以下的罚款。 ( )

【参考答案】B

【答案解析】处3万元以上30万元以下的罚款。

34. 非法设立期货交易场所或者以其他形式组织期货交易活动的，由所在地县级以上地方人民政府予以取缔，没收违法所得，并处违法所得1倍以上5倍以下的罚款。 ( )

【参考答案】A

【答案解析】见《期货交易管理条例》第七十四条规定。

35. 持仓限额，是指期货交易所对期货交易者的持仓量规定的最低数额。 ( )

【参考答案】B

【答案解析】见《期货交易管理条例》第八十一条规定。

（四）综合题（以下各小题给出的四个选项中，至少有一项符合题目要求，请将符合题目要求选项的代码填入括号内）

阅读材料，回答1～2题。

某客户在某期货公司营业部开户并存入近亿元的资金准备进行大豆期货交易。当时因市场原因该客户一直没有进行交易，资金闲置。该营业部总经理王某看到席位上有这么多的资金，根据自己的经验判断大豆期货处于多头行情中，认为赚大钱的机会来了，于是擅自利用这些资金以自己名义买进了多手期货合约。

1. 在该案例中王某（　　）的行为，属于欺诈客户的行为。

A. 挪用客户保证金　　B. 违规划转客户保证金

C. 规定收取保证金　　D. 不按照规定接受客户委托

【参考答案】A

【答案解析】见《期货交易管理条例》第六十七条规定。

2. 在该案例中，王某应受到（　　）的惩罚。

A. 给予纪律处分，处 1 万元以上 10 万元以下的罚款

B. 给予警告，并处 1 万元以上 5 万元以下的罚款；情节严重的，暂停或者撤销任职资格、期货从业人员资格

C. 给予警告，并处 1 万元以上 10 万元以下的罚款；情节严重的，暂停或者撤销任职资格、期货从业人员资格

D. 给予警告，并处 1 万元以上 15 万元以下的罚款；情节严重的，暂停或者撤销任职资格、期货从业人员资格

【参考答案】C

【答案解析】见《期货交易管理条例》第六十七条规定。

阅读材料，回答 3 ~ 4 题。

某期货公司接受某客户委托为其进行白糖期货交易，该客户根据白糖期货近期的表现，总结经验得出白糖处于多头行情中，并有加速上涨的趋势，于是下达交易指令，买入白糖期货合约 50 手。但是，期货公司根据自己以往的经验，预测白糖期货的走势并不十分明朗，有下跌的风险，于是擅自做主没有为该客户下达交易指令。结果白糖期货价格迅速上涨，造成客户没有获利。

3. 在该案例中，该期货公司违犯了（　　）的规定。

A. 隐瞒重要事项，诱骗客户发出交易指令

B. 使用其他不正当手段，诱骗客户发出交易指令

C. 未将客户交易指令下达到期货交易所

D. 以上都不是

【参考答案】C

【答案解析】见《期货交易管理条例》第六十七条规定。

4. 在该案例中，该期货公司应受到责令改正，给予警告，没收违法所得，（　　）的惩罚。

A. 并处违法所得 1 倍以上 3 倍以下的罚款；没有违法所得或者违法所得不满 10 万元的，并处 10 万元以上 30 万元以下的罚款；情节严重的，责令停业整

顿或者吊销期货业务许可证

B. 并处违法所得1倍以上3倍以下的罚款；没有违法所得或者违法所得不满10万元的，并处10万元以上50万元以下的罚款；情节严重的，责令停业整顿

C. 并处违法所得1倍以上5倍以下的罚款；没有违法所得或者违法所得不满10万元的，并处10万元以上30万元以下的罚款；情节严重的，责令停业整顿

D. 并处违法所得1倍以上5倍以下的罚款；没有违法所得或者违法所得不满10万元的，并处10万元以上50万元以下的罚款；情节严重的，责令停业整顿

【参考答案】D

【答案解析】见《期货交易管理条例》第六十七条规定。

阅读材料，回答5~6题。

张某是某期货公司客户经理A的客户，B是该期货公司交易部经理。某天，行情波动较大，刚好客户有事不在期货公司，A在未经张某委托的情况下私自做了几笔交易，且都在当日平仓，获利6 000元。交易结束后，因为交易指令单上没有指令下达人的签字，B找到A，让其找客户张某对当天交易进行确认，但A却要求B将张某账户的当天交易结算另一个账户。B为了拉拢A，便私自做主，将客户交易账户的交易结算到其指定的账户。事后A给B 3 000元，B接受了。

5. 在该案例中，A（　　）的行为，违反了《期货交易管理条例》第六十七条的有关规定。

A. 向客户提供虚假成交回报

B. 不按照规定接受客户委托或者不按照客户委托内容擅自进行期货交易

C. 不按照规定在期货保证金存管银行开立保证金账户，或者违规划转客户保证金

D. 以上都不是

【参考答案】B

【答案解析】见《期货交易管理条例》第六十七条规定。

6. 在该案例中，B（　　）的行为，属于违法行为。

A. 挪用客户保证金　　B. 违规划转客户保证金

C. 违反规定收取保证金　　D. 内幕交易

【参考答案】B

【答案解析】见《期货交易管理条例》第六十七条规定。

阅读材料回答 7 ~ 8 题。

连续数个交易日，大豆持仓不断增加，多空双方严重对峙，市场风险骤然加大。期货交易所临时召开紧急会议商讨如何控制风险，交易所工作人员 A 是参会成员之一。会议临近结束时，A 借机出去给其好友投资者 B 打电话，告知交易所将采取严格的风险控制措施，预料大豆价格将会大跌。B 得知消息，立刻卖空大豆期货合约 50 手。当天晚上，期货交易所公布风险控制措施，第二天大豆期货价格果然暴跌，B 平仓获利 8 万元。

7. 在该案例中，A 违犯了（　　）规定。

A. 禁止内幕交易的

B. 禁止操纵市场的

C. 禁止与客户约定分享利益、共担风险的

D. 禁止诱骗客户交易的

【参考答案】A

【答案解析】见《期货交易管理条例》第六十九条规定。

8. 在该案例中，A 应承担的法律责任是（　　）。

A. 处 10 万元以上 50 万元以下的罚款

B. 处 8 万元以上 10 万元以下的罚款

C. 处 8 万元以上 30 万元以下的罚款

D. 处 10 万元以上 30 万元以下的罚款

【参考答案】A

【答案解析】见《期货交易管理条例》第六十九条规定。

二、《期货交易所管理办法》通关练习

（一）单项选择题（在以下各小题所给出的四个选项中，只有一个选项符合题目要求，请将正确选项的代码填入括号中）

1. 公司制期货交易所采用（　　）的组织形式。

A. 股份有限公司　　B. 有限责任公司

C. 集团公司　　D. 合伙制公司

【参考答案】A

【答案解析】见《期货交易所管理办法》第四条规定。

2. 设立期货交易所，由（　　）审批。

A. 国务院　　B. 中国证监会

C. 中国期货业协会　　D. 商务部

【参考答案】B

【答案解析】见《期货交易所管理办法》第六条规定。未经批准，任何单位或者个人不得设立期货交易所或者以任何形式组织期货交易及其相关活动。

3. 经中国证监会批准设立的期货交易所，应当标明（　　）字样。

A. "远期批发市场"

B. "商品批发市场"

C. "商品交易所" 或者 "期货交易所"

D. "金融交易所"

【参考答案】C

【答案解析】见《期货交易所管理办法》第七条规定。

4. 申请设立期货交易所，不需要向中国证监会提交的文件和材料是（　　）。

A. 理事会成员候选人或者董事会和监事会成员名单及简历

B. 拟任用高级管理人员亲属的名单及简历

C. 场地、设备、资金证明文件及情况说明

D. 拟加入会员或者股东名单

【参考答案】B

【答案解析】见《期货交易所管理办法》第九条规定。

5. 期货交易所章程应当载明的事项是（　　）。

A. 所有业务制度

B. 管理人员的职责明细

C. 章程修改时间

D. 变更、终止的条件、程序及清算办法

【参考答案】D

【答案解析】见《期货交易所管理办法》第十条规定。

6.（　　）不是会员制期货交易所章程所必须载明的。

A. 会员资格及其管理办法　　B. 会员的权利和义务

C. 对会员的奖励办法　　D. 对会员的纪律处分

【参考答案】C

【答案解析】见《期货交易所管理办法》第十一条规定。

7. 期货交易所变更名称、注册资本的，应当事前向（　　）报告。

A. 国务院　　B. 中国证监会

C. 期货交易所股东或会员大会　　D. 期货业协会

【参考答案】B

【答案解析】见《期货交易所管理办法》第十三条规定。

8. 期货交易所联网交易的，应当于决定之日起（　　）日内报告中国证监会。

A. 10　　B. 15

C. 20　　D. 30

【参考答案】A

【答案解析】见《期货交易所管理办法》第十五条规定。

9. 期货交易所因合并、分立或者解散而终止的，由（　　）予以公告。

A. 期货交易所自身　　B. 中国期货业协会

C. 中国证监会　　D. 中国证监会地方派出机构

【参考答案】C

【答案解析】见《期货交易所管理办法》第十八条规定。

10.（　　）是会员制期货交易所的权力机构。

A. 股东大会　　B. 会员大会

C. 董事会　　D. 理事会

【参考答案】B

【答案解析】见《期货交易所管理办法》第十九条规定。

11.（　）不属于会员制期货交易所会员大会的职权。

A. 审定期货交易所章程、交易规则及其修改草案

B. 决定增加或者减少期货交易所注册资本

C. 决定期货交易所的合并、分立、解散和清算事项

D. 制定交易所的各种管理制度

【参考答案】D

【答案解析】见《期货交易所管理办法》第二十条规定。

12. 会员制期货交易所会员大会由（　）召集。

A. 监事会　　B. 理事会

C. 总经理　　D. 董事长

【参考答案】B

【答案解析】见《期货交易所管理办法》第二十一条规定。

13. 会员制期货交易所会员理事不足期货交易所章程规定人数的（　），应当召开临时会员大会。

A. 2/3　　B. 3/4

C. 4/5　　D. 5/6

【参考答案】A

【答案解析】见《期货交易所管理办法》第二十一条规定。

14. 会员制期货交易所（　）以上会员联名提议，应当召开临时会员大会。

A. 1/4　　B. 1/3

C. 1/5　　D. 1/6

【参考答案】B

【答案解析】见《期货交易所管理办法》第二十一条规定。

15. 会员制期货交易所会员大会由（　）主持。

A. 董事长　　B. 监事长

C. 总经理　　D. 理事长

【参考答案】D

【答案解析】见《期货交易所管理办法》第二十二条规定。

16. 会员制期货交易所召开会员大会，应当将会议审议的事项于会议召开（　　）日前通知会员。

A. 3　　B. 5

C. 7　　D. 10

【参考答案】D

【答案解析】见《期货交易所管理办法》第二十二条规定。

17. 会员制期货交易所会员大会有（　　）以上会员参加方为有效。

A. 1/2　　B. 3/4

C. 2/3　　D. 1/3

【参考答案】C

【答案解析】见《期货交易所管理办法》第二十三条规定。

18. 会员制期货交易所会员大会应对表决事项制作会议纪要，由出席会议的（　　）签名。

A. 董事　　B. 全体会员

C. 理事　　D. 董事长

【参考答案】C

【答案解析】见《期货交易所管理办法》第二十三条规定。

19. 公司制期货交易所收购本期货交易所股份、股东转让所持股份或者对其股份进行其他处置，应当经（　　）批准。

A. 国务院　　B. 中国证监会

C. 期货业协会　　D. 理事会

【参考答案】B

【答案解析】见《期货交易所管理办法》第九十七条规定。

20. 会员制期货交易所设理事会，每届任期（　　）年。

A. 2　　B. 3

C. 4　　D. 5

【参考答案】B

【答案解析】见《期货交易所管理办法》第二十四条规定。

21. 会员制期货交易所理事会由（　　）组成。

A. 会员理事和非会员理事　　B. 会员理事

C. 会员理事和独立理事　　D. 独立理事

【参考答案】A

【答案解析】见《期货交易所管理办法》第二十六条规定。

22. 会员制期货交易所会员理事由会员大会选举产生，非会员理事由（　　）委派。

A. 期货业协会　　B. 国务院

C. 商务部　　D. 中国证监会

【参考答案】D

【答案解析】见《期货交易所管理办法》第二十六条规定。

23. 会员制期货交易所理事长、副理事长的任免，由（　　）。

A. 中国期货业协会提名，董事会通过

B. 中国证监会提名，理事会通过

C. 中国证监会提名，会员大会通过

D. 中国期货业协会提名，理事会通过

【参考答案】B

【答案解析】见《期货交易所管理办法》第二十七条规定。

24. 会员制期货交易所理事会会议至少（　　）召开一次。

A. 每三个月　　B. 每半年

C. 每一年　　D. 每一个月

【参考答案】B

【答案解析】见《期货交易所管理办法》第二十九条规定。

25. 会员制期货交易所理事会会议结束之日起（　　）日内，理事会应当将会议决议及其他会议文件报告中国证监会。

A. 3　　B. 10

C. 5　　D. 15

【参考答案】B

【答案解析】见《期货交易所管理办法》第三十条规定。

26. 会员制期货交易所理事会会议须有 2/3 以上理事出席方为有效，其决议须经全体理事（　　）以上表决通过。

A. 1/3　　B. 1/2

C. 2/3　　D. 3/4

【参考答案】B

【答案解析】见《期货交易所管理办法》第三十条规定。

27. 会员制期货交易所理事会应当对会议表决事项制作成会议记录，由出席会议的（　　）在会议记录上签名。

A. 理事　　B. 理事和工作人员

C. 理事和记录员　　D. 投赞成票的理事

【参考答案】C

【答案解析】见《期货交易所管理办法》第三十一条规定。

28. 会员制期货交易所总经理、副总经理由（　　）任免。

A. 会员大会　　B. 理事会

C. 中国证监会　　D. 期货业协会

【参考答案】C

【答案解析】见《期货交易所管理办法》第三十三条规定。

29. 会员制期货交易所总经理每届任期 3 年，连任不得超过（　　）届。

A. 1　　B. 2

C. 3　　D. 4

【参考答案】B

【答案解析】见《期货交易所管理办法》第三十三条规定。

30.（　　）是会员制期货交易所的法定代表人。

A. 监事长　　B. 理事长

C. 总经理　　D. 董事长

【参考答案】C

【答案解析】见《期货交易所管理办法》第三十三条规定。

31. 期货交易所设董事会，每届任期（　　）年。

A. 1　　B. 2

C. 3　　D. 5

【参考答案】C

【答案解析】见《期货交易所管理办法》第三十九条规定。

32. 期货交易所设董事长 1 人，副董事长（　　）。

A. 1～2 人　　B. 1 人

C. 2 人　　D. 2～3 人

【参考答案】A

【答案解析】见《期货交易所管理办法》第四十一条规定。

33.（　　）应当设立独立董事。

A. 会员制交易所　　B. 公司制交易所

C. 会员制交易所和公司制交易所　　D. 会员制交易所和公司制交易所均不

【参考答案】B

【答案解析】见《期货交易所管理办法》第四十五条规定。

34. 公司制期货交易所独立董事由中国证监会提名，（　　）通过。

A. 会员大会　　B. 理事会

C. 董事会　　D. 股东大会

【参考答案】D

【答案解析】见《期货交易所管理办法》第四十五条规定。

35. 期货交易所的董事会秘书由中国证监会提名，（　　）通过。

A. 会员大会　　B. 理事会

C. 董事会　　D. 股东大会

【参考答案】C

【答案解析】见《期货交易所管理办法》第四十六条规定。

36. （　　）负责公司制期货交易所股东大会和董事会会议的筹备、文件保管以及期货交易所股东资料的管理等事宜。

A. 董事会秘书　　B. 董事长

C. 副董事长　　D. 理事长

【参考答案】A

【答案解析】见《期货交易所管理办法》第四十六条规定。

37. 公司制期货交易所设总经理 1 人，副总经理（　　）人。

A. 若干　　B. 1 ~2

C. 1　　D. 2

【参考答案】A

【答案解析】见《期货交易所管理办法》第三十三条规定。

38. 公司制期货交易所总经理每届任期（　　）年，连任不得超过两届。

A. 4　　B. 3

C. 2　　D. 1

【参考答案】B

【答案解析】见《期货交易所管理办法》第四十七条规定。

39. 期货交易所设总经理（　　）人，副总经理（　　）人。

A. 1；若干　　B. 1；2

C. 1；3　　D. 2；3

【参考答案】A

【答案解析】见《期货交易所管理办法》第四十七条规定。

40. 公司制期货交易所设监事会，每届任期 3 年。监事会成员不得少于（　　）人。

A. 1　　B. 3
C. 5　　D. 2

【参考答案】B

【答案解析】见《期货交易所管理办法》第四十九条规定。

41. 公司制期货交易所监事会主席、副主席的任免，由中国证监会提名，(　　) 通过。

A. 董事会　　B. 监事会
C. 理事会　　D. 股东大会

【参考答案】B

【答案解析】见《期货交易所管理办法》第四十九条规定。

42. 取得期货交易所会员资格，应当经 (　　) 批准。

A. 期货公司　　B. 中国证监会
C. 期货交易所　　D. 期货业协会

【参考答案】C

【答案解析】见《期货交易所管理办法》第五十四条规定。

43. 实行全员结算制度的期货交易所会员由 (　　) 组成。

A. 非期货公司金融机构　　B. 期货公司
C. 期货公司会员和非期货公司会员　　D. 结算会员和非结算会员

【参考答案】C

【答案解析】见《期货交易所管理办法》第六十三条规定。

44. 实行会员分级结算制度的期货交易所会员由 (　　) 组成。

A. 非期货公司会员　　B. 期货公司会员
C. 期货公司会员和非期货公司会员　　D. 结算会员和非结算会员

【参考答案】D

【答案解析】见《期货交易所管理办法》第六十五条规定。

45. (　　) 不得为非结算会员办理结算业务。

A. 全面结算会员　　B. 特别结算会员
C. 交易结算会员　　D. 以上都不是

【参考答案】C

【答案解析】见《期货交易所管理办法》第六十六条规定。

46. 实行会员分级结算制度的期货交易所可以根据结算会员的 (　　)，限制结算会员的结算业务范围，但应当于 3 日内报告中国证监会。

A. 资信和业务开展情况　　B. 收入规模

C. 人员情况　　D. 盈利情况

【参考答案】A

【答案解析】见《期货交易所管理办法》第六十七条规定。

47. 期货交易所应当在期货保证金存管银行开立（　　），专户存储保证金，不得挪用。

A. 专用结算账户　　B. 结算账户

C. 交易账户　　D. 专用交易账户

【参考答案】A

【答案解析】见《期货交易所管理办法》第六十八条规定。

48. 标准仓单充抵保证金的，期货交易所以充抵日（　　）该标准仓单对应品种最近交割月份期货合约的结算价为基准计算价值。

A. 前一交易日　　B. 当日

C. 下一交易日　　D. 次日

【参考答案】A

【答案解析】见《期货交易所管理办法》第七十一条规定。

49. 国债充抵保证金的，期货交易所以充抵日前一交易日该国债在上海证券交易所、深圳证券交易所（　　）为基准计算价值。

A. 较低的收盘价　　B. 较高的收盘价

C. 收盘价的算术平均值　　D. 收盘价的加权平均值

【参考答案】A

【答案解析】见《期货交易所管理办法》第七十一条规定。

50. 客户以有价证券充抵保证金的，会员应当将收到的有价证券（　　）。

A. 在市场上回购　　B. 进行公证

C. 妥善保存　　D. 提交期货交易所

【参考答案】D

【答案解析】见《期货交易所管理办法》第七十四条规定。

51. 期货交易所应当按照（　　）的比例提取风险准备金，风险准备金应当单独核算，专户存储。

A. 经营收入的30%　　B. 经营利润的20%

C. 手续费收入的30%　　D. 手续费收入的20%

【参考答案】D

【答案解析】见《期货交易所管理办法》第七十七条规定。

52. 期货交易实行（　　）结算制度。

A. 次日负债　　B. 当日负债

C. 当日无负债　　D. 次日无负债

【参考答案】C

【答案解析】见《期货交易所管理办法》第八十一条规定。

53. 期货交易所实行（　　）。

A. 风险防范制度　　B. 风险最小化制度

C. 风险警示制度　　D. 风险管理制度

【参考答案】C

【答案解析】见《期货交易所管理办法》第八十六条规定。

54. 期货交易所宣布进入异常情况并决定暂停交易的，暂停交易的期限不得超过（　　）个交易日，但经中国证监会批准延长的除外。

A. 1　　B. 2

C. 3　　D. 4

【参考答案】C

【答案解析】见《期货交易所管理办法》第八十八条规定。

55. 期货交易涉及商品实物交割的，期货交易所还应当发布（　　）情况。

A. 运输　　B. 标准仓单数量和可用库容

C. 可用库容　　D. 以上都不准确

【参考答案】B

【答案解析】见《期货交易所管理办法》第八十九条规定。

56. 期货交易所对期货交易、结算、交割资料的保存期限应当不少于（　　）年。

A. 10　　B. 15

C. 20　　D. 25

【参考答案】C

【答案解析】见《期货交易所管理办法》第九十一条规定。

57. 公司制期货交易所收购本期货交易所股份、股东转让所持股份或者对其股份进行其他处置，应当按照（　　）有关规定进行事前报告。

A. 国务院　　B. 中国证监会

C. 期货业协会　　D. 理事会

【参考答案】B

【答案解析】见《期货交易所管理办法》第九十七条规定。

58. 期货交易所涉及占其净资产（　　）以上或者对其经营风险有较大影响

的诉讼，期货交易所应当及时向中国证监会报告。

A. 5%　　B. 10%

C. 15%　　D. 20%

【参考答案】B

【答案解析】见《期货交易所管理办法》第一百零二条第（2）款规定。

59. 期货交易所应当按照国家有关规定及时缴纳期货市场（　　）。

A. 管理费　　B. 税费

C. 监管费　　D. 交易费

【参考答案】C

【答案解析】见《期货交易所管理办法》第一百零八条规定。

60. 中国证监会可以向期货交易所派驻（　　）。

A. 临时代表　　B. 常驻代表

C. 督察员　　D. 部门负责人

【参考答案】C

【答案解析】见《期货交易所管理办法》第一百零七条规定。

（二）多项选择题（以下各小题给出的四个选项中，至少有两项符合题目要求，请将符合题目要求选项的代码填入括号内）

1. 经中国证监会批准，期货交易所可以采取（　　）组织形式。

A. 会员制　　B. 公司制

C. 合伙制　　D. 特许制

【参考答案】AB

【答案解析】见《期货交易所管理办法》第四条规定。

2. 申请设立期货交易所，应当向中国证监会提交（　　）文件和材料。

A. 申请书　　B. 章程和交易规则

C. 拟加入会员或者股东名单　　D. 期货交易所的经营计划

【参考答案】ABCD

【答案解析】见《期货交易所管理办法》第九条规定。

3. 申请设立期货交易所，不需要向中国证监会提交的文件和材料有（　　）。

A. 理事会成员候选人或者董事会和监事会成员名单及简历

B. 拟任用高级管理人员亲属的名单及简历

C. 场地、设备、资金证明文件及情况说明

D. 拟加入会员或者股东的出资证明

【参考答案】BD

【答案解析】见《期货交易所管理办法》第九条规定。

4. 期货交易所章程应当载明（　　）等事项。

A. 设立目的和职责　　B. 名称、住所和营业场所

C. 注册资本及其构成　　D. 营业期限

【参考答案】ABCD

【答案解析】见《期货交易所管理办法》第十条规定。

5.（　　）事项不是《期货交易所管理办法》要求期货交易所章程应当要载明的事项。

A. 组织机构的组成、职责、任期和议事规则

B. 全体员工的招聘办法

C. 全部业务制度

D. 风险准备金管理制度

【参考答案】BC

【答案解析】见《期货交易所管理办法》第十条规定。

6. 会员制期货交易所章程还应当载明（　　）事项。

A. 会员资格及其管理办法　　B. 会员的权利和义务

C. 对会员的纪律处分　　D. 以上都不需要

【参考答案】ABC

【答案解析】见《期货交易所管理办法》第十一条规定。

7. 期货交易所交易规则应当载明（　　）事项。

A. 期货交易、结算和交割制度

B. 风险管理制度和交易异常情况的处理程序

C. 保证金的管理和使用制度

D. 期货交易信息的发布办法

【参考答案】ABCD

【答案解析】见《期货交易所管理办法》第十二条规定。

8. 期货交易所因（　　）情形解散的，应当事前向中国证监会报告。

A. 理事会决定解散　　B. 章程规定的营业期限届满

C. 会员大会或者股东大会决定解散　D. 董事会决定解散

【参考答案】BC

【答案解析】见《期货交易所管理办法》第十七条规定。

9. 会员制期货交易所会员大会行使（　　）职权。
A. 审定期货交易所章程、交易规则及其修改草案
B. 选举和更换会员理事
C. 整理并撰写理事会和总经理的工作报告
D. 审议批准期货交易所的财务预算方案、决算报告
【参考答案】ABD
【答案解析】见《期货交易所管理办法》第二十条规定。
10. 不属于会员制期货交易所会员大会职权的有（　　）。
A. 实时监控期货交易所风险准备金使用情况
B. 决定增加或者减少期货交易所注册资本
C. 决定期货交易所的合并、分立、解散和清算事项
D. 制定交易所的各种薪酬制度
【参考答案】AD
【答案解析】见《期货交易所管理办法》第二十条规定。
11. 会员制期货交易所有（　　）等情形之一的，应当召开临时会员大会。
A. 会员理事不足期货交易所章程规定人数的2/3
B. 1/3 以上会员联名提议
C. 理事会认为必要
D. 总经理认为必要
【参考答案】ABC
【答案解析】见《期货交易所管理办法》第二十一条规定。
12. 会员制期货交易所理事会行使的职权包括（　　）。
A. 召集会员大会，并向会员大会报告工作
B. 拟订期货交易所章程、交易规则及其修改草案，提交会员大会审定
C. 审议理事长提出的财务预算方案、决算报告，提交会员大会通过
D. 审议期货交易所合并、分立、解散和清算的方案，提交会员大会通过
【参考答案】ABD
【答案解析】见《期货交易所管理办法》第二十五条规定。
13. 下列不属于会员制期货交易所理事会职权的有（　　）。
A. 决定会员的接纳和退出
B. 决定对违规行为的纪律处分
C. 选举和更换会员理事
D. 决定增加或者减少期货交易所注册资本

【参考答案】CD

【答案解析】见《期货交易所管理办法》第二十五条规定。

14. 下列有关会员制期货交易所理事会的职权，表述不准确的有（ ）。

A. 具体制订风险准备金的使用方案

B. 审议批准理事长提出的期货交易所发展规划和年度工作计划

C. 具体制订期货交易所对外投资计划

D. 监督总经理组织实施会员大会和理事会决议的情况

【参考答案】ABC

【答案解析】见《期货交易所管理办法》第二十五条规定。

15. 会员制期货交易所理事长行使的职权包括（ ）。

A. 主持会员大会、理事会会议和理事会日常工作

B. 组织协调专门委员会的工作

C. 检查理事会决议的实施情况并向理事会报告

D. 以上表述都不对

【参考答案】ABC

【答案解析】见《期货交易所管理办法》第二十八条规定。

16. 会员制期货交易所有（ ）情形之一的，应当召开理事会临时会议。

A. 1/4 以上理事联名提议　　B. 期货交易所章程规定的情形

C. 中国证监会提议　　D. 1/3 以上理事联名提议

【参考答案】BCD

【答案解析】见《期货交易所管理办法》第二十九条规定。

17. 会员制期货交易所理事会可以根据需要设立监察、交易、结算、交割、（ ）等专门委员会。

A. 会员资格审查　　B. 纪律处分

C. 调解　　D. 财务和技术

【参考答案】ABCD

【答案解析】见《期货交易所管理办法》第三十二条规定。

18. 会员制期货交易所总经理行使的职权包括（ ）。

A. 组织实施会员大会、理事会通过的制度和决议

B. 主持期货交易所的日常工作

C. 根据章程和交易规则拟订有关细则和办法

D. 决定结算担保金的使用

【参考答案】ABCD

【答案解析】见《期货交易所管理办法》第三十四条规定。

19. 以下对会员制期货交易所总经理职权表述不准确的有（　　）。

A. 审查批准风险准备金的使用方案

B. 拟订并实施经批准的期货交易所发展规划、年度工作计划

C. 审查批准期货交易所对外投资计划

D. 拟订期货交易所财务预算方案、决算报告

【参考答案】AC

【答案解析】见《期货交易所管理办法》第三十四条规定。

20. 公司制期货交易所股东大会行使的职权包括（　　）。

A. 选举和更换由职工代表担任的董事、监事

B. 审议批准董事会、监事会和总经理的工作报告

C. 决定期货交易所董事会提交的其他重大事项

D. 期货交易所章程规定的其他职权

【参考答案】BCD

【答案解析】见《期货交易所管理办法》第三十七条规定。

21. 公司制期货交易所董事会对股东大会负责，以下对其职权表述不准确的有（　　）。

A. 召集股东大会会议，并向股东大会报告工作

B. 审批期货交易所章程、交易规则及其修改草案

C. 审批期货交易所合并、分立、解散和清算的方案

D. 监督总经理组织实施股东大会和董事会决议的情况

【参考答案】BC

【答案解析】见《期货交易所管理办法》第四十条规定。

22. 公司制期货交易所董事长行使的职权包括（　　）。

A. 主持股东大会、董事会会议和董事会日常工作

B. 组织协调专门委员会的工作

C. 检查董事会决议的实施情况并向董事会报告

D. 以上都不是

【参考答案】ABC

【答案解析】见《期货交易所管理办法》第四十二条规定。

23. 公司制期货交易所总经理行使的职权包括（　）。

A. 组织实施股东大会、董事会通过的制度和决议

B. 期货交易所章程规定或者董事会授予的其他职权

C. 主持期货交易所的日常工作
D. 批准风险准备金的使用方案
【参考答案】ABC
【答案解析】见《期货交易所管理办法》第四十八条规定。
24. 公司制期货交易所监事会行使的职权包括（　　）。
A. 检查期货交易所财务
B. 监督期货交易所董事、高级管理人员执行职务行为
C. 向股东大会会议提出提案
D. 期货交易所章程规定的其他职权
【参考答案】ABCD
【答案解析】见《期货交易所管理办法》第五十条规定。
25. 会员制期货交易所会员享有的权利包括（　　）。
A. 参加会员大会，行使选举权、被选举权和表决权
B. 在期货交易所从事规定的交易、结算和交割等业务
C. 使用期货交易所提供的交易设施，获得有关期货交易的信息和服务
D. 期货公司章程规定的其他权利
【参考答案】ABC
【答案解析】见《期货交易所管理办法》第五十六条规定。
26. 以下对会员制期货交易所会员所享有权利表述不准确的有（　　）。
A. 任意转让会员资格
B. 主持召开临时会员大会
C. 按照期货交易所章程和交易规则行使申诉权
D. 参加会员大会，行使选举权、被选举权和表决权
【参考答案】AB
【答案解析】见《期货交易所管理办法》第五十六条规定。
27. 会员制期货交易所会员应当履行的义务包括（　　）。
A. 遵守国家有关法律、行政法规、规章和政策
B. 遵守期货交易所的章程、交易规则及其实施细则及有关决定
C. 按规定获取交易所分红
D. 执行会员大会、理事会的决议
【参考答案】ABD
【答案解析】见《期货交易所管理办法》第五十七条规定。
28. 公司制期货交易所会员享有的权利包括（　　）。

A. 联名提议召开临时会员大会
B. 在期货交易所从事规定的交易、结算和交割等业务
C. 按照交易规则行使申诉权
D. 期货交易所交易规则规定的其他权利
【参考答案】BCD
【答案解析】见《期货交易所管理办法》第五十八条规定。
29. 公司制期货交易所会员应当履行的义务包括（　　）。
A. 执行会员大会、理事会的决议
B. 遵守国家有关法律、行政法规、规章和政策
C. 遵守期货交易所的章程、交易规则及其实施细则及有关决定
D. 接受期货交易所监督管理
【参考答案】BCD
【答案解析】见《期货交易所管理办法》第五十九条规定。
30. 结算会员的组成包括（　　）。
A. 交易结算会员　　B. 全面结算会员
C. 期货公司会员　　D. 特别结算会员
【参考答案】ABD
【答案解析】见《期货交易所管理办法》第六十六条规定
31. 期货交易所应当建立保证金管理制度，该制度应当包括（　　）。
A. 向会员收取保证金的标准和形式
B. 专用结算账户中会员结算准备金最低余额
C. 当会员结算准备金余额低于期货交易所规定最低余额时的处置方法
D. 保证金借贷制度
【参考答案】ABC
【答案解析】见《期货交易所管理办法》第六十九条规定。
32. 期货交易所可以接受（　　）等有价证券充抵保证金。
A. 经期货交易所认定的标准仓单　B. 可流通的国债
C. 国债　　D. 远期合约
【参考答案】AB
【答案解析】见《期货交易所管理办法》第七十条规定。
33. 有价证券充抵保证金的金额不得高于（　　）标准中的较低值。
A. 有价证券基准计算价值的 75%
B. 有价证券基准计算价值的 80%

C. 会员在期货交易所专用结算账户中的实有货币资金的3倍

D. 会员在期货交易所专用结算账户中的实有货币资金的4倍

【参考答案】BD

【答案解析】见《期货交易所管理办法》第七十二条规定。

34. 结算担保金包括（　　）。

A. 基础结算担保金　　B. 变动结算担保金

C. 初级结算担保金　　D. 高级结算担保金

【参考答案】AB

【答案解析】见《期货交易所管理办法》第七十六条规定。

35. 中国证监会决定期货交易所风险准备金规模的参考因素包括（　　）。

A. 期货交易所业务规模　　B. 期货交易所发展计划

C. 期货交易所潜在的风险　　D. 以上都是

【参考答案】ABCD

【答案解析】见《期货交易所管理办法》第七十七条规定。

36. 期货交易实行的有关制度包括（　　）。

A. 限仓制度　　B. 套期保值审批制度

C. 大户持仓报告制度　　D. 保证金制度

【参考答案】ABCD

【答案解析】见《期货交易所管理办法》第七十九条、第八十条规定。

37. 期货交易所先以违约会员的保证金承担该会员的违约责任，保证金不足的，实行全员结算制度的期货交易所应当以违约会员的（　　）承担。

A. 自有资金　　B. 期货交易所风险准备金

C. 期货交易所自有资金　　D. 交易担保金

【参考答案】ABC

【答案解析】见《期货交易所管理办法》第八十三条规定。

38. 期货交易所先以违约会员的保证金承担该会员的违约责任，保证金不足的，实行会员分级结算制度的期货交易所应当以违约会员的（　　）承担。

A. 自有资金　　B. 结算担保金

C. 期货交易所风险准备金　　D. 期货交易所自有资金

【参考答案】ABCD

【答案解析】见《期货交易所管理办法》第八十三条规定。

39. 在期货交易过程中出现（　　）情形的，期货交易所可以宣布进入异常情况，采取紧急措施化解风险。

A. 地震、水灾、火灾等不可抗力或者计算机系统故障等不可归责于期货交易所的原因导致交易无法正常进行

B. 会员出现结算、交割危机，对市场正在产生或者即将产生重大影响

C. 期货价格出现连续单边市的情形经采取相应措施后仍未化解风险

D. 期货交易所交易规则及其实施细则中规定的其他情形

【参考答案】ABCD

【答案解析】见《期货交易所管理办法》第八十七条规定。

40. 期货交易所应当以适当方式发布相关信息，包括（　　）。

A. 即时行情

B. 持仓量、成交量排名情况

C. 期货交易所交易规则及其实施细则规定的其他信息

D. 期货交易涉及商品实物交割的，期货交易所还应当发布标准仓单数量和可用库容情况

【参考答案】ABCD

【答案解析】见《期货交易所管理办法》第八十九条规定。

41. 期货交易所应当编制交易情况（　　）报表，并及时公布。

A. 日报表　　B. 周报表

C. 月报表　　D. 年报表

【参考答案】BCD

【答案解析】见《期货交易所管理办法》第九十条规定。

42. 公司制期货交易所（　　），应当按照中国证监会有关规定进行事前报告。

A. 收购本期货交易所股份　　B. 股东转让所持股份

C. 对其股份进行其他处置　　D. 任命部门负责人

【参考答案】ABC

【答案解析】见《期货交易所管理办法》第九十七条规定。

43. 未经中国证监会批准，期货交易所的（　　）不得在任何营利性组织中兼职。

A. 理事长、副理事长　　B. 董事长、副董事长、董事会秘书

C. 监事会主席、监事会副主席　　D. 总经理、副总经理

【参考答案】ABCD

【答案解析】见《期货交易所管理办法》第九十八条规定。

44. 期货交易所应当向中国证监会履行有关报告义务，包括（　　）。

A. 每一年度结束后 3 个月内提交经具有证券、期货相关业务资格的会计师事务所审计的年度财务报告

B. 每一季度结束后 15 日内、每一年度结束后 30 日内提交有关经营情况和有关法律、行政法规、规章、政策执行情况的季度和年度工作报告

C. 每一年度结束后 4 个月内提交经具有证券、期货相关业务资格的会计师事务所审计的年度财务报告

D. 每一季度结束后 30 日内、每一年度结束后 45 日内提交有关经营情况和有关法律、行政法规、规章、政策执行情况的季度和年度工作报告

【参考答案】BC

【答案解析】见《期货交易所管理办法》第一百零一条规定。

45. 发生（　　）重大事项，期货交易所应当及时向中国证监会报告。

A. 发现期货交易所工作人员存在或者可能存在严重违反国家有关法律、行政法规、规章、政策的行为

B. 期货交易所涉及占其净资产 10% 以上或者对其经营风险有较大影响的诉讼

C. 期货交易所的重大财务支出、投资事项以及可能带来较大财务或者经营风险的重大财务决策

D. 中国证监会规定的其他事项

【参考答案】ABCD

【答案解析】见《期货交易所管理办法》第一百零二条规定。

46. 中国证监会派出机构对期货交易所会员进行风险处置，采取监管措施的，经中国证监会批准，期货交易所应当在（　　）等方面予以配合。

A. 限制会员资金划转　　B. 限制会员开仓

C. 移仓　　D. 强行平仓

【参考答案】ABCD

【答案解析】见《期货交易所管理办法》第一百零六条规定。

47.（　　）可以为与其签订结算协议的非结算会员办理结算业务。

A. 交易结算会员　　B. 全面结算会员

C. 特别结算会员　　D. 期货公司会员

【参考答案】BC

【答案解析】见《期货交易所管理办法》第六十六条规定。

（三）判断题（判断以下各小题的正误，正确的填写 A，错误的填写 B）

1. 实行全员结算制度的期货交易所会员没有结算资格。（　　）

【参考答案】B

【答案解析】见《期货交易所管理办法》第六十二条规定，实行全员结算制度的期货交易所会员均具有与期货交易所进行结算的资格。

2. 期货交易的相关亏损、费用、货款和税金等款项，可以以货币资金支付，也可以以有价证券充抵的金额支付。（　　）

【参考答案】B

【答案解析】见《期货交易所管理办法》第七十三条规定。

3. 申请设立期货交易所，应当向中国证监会提交拟任用高级管理人员及其近亲属的名单及简历。（　　）

【参考答案】B

【答案解析】见《期货交易所管理办法》第九条规定。

4. 期货交易所章程应当载明管理人员的产生、任免、薪酬及其职责。（　　）

【参考答案】B

【答案解析】见《期货交易所管理办法》第十条第（6）项规定。

5. 期货交易所章程应当载明组织机构的组成、职责、任期和议事规则。

（　　）

【参考答案】A

【答案解析】见《期货交易所管理办法》第十条规定。

6. 期货交易所不得根据市场情况对作为保证金的有价证券的基准计算价值进行调整。（　　）

【参考答案】B

【答案解析】见《期货交易所管理办法》第七十一条规定。

7. 交易结算会员、全面结算会员、特别结算会员可以为与其签订结算协议的非结算会员办理结算业务。（　　）

【参考答案】B

【答案解析】见《期货交易所管理办法》第六十六条规定。

8. 期货交易所变更名称、注册资本的，应当经中国银保监会批准。（　　）

【参考答案】B

【答案解析】见《期货交易所管理办法》第十三条规定。

9. 期货交易所分立的，其债权、债务由分立后的期货交易所承继。（　　）

【参考答案】A

【答案解析】见《期货交易所管理办法》第十四条规定。

10. 期货交易所联网交易的，应当于决定之日起 15 日内报告中国证监会。

（　　）

【参考答案】B

【答案解析】见《期货交易所管理办法》第十五条规定。

11. 只要经中国期货业协会批准，期货交易所即可以设立分所。（ ）

【参考答案】B

【答案解析】见《期货交易所管理办法》第十六条规定。

12. 会员制期货交易所会员大会由理事会召集。（ ）

【参考答案】A

【答案解析】见《期货交易所管理办法》第二十一条规定。

13. 会员制期货交易所会员理事不足期货交易所章程规定人数的3/4，应当召开临时会员大会。（ ）

【参考答案】B

【答案解析】见《期货交易所管理办法》第二十一条规定。

14. 会员制期货交易所1/4以上会员联名提议，应当召开临时会员大会。（ ）

【参考答案】B

【答案解析】见《期货交易所管理办法》第二十一条规定。

15. 会员制期货交易所临时会员大会不得对通知中未列明的事项做出决议。（ ）

【参考答案】A

【答案解析】见《期货交易所管理办法》第二十二条规定。

16. 会员制期货交易所召开会员大会，应当将会议审议的事项于会议召开7日前通知会员。（ ）

【参考答案】B

【答案解析】见《期货交易所管理办法》第二十二条规定。

17. 会员制期货交易所会员大会由总经理主持。（ ）

【参考答案】B

【答案解析】见《期货交易所管理办法》第二十二条规定。

18. 会员制期货交易所会员大会有3/4以上会员参加方为有效。（ ）

【参考答案】B

【答案解析】见《期货交易所管理办法》第二十三条规定。

19. 会员制期货交易所会员大会结束之日起5日内，期货交易所应当将大会全部文件报告中国证监会。（ ）

【参考答案】B

【答案解析】见《期货交易所管理办法》第二十三条规定。

20. 会员制期货交易所设理事会，每届任期6年。 ( )

【参考答案】B

【答案解析】每届任期3年。

21. 会员制期货交易所理事会由会员理事和非会员理事组成；其中会员理事由会员大会选举产生，非会员理事由中国证监会委派。 ( )

【参考答案】A

【答案解析】见《期货交易所管理办法》第二十六条规定。

22. 会员制期货交易所理事会设理事长1人、副理事长1至2人。 ( )

【参考答案】A

【答案解析】见《期货交易所管理办法》第二十七条规定。

23. 会员制期货交易所理事长、副理事长的任免，由中国证监会提名，理事会通过。理事长可以兼任总经理。 ( )

【参考答案】B

【答案解析】理事长不得兼任总经理。

24. 会员制期货交易所理事长因故临时不能履行职权的，由理事长指定的副理事长或者总经理代其履行职权。 ( )

【参考答案】B

【答案解析】理事长因故临时不能履行职权的，由理事长指定的副理事长或者理事代其履行职权。

25. 会员制期货交易所理事会会议至少每半年召开一次。 ( )

【参考答案】A

【答案解析】见《期货交易所管理办法》第二十九条规定。

26. 会员制期货交易所理事会每次会议应当于会议召开10日前通知全体理事。 ( )

【参考答案】A

【答案解析】见《期货交易所管理办法》第二十九条规定。

27. 会员制期货交易所理事会会议须有2/3以上理事出席方为有效，其决议须经全体理事2/3以上表决通过。 ( )

【参考答案】B

【答案解析】见《期货交易所管理办法》第三十条规定。

28. 会员制期货交易所每位理事可以接受两位理事的委托。 ( )

【参考答案】B

【答案解析】见《期货交易所管理办法》第三十一条规定，每位理事只能接受一位理事的委托。

29. 实行全员结算制度的期货交易所会员均具有与期货交易所进行结算的资格。（ ）

【参考答案】A

【答案解析】见《期货交易所管理办法》第六十二条规定。

30. 会员制期货交易所总经理、副总经理由理事会任免。（ ）

【参考答案】B

【答案解析】见《期货交易所管理办法》第三十三条规定，总经理、副总经理由中国证监会任免。

31. 会员制期货交易所总经理每届任期 3 年，连任不得超过三届。（ ）

【参考答案】B

【答案解析】见《期货交易所管理办法》第三十三条规定，总经理每届任期 3 年，连任不得超过两届。

32. 会员制期货交易所总经理是期货交易所的法定代表人，总经理不一定是理事。（ ）

【参考答案】B

【答案解析】见《期货交易所管理办法》第三十三条规定，总经理是期货交易所的法定代表人，总经理是当然理事。

33. 会员制期货交易所总经理因故临时不能履行职权的，由总经理指定的理事代其履行职权。（ ）

【参考答案】B

【答案解析】见《期货交易所管理办法》第三十四条规定，总经理因故临时不能履行职权的，由总经理指定的副总经理代其履行职权。

34. 会员制期货交易所任免中层管理人员，应当在决定之日起 7 日内向中国证监会报告。（ ）

【参考答案】B

【答案解析】见《期货交易所管理办法》第三十五条规定，期货交易所任免中层管理人员，应当在决定之日起 10 日内向中国证监会报告。

35. 公司制期货交易所股东大会会议结束之日起 10 日内，期货交易所应当将会议全部文件报告中国证监会。（ ）

【参考答案】A

【答案解析】见《期货交易所管理办法》第三十八条规定。

36. 期货交易所设董事会，每届任期4年。（ ）

【参考答案】B

【答案解析】见《期货交易所管理办法》第三十九条规定，期货交易所设董事会，每届任期3年。

37. 公司制期货交易所设董事长1人，副董事长1至2人。董事长、副董事长的任免，由中国证监会提名，董事会通过。（ ）

【参考答案】A

【答案解析】见《期货交易所管理办法》第四十一条规定。

38. 公司制期货交易所董事长可以兼任总经理。（ ）

【参考答案】B

【答案解析】见《期货交易所管理办法》第四十一条规定，董事长不得兼任总经理。

39. 公司制期货交易所独立董事由中国证监会提名，会员大会通过。（ ）

【参考答案】B

【答案解析】见《期货交易所管理办法》第四十五条规定，独立董事由中国证监会提名，股东大会通过。

40. 董事会秘书负责公司制期货交易所股东大会和董事会会议的筹备、文件保管以及期货交易所股东资料的管理等事宜。（ ）

【参考答案】A

【答案解析】见《期货交易所管理办法》第四十六条规定。

41. 公司制期货交易所董事会秘书由中国证监会提名，董事会通过。（ ）

【参考答案】A

【答案解析】见《期货交易所管理办法》第四十六条规定。

42. 总经理每届任期3年，连任不得超过两届。（ ）

【参考答案】A

【答案解析】见《期货交易所管理办法》第三十三条规定。

43. 总经理是期货交易所的法定代表人，总经理不应由董事担任。（ ）

【参考答案】B

【答案解析】见《期货交易所管理办法》第三十三条规定，总经理是期货交易所的法定代表人，总经理是当然理事。

44. 公司制期货交易所设监事会，每届任期3年，监事会成员不得少于3人。（ ）

【参考答案】A

【答案解析】见《期货交易所管理办法》第四十九条规定。

（四）综合题（在以下各小题给出的四个选项中，至少有一项符合题目要求，请将符合题目要求选项的代码填入括号内）

阅读材料，回答1~3题。

某期货交易所实行会员制。甲、乙机构均是该期货交易所的会员。

1. 甲想在当年8月8日买入铜期货合约2 000手（5吨/手），价格为32 500元/吨。根据保证金为合约价格的10%，甲需要缴纳3 250万元的保证金。甲想用其拥有的国债充抵，其拥有国债按照期货交易所规定的基准价计算的价值为4 000万元。另外，甲在期货交易所专用结算账户中的实有货币资金为700万元。那么，甲用国债充抵保证金的最高金额是（　　）万元。

A. 3 200　　B. 3 000

C. 2 800　　D. 3 100

【参考答案】C

【答案解析】见《期货交易所管理办法》第七十二条规定。

2. 乙机构也在8月8日的交易中买入了大量的大豆期货合约。合约的保证金总额超过了其现有的资金，准备用其持有的21国债（7）充抵部分保证金。8月7日，21国债（7）在上海证券交易所和深圳证券交易所的开盘价分别为98.54元/手、98.50元/手；最高价分别为98.59元/手、98.55元/手；最低价分别为98.21元/手、98.32元/手；收盘价分别为98.40元/手、98.30元/手。那么用21国债（7）充抵保证金，以（　　）为基准计算价值。

A. 98.54元/手　　B. 98.55元/手

C. 98.32元/手　　D. 98.30元/手

【参考答案】D

【答案解析】见《期货交易所管理办法》第七十一条规定。

3. 该期货交易所当月的手续费收入为1亿元，那么该交易所应提取的风险准备金是（　　）万元。

A. 5 000　　B. 4 000

C. 3 000　　D. 2 000

【参考答案】D

【答案解析】见《期货交易所管理办法》第七十七条规定。

三、《期货公司监督管理办法》通关练习

（一）单项选择题（在以下各小题所给出的四个选项中，只有一个选项符合题目要求，请将正确选项的代码填入括号中）

1. 期货公司监督管理办法适用于在中华人民共和国（　　）设立的期货公司。

A. 境内　　B. 境外

C. 境内和境外　　D. 境内和境外部分国家

【参考答案】A

【答案解析】见《期货公司监督管理办法》第二条规定。

2.（　　）依法对期货公司及其分支机构实行监督管理。

A. 期货交易所　　B. 中国证监会及其派出机构

C. 中国期货业协会　　D. 财政部

【参考答案】B

【答案解析】见《期货公司监督管理办法》第五条规定。

3. 申请设立期货公司，具有期货从业人员资格的人员应不少于（　　）人。

A. 5　　B. 10

C. 15　　D. 20

【参考答案】C

【答案解析】见《期货公司监督管理办法》第六条第（二）款规定。

4. 申请设立期货公司，具备任职资格的高级管理人员应不少于（　　）人。

A. 3　　B. 4

C. 5　　D. 6

【参考答案】A

【答案解析】见《期货公司监督管理办法》第六条第（三）款规定。

5. 期货公司主要股东为法人或者非法人组织的，实收资本和净资产均不低

于人民币（　　）元。

A. 2 000 万　　B. 3 000 万

C. 1 亿　　D. 5 000 万

【参考答案】C

【答案解析】见《期货公司监督管理办法》第七条规定。

6. 期货公司主要股东为法人或者非法人组织的，净资产应不低于实收资本的（　　），或有负债低于净资产的（　　），不存在对财务状况产生重大不确定影响的其他风险。

A. 30%；30%　　B. 30%；50%

C. 50%；30%　　D. 50%；50%

【参考答案】D

【答案解析】见《期货公司监督管理办法》第七条规定。

7. 期货公司主要股东为自然人的，其个人金融资产不低于人民币（　　）万元。

A. 1 000　　B. 2 000

C. 3 000　　D. 5 000

【参考答案】C

【答案解析】见《期货公司监督管理办法》第八条规定。

8. 外资持有股权的期货公司，应当按照法律、行政法规的规定，向（　　）申请办理外商投资企业批准证书。

A. 外汇管理局管理部门　　B. 中国证监会

C. 国务院商务主管部门　　D. 中国期货业协会

【参考答案】C

【答案解析】见《期货公司监督管理办法》第十四条规定。

9 期货公司主要股东为法人或者非法人组织的，应当具备持续盈利能力，持续经营（　　）个以上完整的会计年度，且最近 3 个会计年度连续盈利等条件。

A. 3　　B. 4

C. 5　　D. 6

【参考答案】A

【答案解析】见《期货公司监督管理办法》第七条规定。

10. 期货公司申请金融期货经纪业务资格，申请日前（　　）个月风险监管指标持续符合规定标准。

A. 1　　B. 2

C. 3　　D. 5

【参考答案】B

【答案解析】见《期货公司监督管理办法》第十六条规定。

11. 期货公司变更股权，当单个股东或者有关联关系的股东持股比例增加到（　　）时，应当经中国证监会批准。

A. 50%　　B. 75%

C. 85%　　D. 100%

【参考答案】D

【答案解析】见《期货公司监督管理办法》第十七条规定。

12. 期货公司单个股东的持股比例或者有关联关系的股东合计持股比例增加到（　　）以上，且不涉及境外股东的，应当经期货公司住所地中国证监会派出机构批准。

A. 2%　　B. 3%

C. 5%　　D. 10%

【参考答案】C

【答案解析】见《期货公司监督管理办法》第十九条规定。

13. 期货公司在中国证监会不同派出机构辖区变更住所的，应当符合近（　　）年未因重大违法违规行为受到行政处罚或者刑事处罚的条件。

A. 1　　B. 2

C. 3　　D. 5

【参考答案】B

【答案解析】见《期货公司监督管理办法》第二十六条规定。

14. 期货公司申请设立分支机构，应当具备申请日前（　　）个月符合风险监管指标标准的条件。

A. 1　　B. 2

C. 3　　D. 5

【参考答案】C

【答案解析】见《期货公司监督管理办法》第二十八条第（二）款规定。

15. 期货公司申请设立分支机构，应当具备未因涉嫌违法违规经营正在被有权机关调查，近（　　）年内未因违法违规经营受到行政处罚或者刑事处罚的条件。

A. 1　　B. 2

C. 3　　D. 5

【参考答案】A

【答案解析】见《期货公司监督管理办法》第二十八条第（四）款规定。

16. 期货公司单个股东的持股比例或者有关联关系的股东合计持股比例增加到（　　）以上，且涉及境外股东的，应当经中国证监会批准。

A. 5%　　B. 15%

C. 50%　　D. 100%

【参考答案】A

【答案解析】见《期货公司监督管理办法》第十九条规定。

17. 期货公司终止境内分支机构的，期货公司应当向（　　）提交申请材料。

A. 分支机构住所地中国证监会派出机构

B. 中国证监会

C. 中国期货业协会

D. 当地工商管理部门

【参考答案】A

【答案解析】见《期货公司监督管理办法》第三十一条规定。

18. 期货公司申请设立、收购或者参股境外期货类经营机构，应当具备申请日前（　　）个月符合风险监管指标标准的条件。

A. 1　　B. 2

C. 3　　D. 6

【参考答案】D

【答案解析】见《期货公司监督管理办法》第二十七条规定。

19. 期货公司申请设立、收购或者参股境外期货类经营机构，应当具备近（　　）年内未因重大违法违规行为受到行政处罚或者刑事处罚的条件。

A. 1　　B. 2

C. 3　　D. 5

【参考答案】B

【答案解析】见《期货公司监督管理办法》第三十二条规定。

20. 期货公司主要股东为法人或者非法人组织的，出资额（　　）超过其净资产，且资金来源真实合法，不得以委托资金、负债资金等入股期货公司。

A. 不得　　B. 应该

C. 必须　　D. 可以

【参考答案】A

【答案解析】见《期货公司监督管理办法》第七条规定。

21. 期货公司申请设立、收购或者参股境外期货类经营机构，应当按照（ ）相关规定，办理外汇登记、有关资金划转以及结购汇手续。

A. 中国证监会　　B. 中国期货业协会

C. 外汇管理部门　　D. 工商管理部门

【参考答案】C

【答案解析】见《期货公司监督管理办法》第三十四条规定。

22. 期货公司设立、变更、停业、解散、破产、被撤销期货业务许可或者其分支机构设立、变更、终止的，期货公司应当在（ ）公告。

A. 任意媒体上　　B. 工商总局指定的媒体上

C. 中国期货业协会指定的媒体上　　D. 中国证监会指定的媒体上

【参考答案】D

【答案解析】见《期货公司监督管理办法》第三十八条规定。

23. 期货公司及其分支机构的许可证由（ ）统一印制。

A. 国家工商管理局　　B. 中国证监会

C. 中国期货业协会　　D. 财政部

【参考答案】B

【答案解析】见《期货公司监督管理办法》第三十九条规定。

24. 期货公司及其分支机构的许可证正本或者副本遗失或者灭失的，期货公司应当在（ ）个工作日内在中国证监会指定的媒体上声明作废，并持登载声明向中国证监会重新申领。

A. 10　　B. 15

C. 30　　D. 45

【参考答案】C

【答案解析】见《期货公司监督管理办法》第三十九条规定。

25. 期货公司应当按照明晰职责、强化制衡、加强风险管理的原则，建立并完善（ ）。

A. 监督管理　　B. 公司治理

C. 财务制度　　D. 人事制度

【参考答案】B

【答案解析】见《期货公司监督管理办法》第四十条规定。

26. 期货公司实际控制人因重大违法违规行为受到行政处罚或者刑事处罚，

期货公司应当自收到通知之日起（　　）个工作日内向住所地中国证监会派出机构报告。

A. 1　　B. 3

C. 5　　D. 7

【参考答案】B

【答案解析】见《期货公司监督管理办法》第四十四条规定。

27. 期货公司股东会应当按照《公司法》和公司章程，每年应当至少召开（　　）次会议。

A. 1　　B. 2

C. 3　　D. 5

【参考答案】A

【答案解析】见《期货公司监督管理办法》第四十六条规定。

28. 发生突发事件，对期货公司或者客户利益产生或者可能产生重大不利影响，应当立即书面通知（　　）或进行公告。

A. 全体客户　　B. 全体股东

C. 公司董事　　D. 控股股东

【参考答案】B

【答案解析】见《期货公司监督管理办法》第四十五条规定。

29. 期货公司应当设（　　），对期货公司经营管理行为的合法合规性、风险管理进行监督、检查。

A. 董事　　B. 财务经理

C. 理事　　D. 首席风险官

【参考答案】D

【答案解析】见《期货公司监督管理办法》第四十八条规定。

30. 首席风险官发现涉嫌占用、挪用客户保证金等违法违规行为或者可能发生风险的，应当立即向住所地中国证监会派出机构和公司（　　）报告。

A. 董事会　　B. 职工大会

C. 全体股东　　D. 监事会

【参考答案】A

【答案解析】见《期货公司监督管理办法》第四十八条规定。

31. 期货公司应当设立董事会，并按照《公司法》的规定设立监事会或监事，切实保障监事会和监事对公司经营情况的（　　）。

A. 知情权　　B. 决策权

C. 收益权　　D. 表决权

【参考答案】A

【答案解析】见《期货公司监督管理办法》第四十七条规定。

32. 期货公司拟解聘首席风险官的，应当有正当理由，并向（　　）报告。

A. 期货业协会　　B. 住所地中国证监会派出机构

C. 中国证监会　　D. 期货交易所

【参考答案】B

【答案解析】见《期货公司监督管理办法》第四十八条规定。

33. 期货公司的董事长、总经理、首席风险官之间不得存在（　　）关系。

A. 战友　　B. 近亲属

C. 同学　　D. 朋友

【参考答案】B

【答案解析】见《期货公司监督管理办法》第四十九条规定。

34. 期货公司的交易、结算、财务业务应当由（　　）办理。

A. 不同部门和人员分开　　B. 不同部门和人员共同

C. 相同部门和人员分开　　D. 相同部门和不同人员

【参考答案】A

【答案解析】见《期货公司监督管理办法》第五十条规定。

35. 期货公司应当设立（　　）或者岗位，管理和控制期货公司的经营风险。

A. 风险管理部门　　B. 人事管理部门

C. 财务管理部门　　D. 纪检管理部门

【参考答案】A

【答案解析】见《期货公司监督管理办法》第五十条规定。

36. 期货公司应当设立（　　）或者岗位，审查和稽核期货公司经营管理的合法合规性。

A. 合规审查部门　　B. 纪律检查委员会

C. 审计部门　　D. 客户部门

【参考答案】A

【答案解析】见《期货公司监督管理办法》第五十条规定。

37. 期货公司应当在每会计年度结束之日起（　　）个月内报送上一年度境外经营机构经审计的财务报告、审计报告以及年度工作报告，

A. 1　　B. 2

C. 3　　　　D. 4

【参考答案】D

【答案解析】见《期货公司监督管理办法》第五十四条规定。

38.《〈期货经纪合同〉指引》和《期货交易风险说明书》由（　）制定。

A. 中国期货业协会　　　　B. 期货交易所

C. 中国证监会　　　　D. 期货公司

【参考答案】A

【答案解析】见《期货公司监督管理办法》第六十四条规定。

39. 期货公司在为客户开立期货经纪账户前，应当向客户出示（　），由客户签字确认，并签订期货经纪合同。

A. 期货经纪合同指引　　　　B. 期货交易风险说明书

C. 违约责任书　　　　D. 买卖自负责任书

【参考答案】B

【答案解析】见《期货公司监督管理办法》第六十四条规定。

40. 客户以互联网方式下达交易指令的，期货公司应当（　）。

A. 对交易风险进行特别提示　　　　B. 填写书面交易指令单

C. 同步录音　　　　D. 以适当方式保存

【参考答案】A

【答案解析】见《期货公司监督管理办法》第六十五条规定。

41. 期货公司应当在（　）结算后为客户提供交易结算报告，并提示客户可以通过期货保证金安全存管监控机构进行查询。

A. 每日　　　　B. 每周

C. 每月　　　　D. 每季

【参考答案】A

【答案解析】见《期货公司监督管理办法》第六十八条规定。

42. 客户对交易结算报告有异议的，应当在期货经纪合同约定的时间内以（　）提出，期货公司应当在约定时间内进行核实。

A. 电话方式　　　　B. 邮件方式

C. 书面方式　　　　D. 任何方式

【参考答案】C

【答案解析】见《期货公司监督管理办法》第六十八条规定。

43. 期货公司应当按照（　）优先的原则传递客户交易指令。

A. 交易数额　　　　　　　　　　B. 入会时间

C. 公司利益　　　　　　　　　　D. 时间

【参考答案】D

【答案解析】见《期货公司监督管理办法》第六十六条规定。

44. 期货公司可以依法从事资产管理业务，接受客户委托，运用客户资产进行投资。投资收益由（　　），损失由（　　）。

A. 客户享有；客户承担　　　　B. 公司和客户共享；客户承担

C. 客户享有；公司和客户共担　D. 公司和客户共享；公司和客户共担

【参考答案】A

【答案解析】见《期货公司监督管理办法》第七十六条规定。

45. 期货公司开立、变更或者撤销期货保证金账户的，应于（　　）向期货保证金安全存管监控机构备案，并通过规定方式向客户披露账户开立、变更或者撤销情况。

A. 当日　　　　　　　　　　　B. 次日

C. 3 日内　　　　　　　　　　D. 7 日内

【参考答案】A

【答案解析】见《期货公司监督管理办法》第八十二条规定。

46. 未经中国证监会或其派出机构批准，任何个人或者单位及其关联人擅自持有期货公司（　　）以上股权，或者通过提供虚假申请材料等方式成为期货公司股东的，中国证监会或其派出机构可以责令其限期转让股权。

A. 5%　　　　　　　　　　　　B. 15%

C. 50%　　　　　　　　　　　D. 100%

【参考答案】A

【答案解析】见《期货公司监督管理办法》第一百一十三条规定。

47. 期货公司应当按照（　　）规则，缴存结算担保金，并维持最低数额的结算准备金等专用资金，确保客户正常交易。

A. 中国证监会　　　　　　　　B. 期货交易所

C. 中国期货业协会　　　　　　D. 期货保证金安全存管监控机构

【参考答案】B

【答案解析】见《期货公司监督管理办法》第八十七条规定。

48. 期货公司主要股东、实际控制人或者其他关联人在期货公司从事期货交易的，期货公司应当自开户之日起（　　）个工作日内向住所地中国证监会派出机构报告开户情况，并定期报告交易情况。

A. 1　　B. 2
C. 3　　D. 5

【参考答案】D

【答案解析】见《期货公司监督管理办法》第一百零一条规定。

49. 期货公司变更公司名称、形式、章程，应当在（　　）个工作日内向住所地中国证监会派出机构书面报告。

A. 1　　B. 3
C. 5　　D. 10

【参考答案】C

【答案解析】见《期货公司监督管理办法》第一百零二条规定。

50. 期货公司被有权机关立案调查或者采取强制措施，应当在5个工作日内向（　　）构书面报告。

A. 中国期货业协会　　B. 住所地中国证监会派出机构
C. 中国证监会　　D. 期货交易所

【参考答案】B

【答案解析】见《期货公司监督管理办法》第一百零二条规定。

51. 期货公司聘请或者解聘会计师事务所的，应当自做出决定之日起（　　）个工作日内向住所地中国证监会派出机构报告；解聘会计师事务所的，应当说明理由。

A. 3　　B. 5
C. 7　　D. 10

【参考答案】B

【答案解析】见《期货公司监督管理办法》第一百零三条规定。

52.（　　）可以按照规定对期货公司进行分类监管。

A. 中国期货业协会　　B. 期货交易所
C. 财政部　　D. 中国证监会

【参考答案】D

【答案解析】见《期货公司监督管理办法》第一百零五条规定。

53. 中国证监会及其派出机构依法进行现场检查时，检查人员不得少于（　　）人，并应当出示合法证件和检查通知书，必要时可以聘请外部专业人士协助检查。

A. 2　　B. 3
C. 5　　D. 10

【参考答案】A

【答案解析】见《期货公司监督管理办法》第一百零六条规定。

54. 期货公司及其分支机构接受未办理开户手续的单位或者个人委托进行期货交易，给予警告，单处或者并处（　　）万元以下罚款。

A. 1　　B. 2

C. 3　　D. 5

【参考答案】C

【答案解析】见《期货公司监督管理办法》第一百零一十四条规定。

55. 会计师事务所、律师事务所、资产评估机构等中介服务机构不按照规定履行报告义务，提供或者出具的材料、报告、意见不完整，责令改正，没收业务收入，单处或者并处（　　）万元以下罚款。

A. 1　　B. 2

C. 3　　D. 5

【参考答案】C

【答案解析】见《期货公司监督管理办法》第一百零一十八条规定。

56. 未经中国证监会或其派出机构批准，任何个人或者单位及其关联人擅自持有期货公司5%以上股权，或者通过提供虚假申请材料等方式成为期货公司股东，情节严重的，给予警告，单处或者并处（　　）万元以下罚款。

A. 1　　B. 3

C. 5　　D. 10

【参考答案】B

【答案解析】见《期货公司监督管理办法》第一百零一十九条规定。

57. 期货公司主要股东为自然人的，还应当具备信誉良好，不存在对所投资企业经营失败或重大违法违规行为负有直接责任未逾（　　）年的情形等条件。

A. 1　　B. 2

C. 3　　D. 4

【参考答案】C

【答案解析】见《期货公司监督管理办法》第八条规定。

58. 期货公司控股股东、第一大股东应当具备净资本不低于人民币（　　）元等条件。

A. 3 000 万　　B. 5 000 万

C. 1 亿　　D. 5 亿

【参考答案】D

【答案解析】见《期货公司监督管理办法》第九条规定。

59. 期货公司控股股东、第一大股东不适用净资本或者类似指标的，净资产不低于人民币（　　）元。

A. 3 000 万　　B. 5 000 万

C. 1 亿　　D. 10 亿

【参考答案】D

【答案解析】见《期货公司监督管理办法》第九条规定。

60. 期货公司主要股东、控股股东、第一大股东为境外股东的，应当具备近（　　）年各项财务指标及监管指标符合所在国家或者地区法律的规定和监管机构的要求等条件。

A. 1　　B. 2

C. 3　　D. 5

【参考答案】C

【答案解析】见《期货公司监督管理办法》第十一条规定。

61. 国内期货公司的境外股东目前不可以用（　　）出资。

A. 人民币　　B. 美元

C. 越南盾　　D. 马来西亚林吉特

【参考答案】C

【答案解析】见《期货公司监督管理办法》第十一条规定。目前在中国可以自由兑换的货币有：美元、英镑、欧元、日元、澳大利亚元、加拿大元、瑞士法郎、挪威克朗、瑞典克朗、新加坡元、马来西亚林吉特、港币、澳门币、新台币等。

62. 申请设立国内期货公司时，单个境外股东的持股比例或者有关联关系的境外股东合计持股比例达到（　　）的，还应当向中国证监会提交"境外股东的章程、营业执照或者注册证书和相关业务资格证书复印件"等申请材料。

A. 5%　　B. 10%

C. 50%（不含）以下　　D. 50%（含）以上

【参考答案】A

【答案解析】见《期货公司监督管理办法》第十三条规定。

63. 期货公司申请金融期货经纪业务资格，其高级管理人员近（　　）年内未受到刑事处罚，未因违法违规经营受到行政处罚，无不良信用记录，且不存在因涉嫌违法违规经营正在被有权机关调查的情形。

A. 1　　B. 2

C. 3　　D. 5

【参考答案】B

【答案解析】见《期货公司监督管理办法》第十六条规定。

64. 期货公司设立、收购、参股境外经营机构，应当具备最近一次期货公司分类监管评级不低于（　　）等条件，并应当自公司决议生效之日起5个工作日内向中国证监会报备。

A. A类A级　　B. B类B级

C. B类BB级　　D. C类C级

【参考答案】C

【答案解析】见《期货公司监督管理办法》第三十二条规定。

65. 期货公司应当建立数据备份制度，对交易、结算、财务等数据进行备份管理。客户资料保存期限自账户销户之日起不得少于（　　）年。

A. 5　　B. 10

C. 15　　D. 20

【参考答案】D

【答案解析】见《期货公司监督管理办法》第六十条规定。

（二）多项选择题（在以下各小题所出的四个选项中，至少有两个选项符合题目要求，请将符合题目要求选项的代码填入括号内）

1.（　　）按照自律规则对期货公司实行自律管理。

A. 中国期货业协会　　B. 期货交易所

C. 期货保证金安全存管监控机构　　D. 中国证监会及其派出机构

【参考答案】AB

【答案解析】见《期货公司监督管理办法》第五条规定。

2. 申请设立期货公司，应当具备（　　）条件。

A. 注册资本不低于人民币1亿元

B. 具备期货从业人员资格的人员不少于15人

C. 具备任职资格的高级管理人员不少于3人

D. 具备任职资格的高级管理人员不少于5人

【参考答案】ABC

【答案解析】见《期货公司监督管理办法》第六条规定。

3. 期货公司主要股东、控股股东、第一大股东为境外股东的，应当具备的条件有（　　）。

A. 依其所在国家或者地区法律设立、合法存续的金融机构

B. 近3年各项财务指标及监管指标符合所在国家或者地区法律的规定和监管机构的要求

C. 所在国家或者地区具有完善的期货法律和监督管理制度，其期货监管机构已与中国证监会签订监管合作备忘录，并保持有效的监管合作关系

D. 期货公司外资持股比例或者拥有的权益比例，累计（包括直接持有和间接持有）不得超过我国期货业对外或者对我国香港特别行政区、澳门特别行政区和台湾地区开放所作的承诺

【参考答案】ABCD

【答案解析】见《期货公司监督管理办法》第十一条规定。

4. 期货公司主要股东应为法人或非法人组织的，应当具备（　　）等条件。

A. 没有较大数额的到期未清偿债务

B. 近3年未因重大违法违规行为受到行政处罚或者刑事处罚

C. 未因涉嫌重大违法违规正在被有权机关立案调查或者采取强制措施

D. 近5年作为公司（含金融机构）的股东或者实际控制人，未有滥用股东权利、逃避股东义务等不诚信行为

【参考答案】ABC

【答案解析】见《期货公司监督管理办法》第七条规定。

5. 申请设立期货公司，应当向中国证监会提交的申请材料包括（　　）。

A. 申请书

B. 发起人名单及其审计报告或者个人金融资产证明

C. 场地、设备、资金证明文件

D. 拟订的期货业务制度、内部控制制度和风险管理制度文本

【参考答案】ABCD

【答案解析】见《期货公司监督管理办法》第十三条规定。

6. 期货公司控股股东、第一大股东应当具备的条件包括（　　）。

A. 净资本不低于人民币5亿元

B. 股东不适用净资本或者类似指标的，净资产不低于人民币10亿元

C. 具备对期货公司持续的资本补充能力

D. 对期货公司可能发生风险导致无法正常经营的情况具有妥善处置的能力

【参考答案】ABCD

【答案解析】见《期货公司监督管理办法》第九条规定。

7. 期货公司申请金融期货经纪业务资格，应当具备的条件包括（　　）。

A. 申请日前 2 个月风险监管指标持续符合规定标准

B. 符合中国证监会期货保证金安全存管监控的规定

C. 业务设施和技术系统符合相关技术规范且运行状况良好

D. 期货公司控股股东或者实际控制人变更，高级管理人员变更比例超过 30%

【参考答案】ABC

【答案解析】见《期货公司监督管理办法》第十六条规定。

8. 期货公司申请金融期货经纪业务资格，应当向中国证监会提交的申请材料包括（　　）。

A. 申请日前 1 个月风险监管报表

B. 加盖公司公章的营业执照和业务许可证复印件

C. 股东会或者董事会决议文件

D. 公司治理、风险管理制度和内部控制制度执行情况报告

【参考答案】BCD

【答案解析】见《期货公司监督管理办法》第十七条规定。

9. 期货公司变更股权有（　　）情形的，应当经中国证监会批准。

A. 变更控股股东、第一大股东

B. 单个股东或者有关联关系的股东持股比例增加到 80%

C. 境外单个股东的持股比例或者有关联关系的股东合计持股比例增加到 5% 以上

D. 境内单个股东的持股比例或者有关联关系的股东合计持股比例增加到 8% 以上

【参考答案】AC

【答案解析】见《期货公司监督管理办法》第十九条规定。

10. 期货公司变更股权，应当提交的申请料包括（　　）。

A. 关于变更股权的决议文件

B. 股权转让或者变更出资合同，以及有限责任公司其他股东放弃优先购买权的承诺书

C. 所涉及股东的股东会、董事会或者其他决策机构做出的相关决议

D. 所涉及股东的审计报告或者个人金融资产证明

【参考答案】ABCD

【答案解析】见《期货公司监督管理办法》第二十一条规定。

11. 期货公司申请设立境内分支机构，应当具备的条件包括（　　）。

A. 公司治理健全，内部控制制度符合有关规定并有效执行

B. 符合有关客户资产保护和期货保证金安全存管监控的规定

C. 具有符合业务发展需要的分支机构设立方案

D. 申请日前 2 个月符合风险监管指标标准

【参考答案】ABC

【答案解析】见《期货公司监督管理办法》第二十八条规定。

12. 期货公司申请设立分支机构，应当向公司所在地中国证监会派出机构提交的申请材料包括（　　）。

A. 拟设立分支机构的决议文件　　B. 备案报告

C. 分支机构从业人员名册　　D. 申请日前 3 个月风险监管报表

【参考答案】ABC

【答案解析】见《期货公司监督管理办法》第二十九条规定。

13. 下列关于期货公司变更分支机构营业场所的说法正确的有（　　）。

A. 应当妥善处理客户资产

B. 拟迁入的营业场所应当满足业务需要

C. 拟使用的设施应当满足业务需要

D. 期货公司变更分支机构营业场所仅限于在中国证监会同一派出机构辖区内变更营业场所

【参考答案】ABCD

【答案解析】见《期货公司监督管理办法》第三十条规定。

14. 下列关于期货公司终止分支机构的说法正确的有（　　）。

A. 应当先行妥善处理该分支机构客户资产

B. 结清分支机构业务

C. 终止分支机构经营活动

D. 期货公司向中国证监会提交申请材料

【参考答案】ABC

【答案解析】见《期货公司监督管理办法》第三十一条规定。

15. 期货公司终止境内分支机构的，应当向分支机构住所地中国证监会派出机构提交的申请材料包括（　　）。

A. 备案报告

B. 公司决议文件

C. 关于处理客户资产、结清分支机构业务的情况说明

D. 终止经营活动的情况报告

【参考答案】ABCD

【答案解析】见《期货公司监督管理办法》第三十一条规定。

16. 期货公司申请设立、收购或者参股境外期货类经营机构，应当具备的条件包括（　　）。

A. 申请日前3个月符合风险监管指标标准

B. 近1年内未因重大违法违规行为受到行政处罚或者刑事处罚

C. 具有完备的境外机构管理制度，能够有效隔离风险

D. 拟设立、收购或者参股机构所在国家或者地区的期货监管机构已与中国证监会签署监管合作备忘录

【参考答案】CD

【答案解析】见《期货公司监督管理办法》第三十二条规定。

17. 期货公司申请设立、收购或者参股境外期货类经营机构，应当向中国证监会提交的材料包括（　　）。

A. 备案报告　　B. 申请日前12个月风险监管报表

C. 境外经营机构的章程　　D. 申请书

【参考答案】AC

【答案解析】见《期货公司监督管理办法》第三十三条规定。

18. 期货公司停业的，应当向中国证监会提交的材料包括（　　）。

A. 停业通告书　　B. 停业决议文件

C. 关于处理客户资产的报告　　D. 处置或者清退客户情况的报告

【参考答案】BCD

【答案解析】见《期货公司监督管理办法》第三十六条规定。

19. 期货公司被撤销所有期货业务许可的，（　　）。

A. 应当妥善处理客户资产，结清期货业务

B. 应当依法办理名称、营业范围和公司章程等工商变更登记

C. 存续公司不得继续以期货公司名义从事业务，其名称中不得有“期货”或者近似字样

D. 应当冻结客户保证金

【参考答案】ABC

【答案解析】见《期货公司监督管理办法》第三十七条规定。

20. 期货公司（　　）应当在中国证监会指定的媒体上公告。

A. 设立　　B. 变更

C. 停业、解散、破产　　D. 被撤销期货业务许可

【参考答案】ABCD

【答案解析】见《期货公司监督管理办法》第三十八条规定。

21. 期货公司应当按照（　　）的原则，建立并完善公司治理。

A. 明晰职责　　B. 收入最大化

C. 加强风险管理　　D. 强化制衡

【参考答案】ACD

【答案解析】见《期货公司监督管理办法》第四十条规定。

22. 期货公司与其控股股东、实际控制人在（　　）方面应当严格分开，独立经营，独立核算。

A. 业务　　B. 人员

C. 资产　　D. 财务

【参考答案】ABCD

【答案解析】见《期货公司监督管理办法》第四十一规定。

23. 期货公司与其控股股东、实际控制人在业务、人员、资产、财务等方面应当（　　）。

A. 严格分开　　B. 独立核算

C. 独立经营　　D. 统一管理

【参考答案】ABC

【答案解析】见《期货公司监督管理办法》第四十一条规定。

24. 未依法经期货公司股东会或者董事会决议，期货公司控股股东、实际控制人不得任免期货公司的（　　）或者非法干预期货公司经营管理活动。

A. 董事　　B. 监事

C. 高级管理人员　　D. 财务人员

【参考答案】ABC

【答案解析】见《期货公司监督管理办法》第四十一条规定。

25. 持有期货公司主要股东或者实际控制人出现（　　）情形的，应当在3个工作日内通知期货公司。

A. 所持有的期货公司股权被冻结或者被强制执行

B. 质押所持有的期货公司股权

C. 合并、分立或者进行重大资产、债务重组

D. 涉嫌重大违法违规被有权机关调查或者采取强制措施

【参考答案】ABCD

【答案解析】见《期货公司监督管理办法》第四十四条规定。

26. 期货公司有（　　）情形的，应当立即书面通知全体股东或进行公告，并向住所地中国证监会派出机构报告。

A. 公司或者其董事、监事、高级管理人员因涉嫌违法违规被有权机关立案调查或者采取强制措施

B. 公司或者其董事、监事、高级管理人员因违法违规行为受到行政处罚或者刑事处罚

C. 风险监管指标不符合规定标准

D. 发生突发事件，对期货公司或者客户利益产生或者可能产生重大不利影响

【参考答案】ABCD

【答案解析】见《期货公司监督管理办法》第四十五条规定。

27. 期货公司应当对分支机构实行集中统一管理，不得（　　）。

A. 与他人合资、合作经营管理分支机构

B. 将分支机构承包

C. 将分支机构租赁

D. 将分支机构委托给他人经营管理

【参考答案】ABCD

【答案解析】见《期货公司监督管理办法》第五十二条规定。

28. 期货公司应当按照规定对营业部实行（　　）。

A. 统一结算　　B. 统一风险管理

C. 统一资金调拨　　D. 统一财务管理和会计核算

【参考答案】ABCD

【答案解析】见《期货公司监督管理办法》第五十二条规定。

29. 期货公司可以按照规定，运用自有资金投资于（　　）等业务。

A. 股票　　B. 基金

C. 债券　　D. 期货自营

【参考答案】ABC

【答案解析】见《期货公司监督管理办法》第五十五条规定。

30. 期货公司应当在（　　）。

A. 每月结束之日起 7 个工作日内报送设立、收购的境外经营机构的上一月度主要财务数据及业务情况

B. 每会计年度结束之日起 4 个月内报送上一年度境外经营机构经审计的财务报告、审计报告以及年度工作报告

C. 每年度结束之日起4个月内报送期货公司控股股东、第一大股东对自身遵守法律法规及监管规定的情况、经营状况、履行对期货公司承诺事项和期货公司章程的情况进行自查自评的评估报告

D. 每年至少召开一次股东会或股东大会

【参考答案】ABCD

【答案解析】见《期货公司监督管理办法》第四十三条、第四十六条、第五十四条规定。

31. 期货公司应当在营业场所（ ）。

A. 公示业务流程

B. 提供从业人员资格证明等资料

C. 公示财务状况

D. 公示手续费标准

【参考答案】AB

【答案解析】见《期货公司监督管理办法》第五十八条规定。

32. 期货公司不得接受（ ）的委托，为其进行期货交易。

A. 国家机关和事业单位

B. 期货公司工作人员及其配偶

C. 未能提供开户证明材料的单位和个人

D. 期货交易所工作人员及其配偶

【参考答案】ABCD

【答案解析】见《期货公司监督管理办法》第六十一条规定。

33. 期货公司客户可以通过（ ）等委托方式下达交易指令。

A. 书面

B. 电话

C. 计算机

D. 互联网

【参考答案】ABCD

【答案解析】见《期货公司监督管理办法》第六十五条规定。

34. 下列说法正确的有（ ）。

A. 期货公司应当制定并执行错单处理业务规则

B. 期货公司应当按照规定为客户申请、注销交易编码

C. 客户与期货公司的委托关系终止的，应当办理销户手续

D. 期货公司不得将客户未注销的资金账号、交易编码借给他人使用

【参考答案】ABCD

【答案解析】见《期货公司监督管理办法》第六十九条、第七十条规定。

35. 期货公司从事期货投资咨询业务，应当（ ）等事项。

A. 与客户签订服务合同

B. 明确约定服务内容

C. 明确收费标准　　　　　　　　　　D. 纠纷处理方式

【参考答案】ABCD

【答案解析】见《期货公司监督管理办法》第七十四条规定。

36. 期货公司及其从业人员从事期货投资咨询业务，不得有（　　）等行为。

A. 向客户做获利保证

B. 以虚假信息、市场传言或者内幕信息为依据向客户提供期货投资咨询服务

C. 对价格涨跌或者市场走势做出确定性的判断

D. 以个人名义收取服务报酬

【参考答案】ABCD

【答案解析】见《期货公司监督管理办法》第七十五条规定。

37. 关于保证金账户，以下说法正确的有（　　）。

A. 期货公司应当在期货保证金存管银行开立期货保证金账户

B. 客户应当向期货公司登记以本人名义开立的用于存取期货保证金的结算账户

C. 客户应当通过备案的期货保证金账户和登记的期货结算账户转账存取保证金

D. 期货公司存管的客户保证金应当全额存放在期货公司账户内

【参考答案】ABC

【答案解析】见《期货公司监督管理办法》第八十二条、第八十三条、第八十四条规定。

38. 期货公司及其从业人员从事资产管理业务禁止行为包括（　　）。

A. 以欺诈手段或者其他不当方式误导、诱导客户

B. 向客户做出保证其资产本金不受损失或者取得最低收益的承诺

C. 以获取佣金或者其他利益为目的，使用客户资产进行不必要的交易

D. 利用管理的客户资产为第三方谋取不正当利益，进行利益输送

【参考答案】ABCD

【答案解析】见《期货公司监督管理办法》第七十九条规定。

39. 下列说法正确的有（　　）。

A. 客户的保证金和委托资产属于客户资产

B. 客户资产应当与期货公司的自有资产相互独立、分别管理

C. 非因客户本身的债务或者法律、行政法规规定的其他情形，不得查封、

冻结、扣划或者强制执行客户资产

D. 期货公司破产或者清算时，客户资产属于破产财产或者清算财产

【参考答案】ABC

【答案解析】见《期货公司监督管理办法》第八十一条规定。

40. 客户在期货交易中违约造成保证金不足的，期货公司应当用（　　）垫付。

A. 风险准备金　　B. 期货公司自有资金

C. 其他客户保证金　　D. 任意资金

【参考答案】AB

【答案解析】见《期货公司监督管理办法》第八十八条规定。

41. 期货公司（　　）应当对年度报告和月度报告签署确认意见。

A. 法定代表人　　B. 经营管理主要负责人

C. 监事　　D. 首席风险官

【参考答案】ABD

【答案解析】见《期货公司监督管理办法》第九十九条规定。

42. 期货公司（　　）应对年度报告进行审核并提出书面审核意见。

A. 监事会　　B. 监事

C. 董事　　D. 首席风险官

【参考答案】AB

【答案解析】见《期货公司监督管理办法》第九十九条规定。

43. 中国证监会及其派出机构可以要求（　　），在指定期限内报送与期货公司经营相关的资料。

A. 期货公司及其董事、监事、高级管理人员及其他工作人员

B. 期货公司股东、实际控制人或者其他关联人

C. 期货公司控股、参股或者实际控制的企业

D. 为期货公司提供相关服务的会计师事务所、律师事务所、资产评估机构等中介服务机构

【参考答案】ABCD

【答案解析】见《期货公司监督管理办法》第一百条规定。

44. 中国证监会及其派出机构可以对（　　）进行延伸检查。

A. 期货公司子公司　　B. 期货公司的股东

C. 期货公司的实际控制人　　D. 期货公司的客户

【参考答案】ABC

【答案解析】见《期货公司监督管理办法》第一百零六条规定。

45. 中国证监会及其派出机构对期货公司及其分支机构进行检查，有权采取的措施包括（　　）。

A. 询问期货公司及其分支机构的工作人员，要求其对被检查事项做出解释、说明

B. 查阅、复制与被检查事项有关的文件、资料

C. 查询期货公司及其分支机构的客户资产账户

D. 检查期货公司及其分支机构的信息系统，调阅交易、结算及财务数据

【参考答案】ABCD

【答案解析】见《期货公司监督管理办法》第一百零七条规定。

46. 中国证监会及其派出机构认为期货公司（　　）情形的，可以要求其聘请中介服务机构进行专项审计、评估或者出具法律意见。

A. 年度报告存在虚假记载、误导性陈述或者重大遗漏

B. 月度报告存在虚假记载、误导性陈述或者重大遗漏

C. 临时报告存在虚假记载、误导性陈述或者重大遗漏

D. 违反客户资产保护、期货保证金安全存管监控规定或者风险监管指标管理规定

【参考答案】ABCD

【答案解析】见《期货公司监督管理办法》第一百零八条规定。

47. 期货公司或其分支机构有（　　）情形的，中国证监会及其派出机构可以采取监管措施。

A. 交易、结算或者财务信息系统存在重大缺陷，可能造成有关数据失真或者损害客户合法权益

B. 业务规则不健全或者未有效执行，风险管理或者内部控制等存在较大缺陷，经营管理混乱，可能影响期货公司持续经营或者可能损害客户合法权益

C. 不符合有关客户资产保护或者期货保证金安全存管监控规定，可能影响客户资产安全

D. 存在重大纠纷、仲裁、诉讼，可能影响持续经营

【参考答案】ABCD

【答案解析】见《期货公司监督管理办法》第一百一十条规定。

48. 期货公司的股东、实际控制人或者其他关联人有（　　）情形的，中国证监会及其派出机构可以责令其限期整改。

A. 占用期货公司资产

B. 直接任免期货公司董事、监事、高级管理人员，或者非法干预期货公司经营管理活动

C. 股东未按照出资比例或者所持股份比例行使表决权

D. 报送、提供或者出具的材料、信息或者报告等存在虚假记载、误导性陈述或者重大遗漏

【参考答案】ABCD

【答案解析】见《期货公司监督管理办法》第一百一十二条规定。

49. 期货公司监督管理办法中所称金融资产包括（　　）等。

A. 银行存款　　B. 基金份额

C. 资产管理计划　　D. 信托计划

【参考答案】ABCD

【答案解析】见《期货公司监督管理办法》第一百二十四条规定。

50.（　　）依法对期货公司及其分支机构实行监督管理。

A. 中国证监会　　B. 中国证监会派出机构

C. 期货交易所　　D. 中国期货业协会

【参考答案】AB

【答案解析】见《期货公司监督管理办法》第五条规定。

51. 期货公司主要股东为法人或者非法人组织的，应当具备的条件包括（　　）。

A. 实收资本和净资产均不低于人民币1亿元

B. 净资产不低于实收资本的50%

C. 持续经营3个以上完整的会计年度

D. 最近3个会计年度有1年盈利就行

【参考答案】ABC

【答案解析】见《期货公司监督管理办法》第七条规定。

52. 期货公司主要股东为自然人的，应当具备的条件包括（　　）。

A. 个人金融资产不低于人民币3 000万元

B. 不存在对所投资企业经营失败或重大违法违规行为负有直接责任未逾3年的情形

C. 个人金融资产不低于人民币5 000万元

D. 不存在对所投资企业经营失败或重大违法违规行为负有直接责任未逾2年的情形

【参考答案】AB

【答案解析】见《期货公司监督管理办法》第八条规定。

53. 期货公司设立、收购、参股的境外经营机构发生（　　）等事项的，期货公司应当在5个工作日内向公司住所地中国证监会派出机构书面报告。

A. 取得、变更或者注销交易所、协会等会员资格

B. 变更名称、变更业务范围以及修改章程重要条款等

C. 变更董事长、总经理、合规负责人和风险管理负责人

D. 预计发生重大亏损或者遭受超过净资产10%的重大损失

【参考答案】ABCD

【答案解析】见《期货公司监督管理办法》第五十三条规定。

54. 期货公司股东、实际控制人或者其他关联人（　　），对直接负责的主管人员和其他直接责任人员，给予警告，单独或者并处3万元以下罚款。

A. 违规使用委托资金、负债资金等投资入股，情节严重的

B. 占用期货公司资产的

C. 违规开展关联交易，情节严重的

D. 股东按照出资比例或者所持股份比例行使表决权的

【参考答案】ABC

【答案解析】见《期货公司监督管理办法》第一百二十条规定。

55. 期货公司主要股东，是指持有期货公司5%以上股权的（　　）。

A. 法人　　B. 非法人组织

C. 自然人　　D. 政府机构

【参考答案】ABC

【答案解析】见《期货公司监督管理办法》第一百二十三条规定。

（三）判断题（判断以下各小题的正误，正确的填写A，错误的填写B）

1. 期货公司监督管理办法适用于中华人民共和国境内和境外设立的期货公司。（　　）

【参考答案】B

【答案解析】见《期货公司监督管理办法》第二条规定。

2. 中国证监会及其派出机构依法对期货公司及其分支机构实行监督管理。（　　）

【参考答案】A

【答案解析】见《期货公司监督管理办法》第五条规定。

3. 中国期货业协会、期货交易所构依法对客户保证金安全实施监控。（　　）

【参考答案】B

【答案解析】《期货公司监督管理办法》第五条规定，期货保证金安全存管监控机构依法对客户保证金安全实施监控。

4. 申请设立期货公司，应当具有期货从业人员资格的人员不少于 15 人，具备任职资格的高级管理人员不少于 5 人的条件。 ( )

【参考答案】B

【答案解析】申请设立期货公司，具备任职资格的高级管理人员不少于 3 人。

5. 申请设立期货公司，主要股东为法人或者非法人组织的，应当具备实收资本和净资产均不低于人民币 2 000 万元条件。 ( )

【参考答案】B

【答案解析】见《期货公司监督管理办法》第七条规定。

6. 申请设立期货公司，主要股东为法人或者非法人组织的，应当具备近 2 年未因重大违法违规行为受到行政处罚或者刑事处罚。 ( )

【参考答案】B

【答案解析】应当具备近 3 年未因重大违法违规行为受到行政处罚或者刑事处罚。

7. 期货公司主要股东为自然人的，个人金融资产不低于人民币 3 000 万元。 ( )

【参考答案】A

【答案解析】见《期货公司监督管理办法》第八条规定。

8. 申请设立期货公司，应当向中国期货业协会提交经营计划。 ( )

【参考答案】B

【答案解析】见《期货公司监督管理办法》第十三条规定。

9 期货公司境外股东应当以本国货币或者合法取得的人民币出资。 ( )

【参考答案】B

【答案解析】境外股东应当以可自由兑换货币或者合法取得的人民币出资。

10. 期货公司申请金融期货经纪业务资格，应当具备申请日前 3 个月风险监管指标持续符合规定标准的条件。 ( )

【参考答案】B

【答案解析】应当具备申请日前 2 个月风险监管指标持续符合规定标准的条件。

11. 期货公司申请金融期货经纪业务资格，近 2 年内因违法违规行为受过刑事处罚或者行政处罚。但期货公司控股股东或者实际控制人变更，高级管理人员变更比例超过50%，对出现上述情形负有责任的高级管理人员和业务负责人已不在公司任职，且已整改完成并经期货公司住所地中国证监会派出机构验收合格的，可不受申请限制。（ ）

【参考答案】A

【答案解析】见《期货公司监督管理办法》第十六条第（八）款规定。

12. 期货公司申请金融期货经纪业务资格，应当向中国证监会提交拟任用高级管理人员和从业人员名单、简历和相关资格证明。（ ）

【参考答案】B

【答案解析】见《期货公司监督管理办法》第十七条规定。

13. 期货公司申请金融期货经纪业务资格，应当向中国证监会提交申请日前3个月风险监管报表。（ ）

【参考答案】B

【答案解析】见《期货公司监督管理办法》第十七条规定。

14. 单个股东或者有关联关系的股东持股比例增加到85%的，应当经中国证监会批准。（ ）

【参考答案】B

【答案解析】见《期货公司监督管理办法》第十九条第（二）款规定。

15. 单个股东的持股比例或者有关联关系的股东合计持股比例增加到5%以上，且涉及境外股东的，应当经中国证监会批准。（ ）

【参考答案】A

【答案解析】见《期货公司监督管理办法》第十九条规定。

16. 期货公司变更法定代表人，应当向住所地中国证监会派出机构提交申请材料。（ ）

【参考答案】A

【答案解析】见《期货公司监督管理办法》第二十五条规定。

17. 期货公司在中国证监会不同派出机构辖区变更住所的，应当符合近3年未因重大违法违规行为受到行政处罚或者刑事处罚的条件。（ ）

【参考答案】B

【答案解析】见《期货公司监督管理办法》第二十六条规定。

18. 期货公司变更住所，应当向拟迁入地中国证监会派出机构提交拟变更后的住所所有权或者使用权证明。（ ）

【参考答案】A

【答案解析】见《期货公司监督管理办法》第二十七条第（五）款规定。

19. 期货公司可以设立营业部、分公司等境内分支机构，应当具备未因涉嫌违法违规经营正在被有权机关调查，近半年内未因违法违规经营受到行政处罚或者刑事处罚的条件。 （ ）

【参考答案】B

【答案解析】见《期货公司监督管理办法》第二十三条规定。

20. 期货公司变更分支机构营业场所仅限于在中国证监会同一派出机构辖区内变更营业场所。 （ ）

【参考答案】A

【答案解析】见《期货公司监督管理办法》第三十条规定。

21. 期货公司申请设立、收购或者参股境外期货类经营机构，应当具备申请日前 3 个月符合风险监管指标标准的条件。 （ ）

【参考答案】B

【答案解析】应当具备申请日前 6 个月符合风险监管指标标准的条件。

22. 期货公司设立、收购、参股境外经营机构，应当具备最近一次期货公司分类监管评级不低于 B 类 BBB 级等条件。 （ ）

【参考答案】B

【答案解析】见《期货公司监督管理办法》第三十二条第（二）款规定。

23. 期货公司因遭遇不可抗力等正当事由申请停业的，应当妥善处理客户资产，清退或者转移客户。 （ ）

【参考答案】A

【答案解析】见《期货公司监督管理办法》第三十五条规定。

24. 期货公司及其分支机构的许可证正本或者副本遗失或者灭失的，期货公司应当在 30 个工作日内在中国证监会指定的媒体上声明作废，并持登载声明向中国证监会或期货公司分支机构所在地派出机构重新申领。

【参考答案】A

【答案解析】见《期货公司监督管理办法》第三十九条规定。

25. 被撤销期货业务许可的期货公司的存续公司不得继续以期货公司名义从事业务，其名称中不得有“期货”或者近似字样。 （ ）

【参考答案】A

【答案解析】见《期货公司监督管理办法》第三十七条规定。

26. 期货公司设立、变更、停业、解散、破产、被撤销期货业务许可或者其分支机构设立、变更、终止的，期货公司应当在中国证监会指定的媒体上公告。 （ ）

【参考答案】A

【答案解析】见《期货公司监督管理办法》第三十八条规定。

27. 期货公司及其分支机构的许可证由中国工商总局统一印制。 （ ）

【参考答案】B

【答案解析】见《期货公司监督管理办法》第三十九条规定。

28. 许可证正本或者副本遗失或者灭失的，期货公司应当在15个工作日内在中国证监会指定的媒体上声明作废，并持登载声明向中国证监会重新申领。 （ ）

【参考答案】B

【答案解析】见《期货公司监督管理办法》第三十九条规定。

29. 期货公司及其分支机构的许可证由中国证监会统一印制，不得遗失。 （ ）

【参考答案】B

【答案解析】见《期货公司监督管理办法》第三十九条规定。

30. 期货公司与其控股股东、实际控制人在业务、人员、资产、财务等方面应当统一管理，统一经营，统一核算。 （ ）

【参考答案】B

【答案解析】见《期货公司监督管理办法》第四十一条规定。

31. 期货公司实际控制人涉嫌重大违法违规被有权机关调查或者采取强制措施，期货公司应当自收到通知之日起5个工作日内向住所地中国证监会派出机构报告。 （ ）

【参考答案】B

【答案解析】期货公司应当自收到通知之日起3个工作日内向住所地中国证监会派出机构报告。

32. 客户发生重大透支、穿仓，可能影响期货公司持续经营，应当立即书面通知全体股东或进行公告，并向住所地中国证监会派出机构报告。 （ ）

【参考答案】A

【答案解析】见《期货公司监督管理办法》第四十五条规定。

33. 期货公司董事长和总经理可以是亲兄弟关系。 （ ）

【参考答案】B

【答案解析】期货公司的董事长、总经理、首席风险官之间不得存在近亲属关系。

34. 期货公司的董事长、总经理、首席风险官之间不得存在战友关系。 （ ）

【参考答案】B

【答案解析】见《期货公司监督管理办法》第四十九条规定。

35. 期货公司可以根据公司的需要随意解聘或更换首席风险官。（　）

【参考答案】B

【答案解析】见《期货公司监督管理办法》第四十八条规定。

36. 期货公司可以设立独立董事，期货公司的独立董事不得在证券公司担任董事。（　）

【参考答案】B

【答案解析】见《期货公司监督管理办法》第四十七条规定。

37. 期货公司不得将分支机构承包、租赁或者委托给他人经营管理，但可以与他人合资、合作经营管理分支机构。（　）

【参考答案】B

【答案解析】见《期货公司监督管理办法》第五十二条规定。

38. 客户既可以以自己的名义、也可以以他人的名义向期货公司提出开户申请，出具合法有效的单位、个人身份证明或者其他证明材料。（　）

【参考答案】B

【答案解析】见《期货公司监督管理办法》第六十二条规定。

39. 期货公司不可以委托其他机构或者接受其他机构委托从事中间介绍业务。（　）

【参考答案】B

【答案解析】见《期货公司监督管理办法》第七十二条规定。

40. 期货公司可以依法从事期货投资咨询业务，接受客户委托，向客户提供风险管理顾问、研究分析、交易咨询等服务。（　）

【参考答案】A

【答案解析】见《期货公司监督管理办法》第七十三条规定。

41. 期货公司及其从业人员从事期货投资咨询业务，可以以个人名义收取服务报酬。（　）

【参考答案】B

【答案解析】见《期货公司监督管理办法》第七十五条第（六）款规定。

42. 期货公司可以依法从事资产管理业务，接受客户委托，运用客户资产进行投资。投资收益由客户享有，损失由公司和客户共担。（　）

【参考答案】B

【答案解析】见《期货公司监督管理办法》第七十六条规定。

43. 期货公司从事资产管理业务，应当与客户签订资产管理合同，通过专门账户提供服务。 ( )

【参考答案】A

【答案解析】见《期货公司监督管理办法》第七十七条规定。

44. 期货公司可以依法从事资产管理业务，只能为单一客户办理资产管理业务，不得为特定多个客户办理资产管理业务。 ( )

【参考答案】B

【答案解析】见《期货公司监督管理办法》第七十八条规定。

45. 期货公司破产或者清算时，客户资产属于破产财产或者清算财产。 ( )

【参考答案】B

【答案解析】期货公司破产或者清算时，客户资产不属于破产财产或者清算财产。

46. 期货公司可以在任意银行开立保障金账户。 ( )

【参考答案】B

【答案解析】期货公司应当在期货保证金存管银行开立期货保证金账户。

47. 期货公司应当按照规定提取、管理和使用风险准备金，不得挪作他用。 ( )

【参考答案】A

【答案解析】见《期货公司监督管理办法》第八十八条规定。

48. 期货公司主要股东、实际控制人或者其他关联人不得从事期货交易。 ( )

【参考答案】B

【答案解析】见《期货公司监督管理办法》第一百零一条规定。

49. 期货公司变更分支机构负责人或者营业场所，应当在7个工作日内向住所地中国证监会派出机构书面报告。 ( )

【参考答案】B

【答案解析】应当在5个工作日内向住所地中国证监会派出机构书面报告。

50. 期货公司聘请或者解聘会计师事务所的，应当自做出决定之日起7个工作日内向住所地中国证监会派出机构报告。 ( )

【参考答案】B

【答案解析】应当自做出决定之日起5个工作日内向住所地中国证监会派出机构报告。

51. 中国期货业协会可以按照规定对期货公司进行分类监管。（ ）

【参考答案】B

【答案解析】中国证监会可以按照规定对期货公司进行分类监管。

52. 中国证监会及其派出机构依法进行现场检查，不可以聘请外部人士。（ ）

【参考答案】B

【答案解析】必要时可以聘请外部专业人士协助检查。

53. 未经中国证监会或其派出机构批准，任何个人或者单位及其关联人擅自持有期货公司5%以上股权，或者通过提供虚假申请材料等方式成为期货公司股东的，中国证监会或其派出机构可以责令其限期转让股权。但该股权在转让之前，具有表决权、分红权。（ ）

【参考答案】B

【答案解析】该股权在转让之前，不具有表决权、分红权。

54. 期货公司及其分支机构接受未办理开户手续的单位或者个人委托进行期货交易，或者将客户的资金账号、交易编码借给其他单位或者个人使用的，给予警告，单处或者并处5万元以下罚款。（ ）

【参考答案】B

【答案解析】单处或者并处3万元以下罚款。

55. 期货公司的股东占用期货公司资产，中国证监会及其派出机构可以对直接负责的主管人员和其他责任人员给予警告，并处5万元以下罚款。（ ）

【参考答案】B

【答案解析】期货公司的股东占用期货公司资产，中国证监会及其派出机构可以责令其限期整改。

56. 客户对交易结算报告有异议的，应当在期货经纪合同约定的时间内以书面、电话或口头等方式提出，期货公司应当在约定时间内进行核实。（ ）

【参考答案】B

【答案解析】只能以书面方式提出异议。

57. 会计师事务所、律师事务所、资产评估机构等中介服务机构不按照规定履行报告义务，提供或者出具的材料、报告、意见不完整，责令改正，没收业务收入，单处或者并处3万元以下罚款。对直接负责的主管人员和其他责任人员给予警告，并处5万元以下罚款。（ ）

【参考答案】B

【答案解析】对直接负责的主管人员和其他责任人员给予警告，并处3万元以下罚款。

（四）综合题（以下各小题给出的四个选项中，至少有一项符合题目要求，请将符合题目要求选项的代码填入括号内）

阅读材料，回答 1～5 题。

某投资者持有某期货公司 3% 股权。随着期货市场的不断发展和完善，金融期货的逐步推出，从事期货交易的人们会越来越多，期货业务大有潜力，期货公司前景看好。于是该投资者欲增资扩大其股权份额，把持有该期货公司 3% 的股权增加到 6%。

1. 这次股权变更应当报（　　）批准。

A. 期货交易所　　B. 期货业协会

C. 中国证监会　　D. 当地中国证监会派出机构

【参考答案】D

【答案解析】见《期货公司监督管理办法》第十九条规定。

2.《期货公司监督管理办法》规定，对持有期货公司 5% 以上股权的个人股东，其个人金融资产不得低于人民币（　　）万元。

A. 1 500　　B. 2 000

C. 3 000　　D. 5 000

【参考答案】C

【答案解析】见《期货公司监督管理办法》第八条规定。

3. 如果该投资者为境外股东，则依据《期货公司监督管理办法》之规定，持有期货公司 5% 以上股权的境外股东，应当具备的条件包括（　　）。

A. 依其所在国家或者地区法律设立、合法存续的金融机构

B. 近 3 年各项财务指标及监管指标符合所在国家或者地区法律的规定和监管要求

C. 所在国家或者地区期货监管机构已与中国证监会签订监管合作备忘录

D. 境外股东应当以可自由兑换货币或者合法取得的人民币出资

【参考答案】ABCD

【答案解析】见《期货公司监督管理办法》第十一条规定。

4. 该股东持有期货公司 6% 股份以后，（　　）。

A. 不得在期货公司从事期货交易

B. 可以在期货公司从事期货交易，不受任何约束

C. 可以在期货公司从事期货交易，但期货公司应当及时向住所地中国证监

会派出机构报告开户情况，并定期报告交易情况

D. 可以在期货公司从事期货交易，但仅限于做套期保值

【参考答案】C

【答案解析】见《期货公司监督管理办法》第一百零一条规定。

5. 如果该股东未经批准，就擅自持有了期货公司 6% 的股权，中国证监会或其派出机构可以责令其限期转让股权。该股权在转让之前，该投资者（　　）。

A. 具有表决权但没有分红权　　B. 具有表决权和分红权

C. 不具有表决权但有分红权　　D. 不具有表决权和分红权

【参考答案】D

【答案解析】见《期货公司监督管理办法》第一百一十三条规定。

四、《外商投资期货公司管理办法》通关练习

（一）单项选择题（在以下各小题所给出的四个选项中，只有一个选项符合题目要求，请将正确选项的代码填入括号中）

1.《外商投资期货公司管理办法》所称外商投资期货公司是指单一或有关联关系的多个境外股东直接持有或间接控制公司（　　）以上股权的期货公司。

A. 5%　　　　B. 25%

C. 50%　　　　D. 100%

【参考答案】A

【答案解析】见《外商投资期货公司管理办法》第二条规定。

2. 直接持有期货公司 5% 以上股权的境外股东，应当具备持续经营 5 年以上，近（　　）年未受到所在国家或者地区监管机构或者行政、司法机关的重大处罚等条件。

A. 1　　　　B. 2

C. 3　　　　D. 5

【参考答案】C

【答案解析】见《外商投资期货公司管理办法》第五条第（一）款规定。

3. 除通过中国境内证券公司间接持有期货公司股权及中国证监会规定的其他情形外，境外投资者通过投资关系、协议或其他安排，实际控制期货公司（　　）以上股权的，应当转为直接持股。

A. 3%　　　　B. 5%

C. 50%　　　　D. 100%

【参考答案】B

【答案解析】见《外商投资期货公司管理办法》第六条规定。

4. 外商投资期货公司的（　　）须在中国境内实地履职。

A. 普通管理人员　　　　B. 监事

C. 董事　　D. 高级管理人员

【参考答案】D

【答案解析】见《外商投资期货公司管理办法》第八条规定。

5. 境外机构设立外商投资期货公司，应当在公司登记机关登记注册，并向（　　）提出申请。

A. 中国证监会　　B. 中国期货业协会

C. 国家工商管理局　　D. 国家外汇管理局

【参考答案】A

【答案解析】见《外商投资期货公司管理办法》第九条规定。

6. 获得中国证监会批准设立的外商投资期货公司，应当按（　　）的规定办理相关业务登记手续，足额缴付出资或者提供约定的合作条件。

A. 中国期货业协会　　B. 财政部

C. 中国证监会　　D. 国家外汇管理部门

【参考答案】D

【答案解析】见《外商投资期货公司管理办法》第十条规定。

7. 外商投资期货公司及其境外股东向中国证监会提交的申请文件，以及向中国证监会及其派出机构报送的文件、资料，必须使用（　　）。

A. 中文　　B. 英文

C. 外商所属本国文字　　D. 拉丁文

【参考答案】A

【答案解析】见《外商投资期货公司管理办法》第十四条规定。

8. 外商投资期货公司交易、结算、风险控制等信息系统的核心服务器以及记录、存储客户信息的数据设备，应当设置在（　　）。

A. 中国境内　　B. 中国境外

C. 期货公司所在地　　D. 交易所所在地

【参考答案】A

【答案解析】见《外商投资期货公司管理办法》第十五条规定。

9. 境外机构设立外商投资期货公司，需要向中国证监会提交申请前（　　）年该境外机构经审计的财务报表。

A. 1　　B. 2

C. 3　　D. 5

【参考答案】C

【答案解析】见《外商投资期货公司管理办法》第九条规定。

10. 下列说法错误的是（　　）。

A. 外商投资期货公司交易、结算、风险控制等信息系统的核心服务器以及记录、存储客户信息的数据设备，设置在中国境内和境外均可

B. 在符合法律、行政法规和中国证监会有关规定的前提下，外商投资期货公司可以利用境外股东的资源和技术，提升信息系统的效率和安全水平

C. 未取得中国证监会颁发的《经营证券期货业务许可证》，外商投资期货公司不得经营期货业务

D. 境外投资者依法通过证券交易所的证券交易持有或者通过协议、其他安排与他人共同持有上市期货公司股份达到5%以上的，应当具备外商投资期货公司管理办法第五条规定的条件，并遵守法律、行政法规和中国证监会关于上市公司收购、期货公司变更审批的有关规定

【参考答案】A

【答案解析】见《外商投资期货公司管理办法》第十二条、第十三条、第十五条规定。

11. 下列说法正确的是（　　）。

A. 本办法所称外商投资期货公司是指单一或有关联关系的多个境外股东直接持有或间接控制公司3%以上股权的期货公司

B. 中国期货业协会依法对外商投资期货公司实施监督管理

C. 境外股东应当以股东所在本国币出资

D. 香港特别行政区、澳门特别行政区和台湾地区的投资者投资期货公司的，参照适用外商投资期货公司管理办法。

【参考答案】D

【答案解析】见《外商投资期货公司管理办法》第二条、第三条、第七条、第十七条规定。

（二）多项选择题（以下各小题给出的四个选项中，至少有两项符合题目要求，请将符合题目要求选项的代码填入括号内）

1. 为适应期货市场对外开放需要，加强和完善对外商投资期货公司的监督管理，根据（　　）有关规定，制定《外商投资期货公司管理办法》。

A. 公司法　　　　B. 期货交易管理条例

C. 证券法　　　　D. 证券期货投资者适当性管理办法

【参考答案】AB

【答案解析】见《外商投资期货公司管理办法》第一条规定。

2.（　　）依法对外商投资期货公司实施监督管理。

A. 中国期货业协会　　B. 中国证监会

C. 中国证监会派出机构　　D. 财政部

【参考答案】BC

【答案解析】见《外商投资期货公司管理办法》第三条规定。

3. 外商投资期货公司的名称、组织形式、注册资本、组织机构的设立及职责等，应当符合（　　）等法律、行政法规和中国证监会的有关规定。

A. 公司法　　B. 证券期货投资者适当性管理办法

C. 期货交易管理条例　　D. 期货公司监督管理办法

【参考答案】ACD

【答案解析】见《外商投资期货公司管理办法》第四条规定。

4. 直接持有期货公司5%以上股权的境外股东，应当具备（　　）条件。

A. 持续经营3年以上，近2年未受到所在国家或者地区监管机构或者行政、司法机关的重大处罚

B. 管理层具有良好的专业素质和管理能力

C. 具有健全的内部控制制度和风险管理体系

D. 具有良好的国际声誉和经营业绩，近2年业务规模、收入、利润居于国际前列，近2年长期信用均保持在高水平

【参考答案】BC

【答案解析】见《外商投资期货公司管理办法》第五条规定。

5. 外商投资期货公司的（　　）等，应当符合《中华人民共和国公司法》《期货交易管理条例》《期货公司监督管理办法》等法律、行政法规和中国证监会的有关规定。

A. 名称　　B. 组织形式

C. 注册资本　　D. 组织机构

【参考答案】ABCD

【答案解析】见《外商投资期货公司管理办法》第四条规定。

6. 外商投资期货公司的（　　）应当具备中国证监会规定的任职条件。

A. 普通管理人员　　B. 高级管理人员

C. 董事　　D. 监事

【参考答案】BCD

【答案解析】见《外商投资期货公司管理办法》第八条规定。

7. 境外机构设立外商投资期货公司，需要向中国证监会提交（　　）。

A. 申请前3年该境外机构经审计的财务报表

B. 具有健全的内部控制制度和风险管理体系的说明材料

C. 管理层具有良好的专业素质和管理能力的说明材料

D. 由境外律师事务所出具的法律意见书

【参考答案】ABC

【答案解析】见《外商投资期货公司管理办法》第九条规定。

8. 外商投资期货公司申请颁发或换发《经营证券期货业务许可证》，应当向中国证监会提交（ ）。

A. 营业执照副本复印件、公司章程、营业场所和业务设施情况说明书

B. 由中国境内具有期货相关业务资格的会计师事务所出具的验资报告

C. 董事、监事、高级管理人员和主要业务人员的名单，符合任职条件证明文件及期货从业资格证明文件

D. 高级管理人员在中国境内实地履职的说明文件、内部控制制度和风险管理制度文本

【参考答案】ABCD

【答案解析】见《外商投资期货公司管理办法》第十一条规定。

（三）判断题（判断以下各小题的正误，正确的填写A，错误的填写B）

1. 《外商投资期货公司管理办法》所称外商投资期货公司是指单一的境外股东直接持有公司3%以上股权的期货公司。（ ）

【参考答案】B

【答案解析】5%。

2. 除通过中国境内证券公司间接持有期货公司股权及中国证监会规定的其他情形外，境外投资者通过投资关系、协议或其他安排，实际控制期货公司3%以上股权的，应当转为直接持股。（ ）

【参考答案】B

【答案解析】5%。

3. 外商投资期货公司的高级管理人员须有在境外实地履职的经历。（ ）

【参考答案】B

【答案解析】须在中国境内实地履职。

4. 境外股东变更股权属《期货公司监督管理办法》第十七条规定情形的，应当向中国期货业协会提出申请。（ ）

【参考答案】B

【答案解析】应当向中国证监会提出申请。

5. 境外股东及其所在国家或者地区相关监管机构或者中国证监会认可的机构出具的文件、资料，以及外商投资期货公司股东会、董事会、监事会、总经理办公会相关文件、资料必须使用中文。（　　）

【参考答案】B

【答案解析】使用外文的，应当附有与原文内容一致的中文译本。

（四）综合题（以下各小题给出的四个选项中，至少有一项符合题目要求，请将符合题目要求选项的代码填入括号内）

根据以下案例，回答 1~5 题。

甲公司为某阿拉伯国家石油公司，乙公司为美国一家金融投资公司，两者均欲投资控股一家中国境内期货公司，获得 50% 以上的股份。其中，甲公司是一家老牌石油公司，持续经营 20 年以上，且从未受到本国监管机构或者行政、司法机关的重大处罚；而乙公司为一家刚刚成立 3 年的公司，业务发展很快，具有良好的国际声誉和经营业绩，近 3 年业务规模、收入、利润居于国际前列，且近 3 年长期信用均保持在高水平。

1. 根据《外商投资期货公司管理办法》之规定，（　　）符合成为国内期货公司控股股东的申请条件。

A. 甲公司　　B. 乙公司

C. 甲公司和乙公司均　　D. 甲公司和乙公司均不

【参考答案】A

【答案解析】见《外商投资期货公司管理办法》第五条规定。

2. 获得中国证监会批准设立的外商投资期货公司，应当按（　　）的规定办理相关业务登记手续，足额缴付出资或者提供约定的合作条件。

A. 国家外汇管理部门　　B. 中国证监会

C. 期货交易所　　D. 国家工商管理局

【参考答案】A

【答案解析】见《外商投资期货公司管理办法》第十条规定。

3. 外商投资期货公司申请颁发或换发《经营证券期货业务许可证》，应当向中国证监会提交的文件包括（　　）。

A. 营业执照副本复印件

B. 由外商所在国家具有期货相关业务资格的会计师事务所出具的验资报告

C. 高级管理人员在中国境内实地履职的说明文件

D. 内部控制制度和风险管理制度文本

【参考答案】ACD

【答案解析】见《外商投资期货公司管理办法》第十一条规定。

4. 以下说法正确的有（　　）。

A. 外商投资期货公司及其境外股东向中国证监会提交的申请文件，以及向中国证监会及其派出机构报送的文件、资料，必须使用中文

B. 外商投资期货公司及其境外股东向中国证监会提交的申请文件，以及向中国证监会及其派出机构报送的文件、资料，使用外文的，应当附有与原文内容一致的中文译本

C. 外商投资期货公司交易、结算、风险控制等信息系统的核心服务器以及记录、存储客户信息的数据设备，应当设置在中国境内

D. 外商投资期货公司交易、结算、风险控制等信息系统的核心服务器以及记录、存储客户信息的数据设备，设置在中国境外的，应在中国境内有备份

【参考答案】AC

【答案解析】见《外商投资期货公司管理办法》第十四条、第十五条规定。

5. 外商控股国内期货公司成功后，期货公司的董事和监事均为外商所在国家人员，但包括总经理在内的高级管理人员是在中国境内聘请的专业人员。以下说法错误的是（　　）。

A. 该期货公司的董事、监事和高级管理人员须在中国境内实地履职

B. 该期货公司的高级管理人员须在中国境内实地履职，而董事和监事不必在中国境内实地履职

C. 该期货公司的董事、监事和高级管理人员应当具备中国证监会规定的任职条件

D. 该期货公司的高级管理人员应当具备中国证监会规定的任职条件，但外国董事和监事不必具备中国证监会规定的任职条件

【参考答案】AD

【答案解析】见《外商投资期货公司管理办法》第八条规定。

五、《期货公司董事、监事和高级管理人员任职资格管理办法》通关练习

（一）单项选择题（在以下各小题所给出的四个选项中，只有一个选项符合题目要求，请将正确选项的代码填入括号中）

1. 期货公司董事、监事和高级管理人员应当在任职前取得（　　）核准的任职资格。

A. 中国期货协会　　B. 期货交易所

C. 中国证监会　　D. 人事部

【参考答案】C

【答案解析】见《期货公司董事、监事和高级管理人员任职资格管理办法》第三条规定。

2.（　　）依法对期货公司董事、监事和高级管理人员进行监督管理。

A. 中国期货协会　　B. 期货交易所

C. 中国证监会　　D. 中国证监会派出机构

【参考答案】C

【答案解析】见《期货公司董事、监事和高级管理人员任职资格管理办法》第五条规定。

3. 具有从事经济管理工作（　　）年以上经验者，可申请期货公司除董事长、监事会主席、独立董事以外的董事、监事的任职资格。

A. 2　　B. 3

C. 5　　D. 10

【参考答案】C

【答案解析】见《期货公司董事、监事和高级管理人员任职资格管理办法》第七条规定。

4. 具有从事期货、证券等金融业务或者法律、会计业务（　　）年以上经

验者，可申请期货公司除董事长、监事会主席、独立董事以外的董事、监事。

A. 1　　B. 2

C. 3　　D. 5

【参考答案】C

【答案解析】见《期货公司董事、监事和高级管理人员任职资格管理办法》第七条规定。

5. 申请期货公司除董事长、监事会主席、独立董事以外的董事、监事的任职资格须具有（　　）以上学历。

A. 高中　　B. 大学专科

C. 大学本科　　D. 研究生

【参考答案】B

【答案解析】见《期货公司董事、监事和高级管理人员任职资格管理办法》第七条规定。

6. 申请期货公司独立董事任职资格者，应当通过（　　）认可的资质测试。

A. 中国证监会　　B. 中国期货业协会

C. 期货交易所　　D. 中国证监会派出机构

【参考答案】A

【答案解析】见《期货公司董事、监事和高级管理人员任职资格管理办法》第七条规定。

7. 申请期货公司董事长和监事会主席任职资格者，应当具备从事期货业务（　　）年以上经验，或者其他金融业务（　　）年以上经验，或者法律、会计业务（　　）年以上经验。

A. 1；3；5　　B. 2；3；4

C. 3；4；5　　D. 3；5；5

【参考答案】C

【答案解析】见《期货公司董事、监事和高级管理人员任职资格管理办法》第十条规定。

8. 申请总经理、副总经理的任职资格，需要具备担任期货公司、证券公司等金融机构部门负责人以上职务不少于（　　）年，或者具有相当职位管理工作经历。

A. 1　　B. 2

C. 3　　D. 5

【参考答案】B

【答案解析】见《期货公司董事、监事和高级管理人员任职资格管理办法》

第十二条规定。

9. 申请首席风险官的任职资格，除具备《期货公司董事、监事和高级管理人员任职资格管理办法》第十一条规定条件外，还应当具有从事期货业务（　　）年以上经验，并担任期货公司交易、结算、风险管理或者合规负责人职务不少于（　　）年。

A. 1；3　　B. 2；1

C. 2；3　　D. 3；2

【参考答案】D

【答案解析】见《期货公司董事、监事和高级管理人员任职资格管理办法》第十三条规定。

10. 申请首席风险官的任职资格，除具备第十一条规定条件外，还应当具有从事期货业务（　　）年以上经验，并具有在证券公司等金融机构从事风险管理、合规业务（　　）年以上经验。

A. 1；3　　B. 2；1

C. 2；3　　D. 3；2

【参考答案】A

【答案解析】见《期货公司董事、监事和高级管理人员任职资格管理办法》第十三条规定。

11. 申请营业部负责人的任职资格，应当具备从事期货业务（　　）年以上经验，或者其他金融业务（　　）年以上经验。

A. 1；2　　B. 2；3

C. 2；4　　D. 3；4

【参考答案】D

【答案解析】见《期货公司董事、监事和高级管理人员任职资格管理办法》第十四条规定。

12. 具有期货等金融或者法律、会计专业硕士研究生以上学历的人员，申请期货公司董事、监事和高级管理人员任职资格的，从事除期货以外的其他金融业务，或者法律、会计业务的年限可以放宽（　　）年。

A. 1　　B. 2

C. 3　　D. 5

【参考答案】A

【答案解析】见《期货公司董事、监事和高级管理人员任职资格管理办法》第十七条规定。

13. 在期货监管机构、自律机构以及其他承担期货监管职能的专业监管岗位任职（ ）年以上的人员，申请期货公司高级管理人员任职资格的，可以免试取得期货从业人员资格。

A. 3　　B. 5

C. 6　　D. 8

【参考答案】D

【答案解析】见《期货公司董事、监事和高级管理人员任职资格管理办法》第十八条规定。

14. 因违法行为或者违纪行为被开除的期货交易所、证券交易所、证券登记结算机构、证券服务机构、期货公司、证券公司的从业人员和被开除的国家机关工作人员，自被开除之日起未逾（ ）年，不得申请期货公司董事、监事和高级管理人员的任职资格。

A. 1　　B. 2

C. 3　　D. 5

【参考答案】D

【答案解析】见《期货公司董事、监事和高级管理人员任职资格管理办法》第十九条第（四）款规定。

15. 因违法行为或者违纪行为被撤销资格的律师、注册会计师或者投资咨询机构、财务顾问机构、资信评级机构、资产评估机构、验证机构的专业人员，自被撤销资格之日起未逾（ ）年，不得申请期货公司董事、监事和高级管理人员的任职资格。

A. 1　　B. 2

C. 3　　D. 5

【参考答案】D

【答案解析】见《期货公司董事、监事和高级管理人员任职资格管理办法》第十九条第（三）款规定。

16. 因违法行为或者违纪行为被解除职务的期货交易所、证券交易所、证券登记结算机构的负责人，或者期货公司、证券公司的董事、监事、高级管理人员，自被解除职务之日起未逾（ ）年，不得申请期货公司董事、监事和高级管理人员的任职资格。

A. 1　　B. 2

C. 3　　D. 5

【参考答案】D

【答案解析】见《期货公司董事、监事和高级管理人员任职资格管理办法》第十九条第（二）款规定。

17. 因违法违规行为受到金融监管部门的行政处罚，执行期满未逾（　　）年，不得申请期货公司董事、监事和高级管理人员的任职资格。

A. 1　　　　B. 2

C. 3　　　　D. 5

【参考答案】C

【答案解析】见《期货公司董事、监事和高级管理人员任职资格管理办法》第十九条第（六）款规定。

18. 自被中国证监会或者其派出机构认定为不适当人选之日起未逾（　　）年，不得申请期货公司董事、监事和高级管理人员的任职资格。

A. 1　　　　B. 2

C. 3　　　　D. 5

【参考答案】B

【答案解析】见《期货公司董事、监事和高级管理人员任职资格管理办法》第十九条第（七）款规定。

19. 营业部负责人的任职资格由（　　）依法核准。

A. 中国证监会

B. 经中国证监会授权，可以由中国证监会派出机构

C. 中国期货业协会

D. 期货公司营业部所在地的中国证监会派出机构

【参考答案】D

【答案解析】见《期货公司董事、监事和高级管理人员任职资格管理办法》第二十条规定。

20. 申请期货公司董事长、监事会主席、独立董事的任职资格，应当由拟任职期货公司向中国证监会或者其授权的派出机构提出申请，提交申请材料包括（　　）名推荐人的书面推荐意见。

A. 1　　　　B. 2

C. 3　　　　D. 5

【参考答案】B

【答案解析】见《期货公司董事、监事和高级管理人员任职资格管理办法》第二十一条规定。

21. 推荐人应当是任职（　　）年以上的期货公司现任董事长、监事会主席

或者经理层人员。

A. 1　　B. 2

C. 3　　D. 5

【参考答案】A

【答案解析】见《期货公司董事、监事和高级管理人员任职资格管理办法》第二十三条规定。

22. 拟任人为境外人士的，推荐人中可有（　　）名是拟任人曾任职的境外期货经营机构的经理层人员。

A. 1　　B. 2

C. 3　　D. 5

【参考答案】A

【答案解析】见《期货公司董事、监事和高级管理人员任职资格管理办法》第二十三条规定。

23. 推荐人每年最多只能推荐（　　）人申请期货公司董事长、监事会主席、独立董事或者经理层人员的任职资格。

A. 1　　B. 2

C. 3　　D. 5

【参考答案】C

【答案解析】见《期货公司董事、监事和高级管理人员任职资格管理办法》第二十三条规定。

24. 申请人提交境外大学或者高等教育机构学位证书或者高等教育文凭，或者非学历教育文凭的，应当同时提交对（　　）对拟任人所获教育文凭的学历学位认证文件。

A. 中国证监会　　B. 国务院教育行政部门

C. 中国期货业协会　　D. 国家人事部

【参考答案】B

【答案解析】见《期货公司董事、监事和高级管理人员任职资格管理办法》第二十六条规定。

25. 期货公司应当自拟任董事、监事、财务负责人、营业部负责人取得任职资格之日起（　　）个工作日内，按照公司章程等有关规定办理上述人员的任职手续。

A. 7　　B. 10

C. 15　　D. 30

【参考答案】D

【答案解析】见《期货公司董事、监事和高级管理人员任职资格管理办法》第二十九条规定。

26. 期货公司任用董事、监事和高级管理人员，应当自做出决定之日起（　　）个工作日内，向中国证监会相关派出机构报告。

A. 1　　B. 2

C. 3　　D. 5

【参考答案】D

【答案解析】见《期货公司董事、监事和高级管理人员任职资格管理办法》第三十条规定。

27. 具有从事期货业务10年以上经验或者曾担任金融机构部门负责人以上职务8年以上的人员，申请期货公司董事长、监事会主席、高级管理人员任职资格的，学历可以放宽至（　　）。

A. 高中　　B. 大学专科

C. 大学本科　　D. 硕士研究生

【参考答案】B

【答案解析】见《期货公司董事、监事和高级管理人员任职资格管理办法》第十六条规定。

28. 期货公司拟免除首席风险官的职务，应当在做出决定前（　　）个工作日将免职理由及其履行职责情况向公司住所地的中国证监会派出机构报告。

A. 5　　B. 10

C. 15　　D. 30

【参考答案】B

【答案解析】见《期货公司董事、监事和高级管理人员任职资格管理办法》第三十一条规定。

29. 以下说法正确的是（　　）。

A. 期货公司董事、监事和高级管理人员不得在党政机关兼职

B. 期货公司董事、监事和高级管理人员可以在党政机关兼职

C. 期货公司监事和高级管理人员不得在党政机关兼职，但董事可以

D. 期货公司董事和高级管理人员不得在党政机关兼职，但监事可以

【参考答案】A

【答案解析】见《期货公司董事、监事和高级管理人员任职资格管理办法》第三十三条规定。

30. 期货公司免除董事、监事和高级管理人员的职务，应当自做出决定之日起（ ）个工作日内，向中国证监会相关派出机构报告。

A. 3　　B. 7

C. 5　　D. 10

【参考答案】C

【答案解析】见《期货公司董事、监事和高级管理人员任职资格管理办法》第三十一条规定。

31. 期货公司任用境外人士担任经理层人员职务的比例不得超过公司经理层人员总数的（ ）。

A. 15%　　B. 20%

C. 30%　　D. 40%

【参考答案】C

【答案解析】见《期货公司董事、监事和高级管理人员任职资格管理办法》第三十二条规定。

32. 期货公司高级管理人员最多可以在期货公司参股的（ ）家公司兼任董事、监事，但不得在上述公司兼任董事、监事之外的职务，不得在其他营利性机构兼职或者从事其他经营性活动。

A. 1　　B. 2

C. 3　　D. 5

【参考答案】B

【答案解析】见《期货公司董事、监事和高级管理人员任职资格管理办法》第三十三条规定。

33. 独立董事最多可以在（ ）家期货公司兼任独立董事。

A. 1　　B. 2

C. 3　　D. 5

【参考答案】B

【答案解析】见《期货公司董事、监事和高级管理人员任职资格管理办法》第三十三条规定。

34. 期货公司董事、监事和高级管理人员兼职的，应当自有关情况发生之日起（ ）个工作日内向中国证监会相关派出机构报告。

A. 1　　B. 2

C. 3　　D. 5

【参考答案】D

【答案解析】见《期货公司董事、监事和高级管理人员任职资格管理办法》第三十三条规定。

35. 期货公司董事、监事和高级管理人员兼职的，应当自有关情况发生之日起5个工作日内向（　　）报告。

A. 中国期货业协会　　B. 期货交易所

C. 中国证监会　　D. 中国证监会相关派出机构

【参考答案】D

【答案解析】见《期货公司董事、监事和高级管理人员任职资格管理办法》第三十三条规定。

36. 期货公司董事、监事和高级管理人员的近亲属在期货公司从事期货交易的应当在知悉或者应当知悉之日起（　　）个工作日内向公司报告。

A. 1　　B. 3

C. 5　　D. 7

【参考答案】C

【答案解析】见《期货公司董事、监事和高级管理人员任职资格管理办法》第四十条规定。

37. 期货公司董事、监事和高级管理人员的近亲属在期货公司从事期货交易的应当遵循（　　）。

A. 谨慎原则　　B. 禁止原则

C. 调离原则　　D. 回避原则

【参考答案】D

【答案解析】见《期货公司董事、监事和高级管理人员任职资格管理办法》第四十条规定。

38. 期货公司（　　）应当有效执行公司制度，防范和化解经营风险，确保经营业务的稳健运行和客户保证金安全完整。

A. 总经理　　B. 监事长

C. 副总经理　　D. 高级管理人员

【参考答案】A

【答案解析】见《期货公司董事、监事和高级管理人员任职资格管理办法》第四十一条规定。

39. 经理层人员取得任职资格但未实际任职的人员应当自取得任职资格的下一个年度起，在每年（　　）向住所地的中国证监会派出机构提交年检登记表。

A. 第一季度　　B. 第二季度

C. 第三季度　　D. 第四季度

【参考答案】A

【答案解析】见《期货公司董事、监事和高级管理人员任职资格管理办法》第四十三条规定。

40. 期货公司董事长、总经理、首席风险官在失踪、死亡、丧失行为能力等特殊情形下不能履行职责的，期货公司可以按照公司章程等规定临时决定由符合相应任职资格条件的人员代为履行职责，并自做出决定之日起（　）个工作日内向中国证监会及其派出机构报告。

A. 1　　B. 3

C. 5　　D. 7

【参考答案】B

【答案解析】见《期货公司董事、监事和高级管理人员任职资格管理办法》第四十六条规定。

41. 期货公司董事长失踪时，代为履行职责的董事长、总经理、首席风险官职责时间不得超过（　）个月。

A. 1　　B. 3

C. 6　　D. 12

【参考答案】C

【答案解析】见《期货公司董事、监事和高级管理人员任职资格管理办法》第四十六条规定。

42. 期货公司调整高级管理人员职责分工的，应当在（　）个工作日内向中国证监会相关派出机构报告。

A. 1　　B. 3

C. 5　　D. 7

【参考答案】C

【答案解析】见《期货公司董事、监事和高级管理人员任职资格管理办法》第四十七条规定。

43. 期货公司董事、监事和高级管理人员因涉嫌违法违规行为被有权机关立案调查或者采取强制措施的，期货公司应当在知悉或者应当知悉之日起（　）个工作日内向中国证监会相关派出机构报告。

A. 1　　B. 3

C. 5　　D. 7

【参考答案】B

【答案解析】见《期货公司董事、监事和高级管理人员任职资格管理办法》第四十八条规定。

44. 期货公司对董事、监事和高级管理人员给予处分的，应当自做出决定之日起（　　）个工作日内向中国证监会相关派出机构报告。

A. 1　　B. 3

C. 5　　D. 7

【参考答案】C

【答案解析】见《期货公司董事、监事和高级管理人员任职资格管理办法》第四十九条规定。

45. 自被中国证监会及其派出机构认定为不适当人选之日起（　　）年内，任何期货公司不得任用该人员担任董事、监事和高级管理人员。

A. 1　　B. 2

C. 3　　D. 5

【参考答案】B

【答案解析】见《期货公司董事、监事和高级管理人员任职资格管理办法》第五十五条规定。

46. 期货公司董事、监事和高级管理人员被中国证监会及其派出机构认定为不适当人选的，期货公司应当将该人员（　　）。

A. 调离　　B. 罚款

C. 免职　　D. 降级

【参考答案】C

【答案解析】见《期货公司董事、监事和高级管理人员任职资格管理办法》第五十五条规定。

47. 推荐人签署的意见有虚假陈述的，自中国证监会及其派出机构做出认定之日起（　　）年内不再受理该推荐人的推荐意见和签署意见的年检登记表，并记入该推荐人的诚信档案。

A. 1　　B. 2

C. 3　　D. 5

【参考答案】B

【答案解析】见《期货公司董事、监事和高级管理人员任职资格管理办法》第五十七条规定。

48. 期货公司现任法定代表人不具有期货从业人员资格的，应当自期货公司董事、监事和高级管理人员任职资格管理办法施行之日起（　　）年内取得期货从业人员资格。

A. 1　　B. 2

C. 3　　D. 5

【参考答案】A

【答案解析】见《期货公司董事、监事和高级管理人员任职资格管理办法》第六十四条规定。

49. 取得经理层人员任职资格但未实际任职的人员，未按规定参加资格年检，或者未通过资格年检，或者连续（　）年未在期货公司担任经理层人员职务的，应当在任职前重新申请取得经理层人员的任职资格。

A. 1　　B. 2

C. 3　　D. 5

【参考答案】D

【答案解析】见《期货公司董事、监事和高级管理人员任职资格管理办法》第四十四条规定。

50. 期货公司董事长、监事会主席、独立董事、经理层人员和取得经理层人员任职资格但未实际任职的人员，应当至少每（　）年参加1次由中国证监会认可、行业自律组织举办的业务培训，取得培训合格证书。

A. 1　　B. 2

C. 3　　D. 5

【参考答案】B

【答案解析】见《期货公司董事、监事和高级管理人员任职资格管理办法》第四十五条规定。

51. 期货公司董事长、总经理辞职，或者被认定为不适当人选而被解除职务，或者被撤销任职资格的，期货公司应当委托具有证券、期货相关业务资格的会计师事务所对其进行（　）。

A. 离任审计　　B. 隔离审查

C. 双规　　D. 搜查

【参考答案】A

【答案解析】见《期货公司董事、监事和高级管理人员任职资格管理办法》第五十八条规定。

52. 对离任的期货公司董事长、总经理，期货公司应自其离任之日起（　）个月内将审计报告报中国证监会及其派出机构备案。

A. 1　　B. 2

C. 3　　D. 6

【参考答案】C

【答案解析】见《期货公司董事、监事和高级管理人员任职资格管理办法》第五十八条规定。

53. 对离任的期货公司董事长、总经理，期货公司无故拖延或者拒不审计的，中国证监会及其派出机构可以指定具有证券、期货相关业务资格的会计师事务所进行审计。有关审计费用由（　）承担。

A. 被审计人　　B. 会计师事务所

C. 中国证监会及其派出机构　　D. 期货公司

【参考答案】D

【答案解析】见《期货公司董事、监事和高级管理人员任职资格管理办法》第五十八条规定。

54. 申请人或者拟任人隐瞒有关情况或者提供虚假材料申请任职资格的，中国证监会及其派出机构不予受理或者不予行政许可，并依法予以（　）。

A. 警告　　B. 罚款

C. 拘留　　D. 通告

【参考答案】A

【答案解析】见《期货公司董事、监事和高级管理人员任职资格管理办法》第五十九条规定。

55. 申请人或者拟任人以欺骗、贿赂等不正当手段取得任职资格的，应当予以撤销，对负有责任的公司和人员予以警告，并处以（　）万元以下罚款。

A. 1　　B. 2

C. 3　　D. 5

【参考答案】C

【答案解析】见《期货公司董事、监事和高级管理人员任职资格管理办法》第六十条规定。

（二）多项选择题（在以下各小题所出的四个选项中，至少有两个选项符合题目要求，请将符合题目要求选项的代码填入括号内）

1. 下列人员中属于期货高级管理人员的有（　）。

A. 总经理　　B. 副总经理

C. 首席风险官　　D. 财务负责人

【参考答案】ABCD

【答案解析】见《期货公司董事、监事和高级管理人员任职资格管理办法》第二条规定。

2.（　）依法对期货公司董事、监事和高级管理人员进行自律管理。

A. 中国期货协会　　B. 期货交易所

C. 中国证监会　　D. 期货公司

【参考答案】AB

【答案解析】见《期货公司董事、监事和高级管理人员任职资格管理办法》第五条规定。

3. 申请除董事长、监事会主席、独立董事以外的董事、监事的任职资格，应当具备的条件包括（　　）。

A. 具有从事期货、证券等金融业务或者法律、会计业务 3 年以上经验

B. 具有大学本科以上学历

C. 具有大学专科以上学历

D. 具有从事期货、证券等金融业务或者法律、会计业务、经济管理工作 3 年以上经验

【参考答案】AC

【答案解析】见《期货公司董事、监事和高级管理人员任职资格管理办法》第七条规定。

4. 申请独立董事的任职资格，应当具备的条件包括（　　）。

A. 具有从事期货、证券等金融业务或者法律、会计业务 3 年以上经验，或者具有相关学科教学、研究的高级职称

B. 具有大学本科以上学历，并且取得学士以上学位

C. 通过中国证监会认可的资质测试

D. 有履行职责所必需的时间和精力

【参考答案】BCD

【答案解析】见《期货公司董事、监事和高级管理人员任职资格管理办法》第八条规定。

5.（　　）人员不得担任期货公司独立董事。

A. 在期货公司或者其关联方任职的人员及其近亲属和主要社会关系

B. 在持有或者控制期货公司 3% 以上股权的单位任职的人员及其近亲属和主要社会关系

C. 在期货公司前 5 名股东单位任职的人员及其近亲属和主要社会关系

D. 为期货公司及其关联方提供财务、法律、咨询等服务的人员及其近亲属

【参考答案】ACD

【答案解析】见《期货公司董事、监事和高级管理人员任职资格管理办法》第九条规定。

6. 申请董事长和监事会主席的任职资格，应当具备的条件包括（　　）。

A. 具有从事期货业务 2 年以上经验

B. 具有会计业务 3 年以上经验

C. 具有其他金融业务 4 年以上经验

D. 具有大学本科以上学历或者取得学士以上学位

【参考答案】CD

【答案解析】见《期货公司董事、监事和高级管理人员任职资格管理办法》第十条规定。

7. 申请总经理、副总经理的任职资格，需要具备的条件有（　　）。

A. 具有从事期货业务 3 年以上经验，或者其他金融业务 4 年以上经验，或者法律、会计业务 5 年以上经验

B. 担任期货公司、证券公司等金融机构部门负责人以上职务不少于 2 年，或者具有相当职位管理工作经历

C. 具有期货从业人员资格

D. 具有大学本科以上学历或者取得学士以上学位

【参考答案】ABCD

【答案解析】见《期货公司董事、监事和高级管理人员任职资格管理办法》第十二条规定。

8. 申请首席风险官的任职资格，应当具备的条件包括（　　）。

A. 具有从事期货业务 1 年以上经验，并具有在证券公司等金融机构从事风险管理、合规业务 3 年以上经验

B. 具有期货从业人员资格

C. 具有大学本科以上学历或者取得学士以上学位

D. 具有从事期货业务 3 年以上经验，或者其他金融业务 4 年以上经验，或者法律、会计业务 5 年以上经验

【参考答案】ABC

【答案解析】见《期货公司董事、监事和高级管理人员任职资格管理办法》第十三条规定。

9. 下列人员需要具备期货从业人员资格的有（　　）。

A. 董事长　　　　B. 首席风险官

C. 总经理　　　　　　　　　　　　D. 期货公司法定代表人

【参考答案】ABCD

【答案解析】期货公司法定代表人应当具有期货从业人员资格。

10. 申请财务负责人的任职资格，应当具备的条件包括（　　）。

A. 具有期货从业人员资格

B. 有大学本科以上学历或者取得学士以上学位

C. 具有会计师以上职称或者注册会计师资格

D. 具有从事期货业务 3 年以上经验

【参考答案】ABC

【答案解析】见《期货公司董事、监事和高级管理人员任职资格管理办法》第十四条规定。

11.（　　）申请期货公司董事长、监事会主席、高级管理人员任职资格的，学历可以放宽至大学专科。

A. 具有从事期货业务 8 年以上经验的人员

B. 具有从事期货业务 10 年以上经验的人员

C. 曾担任金融机构部门负责人以上职务 8 年以上的人员

D. 曾担任金融机构部门负责人以上职务 10 年以上的人员

【参考答案】BC

【答案解析】见《期货公司董事、监事和高级管理人员任职资格管理办法》第十六条规定。

12. 有（　　）情形之一的，不得申请期货公司董事、监事和高级管理人员的任职资格。

A. 因违法违规行为受到金融监管部门的行政处罚，执行期满未逾 3 年

B. 被中国证监会或者其派出机构认定为不适当人选之日起未逾 2 年

C. 因违法行为或者违纪行为被撤销资格的律师、注册会计师或者投资咨询机构、财务顾问机构、资信评级机构、资产评估机构、验证机构的专业人员，自被撤销资格之日起未逾 5 年

D. 因违法行为或者违纪行为被解除职务的期货交易所、证券交易所、证券登记结算机构的负责人，或者期货公司、证券公司的董事、监事、高级管理人员，自被解除职务之日起未逾 5 年

【参考答案】ABCD

【答案解析】见《期货公司董事、监事和高级管理人员任职资格管理办法》第九条规定。

13. 期货公司董事长、监事会主席、独立董事、经理层人员的任职资格，(　　)依法核准。

A. 由中国证监会

B. 经中国证监会授权，可以由中国证监会派出机构

C. 由中国期货业协会

D. 经中国期货业协会授权，可以由中国期货业派出机构

【参考答案】AB

【答案解析】见《期货公司董事、监事和高级管理人员任职资格管理办法》第二十条规定。

14. (　　) 的任职资格，由期货公司住所地的中国证监会派出机构依法核准。

A. 财务负责人

B. 董事长

C.监事

D. 营业部负责人

【参考答案】ACD

【答案解析】见《期货公司董事、监事和高级管理人员任职资格管理办法》第二十条规定。

15. 申请期货公司董事长、监事会主席、独立董事的任职资格，应当由拟任职期货公司向中国证监会或者其授权的派出机构提出申请，提交申请材料包括(　　)。

A. 期货从业人员资格证书

B. 任职资格申请表

C. 身份、学历、学位证明

D. 资质测试合格证明

【参考答案】BCD

【答案解析】见《期货公司董事、监事和高级管理人员任职资格管理办法》第二十一条规定。

16. 申请经理层人员的任职资格，应当由本人或者拟任职期货公司向中国证监会或者其授权的派出机构提出申请，提交申请材料包括（　　）。

A. 期货从业人员资格证书

B. 3 名推荐人的书面推荐意见

C. 身份、学历、学位证明

D. 资质测试合格证明

【参考答案】ACD

【答案解析】见《期货公司董事、监事和高级管理人员任职资格管理办法》第二十二条规定。

17. 推荐人应当了解拟任人的（　　）遵纪守法等情况，承诺推荐内容的真实性，并发表明确的推荐意见。

A. 个人品行　　B. 从业经历

C. 业务水平　　D. 管理能力

【参考答案】ABCD

【答案解析】见《期货公司董事、监事和高级管理人员任职资格管理办法》第二十三条规定。

18. 申请财务负责人的任职资格，应当由拟任职期货公司向公司住所地的中国证监会派出机构提出申请，提交申请材料包括（　　）。

A. 任职资格申请表

B. 期货从业人员资格证书

C. 会计师以上职称或者注册会计师资格的证明

D. 身份、学历、学位证明

【参考答案】ABCD

【答案解析】见《期货公司董事、监事和高级管理人员任职资格管理办法》第二十四条规定。

19. 申请营业部负责人的任职资格，应当由拟任职期货公司向营业部所在地的中国证监会派出机构提出申请，提交申请材料包括（　　）。

A. 任职资格申请表　　B. 期货从业人员资格证书

C. 2 名推荐人的书面推荐意见　　D. 身份、学历、学位证明

【参考答案】ABD

【答案解析】见《期货公司董事、监事和高级管理人员任职资格管理办法》第二十五条规定。

20. 中国证监会或者其派出机构通过（　　）等方式，对拟任人的能力、品行和资历进行审查。

A. 审核材料　　B. 考察谈话

C. 调查从业经历　　D. 暗访

【参考答案】ABC

【答案解析】见《期货公司董事、监事和高级管理人员任职资格管理办法》第二十七条规定。

21. 有（　　）情形之一的，中国证监会或者其派出机构可以作出终止审查的决定。

A. 拟任人死亡或者丧失行为能力

B. 申请人依法解散

C. 申请人撤回申请材料

D. 申请人或者拟任人因涉嫌犯罪被司法机关立案侦查

【参考答案】ABCD

【答案解析】见《期货公司董事、监事和高级管理人员任职资格管理办法》第二十八条规定。

22. 期货公司任用董事、监事和高级管理人员，应当自作出决定之日起5个工作日内，向中国证监会相关派出机构报告，提交的材料包括（　　）。

A. 任职决定文件　　B. 相关会议的决议

C. 高级管理人员职责范围的说明　　D. 相关人员的任职资格核准文件

【参考答案】ABCD

【答案解析】见《期货公司董事、监事和高级管理人员任职资格管理办法》第三十条规定。

23. 期货公司免除董事应当自作出决定之日起5个工作日内，向中国证监会相关派出机构报告，提交的材料包括（　　）。

A. 免职决定文件　　B. 相关会议的决议

C. 履行职责情况　　D. 免职原因说明

【参考答案】AB

【答案解析】见《期货公司董事、监事和高级管理人员任职资格管理办法》第三十一条规定。

24. 下列说法正确的有（　　）。

A. 期货公司董事、监事和高级管理人员不得在党政机关兼职

B. 期货公司高级管理人员最多可以在期货公司参股的2家公司兼任董事、监事、财务负责人等职务

C. 期货公司营业部负责人最多可在2个其他营业部担任负责人

D. 独立董事最多可以在2家期货公司兼任独立董事

【参考答案】AD

【答案解析】见《期货公司董事、监事和高级管理人员任职资格管理办法》第三十三条规定。

25. 下列说法正确的有（　　）。

A. 期货公司董事长、监事会主席、独立董事离任后到其他期货公司担任董事长、监事会主席、独立董事的，应当重新申请任职资格

B. 期货公司董事长、监事会主席、独立董事离开原任职期货公司不超过6个月，拟任职期货公司应当申请材料，由期货公司住所地的中国证监会派出机构依法核准

C. 取得经理层人员任职资格的人员，担任营业部负责人职务，不需重新申请任职资格，由拟任职期货公司按照规定依法办理其任职手续

D. 取得经理层人员任职资格的人员，担任董事（不包括独立董事）、监事的，应当重新申请任职资格

【参考答案】AC

【答案解析】见《期货公司董事、监事和高级管理人员任职资格管理办法》第三十五条规定。

26. 期货公司高级管理人员应当（　　）。

A. 遵循诚信原则，谨慎地在职权范围内行使职权

B. 维护客户和公司的合法利益

C. 不得从事或者配合他人从事损害客户和公司利益的活动

D. 不得利用职务之便为自己或者他人谋取属于本公司的商业机会

【参考答案】ABCD

【答案解析】见《期货公司董事、监事和高级管理人员任职资格管理办法》第三十九条规定。

27. 期货公司总经理应当（　　）。

A. 发表客观、公正的独立意见

B. 保护中小股东的利益

C. 防范和化解经营风险

D. 确保经营业务的稳健运行和客户保证金安全完整

【参考答案】CD

【答案解析】见《期货公司董事、监事和高级管理人员任职资格管理办法》第四十一条规定。

28. 下列关于经理层人员取得任职资格但未实际任职的人员说法正确的有（　　）。

A. 应当自取得任职资格的下一个年度起，在每年第一季度向住所地的中国证监会派出机构提交年检登记表

B. 应当至少每 2 年参加 1 次由中国证监会认可、行业自律组织举办的业务培训，取得培训合格证书

C. 应由中国证监会上述人员实行资格年检

D. 未实际任职的人员不用进行年检

【参考答案】AC

【答案解析】见《期货公司董事、监事和高级管理人员任职资格管理办法》

第四十三条规定。

29. 取得经理层人员任职资格但未实际任职的人员，（　　）应当在任职前重新申请取得经理层人员的任职资格。

A. 未按规定参加资格年检

B. 未通过资格年检

C. 连续3年未在期货公司担任经理层人员职务的

D. 连续5年未在期货公司担任经理层人员职务的

【参考答案】ABD

【答案解析】见《期货公司董事、监事和高级管理人员任职资格管理办法》第四十四条规定。

30. 期货公司（　　）和取得经理层人员任职资格但未实际任职的人员，应当至少每2年参加1次由中国证监会认可、行业自律组织举办的业务培训，取得培训合格证书。

A. 董事长　　B. 监事会主席

C. 独立董事　　D. 经理层人员

【参考答案】ABCD

【答案解析】见《期货公司董事、监事和高级管理人员任职资格管理办法》第四十五条规定。

31. 期货公司（　　）在失踪、死亡、丧失行为能力等特殊情形下不能履行职责的，期货公司可以按照公司章程等规定临时决定由符合相应任职资格条件的人员代为履行职责。

A. 董事长　　B. 首席风险官

C. 总经理　　D. 监事会主席

【参考答案】ABC

【答案解析】见《期货公司董事、监事和高级管理人员任职资格管理办法》第四十六条规定。

32. 下列选项中应当在5个工作日内向中国证监会相关派出机构报告的事项有（　　）。

A. 期货公司免除董事、监事和高级管理人员的职务

B. 期货公司董事、监事和高级管理人员兼职的

C. 期货公司应当在知悉或者应当知悉期货公司董事、监事和高级管理人员因涉嫌违法违规行为被有权机关立案调查或者采取强制措施的

D. 期货公司调整高级管理人员职责分工的

【参考答案】ABD

【答案解析】见《期货公司董事、监事和高级管理人员任职资格管理办法》第三十一条、第三十三条、第四十七条、第四十八条规定。

33. 期货公司董事、监事和高级管理人员（　　），该人员应当及时向中国证监会相关派出机构报告。

A. 受到非法或者不当干预

B. 不能正常依法履行职责

C. 导致或者可能导致期货公司发生违规行为

D. 导致或者可能导致期货公司出现风险的

【参考答案】ABCD

【答案解析】见《期货公司董事、监事和高级管理人员任职资格管理办法》第五十条规定。

34. 期货公司有（　　）的行为，中国证监会及其派出机构可以责令改正，并对负有责任的主管人员和其他直接责任人员进行监管谈话，出具警示函。

A. 法人治理结构、内部控制存在重大隐患

B. 未按规定对离任人员进行离任审计

C. 未按规定报告高级管理人员职责分工调整的情况

D. 出现违法违规行为或者重大风险负有责任

【参考答案】ABC

【答案解析】见《期货公司董事、监事和高级管理人员任职资格管理办法》第五十一条规定。

35. 期货公司董事、监事和高级管理人员有（　　）的行为，中国证监会及其派出机构可以责令改正，并对负有责任的主管人员和其他直接责任人员进行监管谈话，出具警示函。

A. 未按规定履行职责

B. 未按规定参加业务培训

C. 累计 3 次被行业自律组织纪律处分

D. 违规兼职或者未按规定报告兼职

【参考答案】ABD

【答案解析】见《期货公司董事、监事和高级管理人员任职资格管理办法》第五十二条规定。

36. 期货公司董事、监事和高级管理人员在任职期间出现（　　）的行为，中国证监会及其派出机构可以将其认定为不适当人选。

A. 未按规定履行职责

B. 擅离职守，造成严重后果

C. 1 年内累计 3 次被中国证监会及其派出机构进行监管谈话

D. 累计 2 次被行业自律组织纪律处分

【参考答案】BC

【答案解析】见《期货公司董事、监事和高级管理人员任职资格管理办法》第五十四条规定。

37. 中国证监会建立期货公司诚信档案，记录、（　　）的合规和诚信情况。

A. 董事　　B. 监事

C. 高级管理人员　　D. 全体员工

【参考答案】ABC

【答案解析】见《期货公司董事、监事和高级管理人员任职资格管理办法》第五十六条规定。

38. 期货公司董事、监事和高级管理人员未按规定报告近亲属在本公司从事期货交易的情况的，中国证监会及其派出机构可以（　）。

A. 责令改正　　B. 进行罚款

C. 进行监管谈话　　D. 出具警示函

【参考答案】ACD

【答案解析】见《期货公司董事、监事和高级管理人员任职资格管理办法》第五十二条规定。

39. 期货公司应当对（　　）进行离任审计，并自其离任之日起 3 个月内将审计报告报中国证监会及其派出机构备案。

A. 辞职的董事长

B. 辞职的监事长

C. 被撤销任职资格的人员

D. 被认定为不适当人选而被解除职务的人员

【参考答案】ACD

【答案解析】见《期货公司董事、监事和高级管理人员任职资格管理办法》第五十八条规定。

40. 申请人或者拟任人隐瞒有关情况或者提供虚假材料申请任职资格的，中国证监会及其派出机构或者可以（　　）。

A. 不予受理　　B. 不予行政许可

C. 处以 3 万元以下罚款　　D. 处以 3 万元以上罚款

【参考答案】AB

【答案解析】见《期货公司董事、监事和高级管理人员任职资格管理办法》第五十九条规定。

41. 申请人或者拟任人以欺骗、贿赂等不正当手段取得任职资格的，应当(　　)。

A. 予以撤销

B. 对负有责任的公司和人员予以警告并处以 3 万元以下罚款

C. 追究刑事责任

D. 对负有责任的公司和人员予以警告并处以 3 万元以上罚款

【参考答案】AB

【答案解析】见《期货公司董事、监事和高级管理人员任职资格管理办法》第六十条规定。

42. 期货公司董事、监事和高级管理人员收受商业贿赂或者利用职务之便牟取其他非法利益的(　　)。

A. 没收违法所得，并处 3 万元以下罚款

B. 情节严重的，暂停任职资格

C. 情节严重的，撤销任职资格

D. 没收违法所得，并处 5 万元以下罚款

【参考答案】ABC

【答案解析】见《期货公司董事、监事和高级管理人员任职资格管理办法》第六十二条规定。

43. 期货公司不得任用未取得任职资格的人员担任(　　)。

A. 董事　　B. 监事

C. 高级管理人员　　D. 保安

【参考答案】ABC

【答案解析】见《期货公司董事、监事和高级管理人员任职资格管理办法》第三条规定。

44. 申请经理层人员的任职资格，应当具备的条件包括(　　)。

A. 具有期货从业人员资格

B. 具有大学本科以上学历

C. 虽没有相应学历，但取得硕士学位

D. 通过中国证监会认可的资质测试

【参考答案】ABCD

【答案解析】见《期货公司董事、监事和高级管理人员任职资格管理办法》第十一条规定。

45. 取得经理层人员任职资格的人员，担任（　　）职务，不需重新申请任职资格，由拟任职期货公司按照规定依法办理其任职手续。

A. 董事　　B. 独立董事

C. 监事　　D. 营业部负责人

【参考答案】ACD

【答案解析】见《期货公司董事、监事和高级管理人员任职资格管理办法》第三十六条规定。

（三）判断题（判断以下各小题的正误，正确的填写 A，错误的填写 B）

1. 总经理助理属于期货公司的高级管理人员。（　　）

【参考答案】B

【答案解析】期货公司高级管理人员，是指期货公司的总经理、副总经理、首席风险官，财务负责人、营业部负责人以及实际履行上述职务的人员。

2. 经理层人员属于期货公司的高级管理人员。（　　）

【参考答案】A

【答案解析】见《期货公司董事、监事和高级管理人员任职资格管理办法》第二条规定。

3. 期货公司不得任用未取得任职资格的人员担任董事、监事和高级管理人员。（　　）

【参考答案】A

【答案解析】见《期货公司董事、监事和高级管理人员任职资格管理办法》第三条规定。

4. 中国期货业协会、期货交易所依法对期货公司董事、监事和高级管理人员进行监督管理。（　　）

【参考答案】B

【答案解析】中国期货业协会、期货交易所依法对期货公司董事、监事和高级管理人员进行自律管理。

5. 申请除董事长、监事会主席、独立董事以外的董事、监事的任职资格，应当具有从事期货、证券等金融业务或者法律、会计业务、经济管理工作 3 年以上经验。（　　）

【参考答案】B

【答案解析】具有从事期货、证券等金融业务或者法律、会计业务 3 年以上经验，或者经济管理工作 5 年以上经验。

6. 申请独立董事的任职资格，应当具备大学本科以上学历或者取得学士以上学位。 （ ）

【参考答案】B

【答案解析】应当具备具有大学本科以上学历，并且取得学士以上学位。

7. 在其他期货公司担任除独立董事以外职务的人员不得担任期货公司独立董事。 （ ）

【参考答案】A

【答案解析】见《期货公司董事、监事和高级管理人员任职资格管理办法》第九条规定。

8. 申请董事长和监事会主席的任职资格，应当具备大学本科以上学历，并且取得学士以上学位。 （ ）

【参考答案】B

【答案解析】应当具有大学本科以上学历或者取得学士以上学位。

9. 申请经理层人员的任职资格，应当具备期货从业人员资格，通过中国期货业协会认可的资质测试。 （ ）

【参考答案】B

【答案解析】通过中国证监会认可的资质测试。

10. 申请首席风险官的任职资格，应当具有从事期货业务 3 年以上经验，或担任期货公司交易、结算、风险管理或者合规负责人职务不少于 2 年。 （ ）

【参考答案】B

【答案解析】申请首席风险官的任职资格，应当具有从事期货业务 3 年以上经验，并担任期货公司交易、结算、风险管理或者合规负责人职务不少于 2 年。

11. 申请营业部负责人的任职资格，应当具备从事期货业务 2 年以上经验，或者其他金融业务 4 年以上经验。 （ ）

【参考答案】B

【答案解析】申请营业部负责人的任职资格，应当具备从事期货业务 3 年以上经验，或者其他金融业务 4 年以上经验。

12. 期货公司董事长、监事长、法定代表人无须具有期货从业人员资格。 （ ）

【参考答案】B

【答案解析】期货公司法定代表人应当具有期货从业人员资格。

13. 在期货监管机构、自律机构以及其他承担期货监管职能的专业监管岗位任职 5 年以上的人员，申请期货公司高级管理人员任职资格的，可以免试取得期货从业人员资格。（ ）

【参考答案】B

【答案解析】须任职 8 年以上。

14. 因违法违规行为受到金融监管部门的行政处罚，执行期满未逾 2 年，不得申请期货公司董事、监事和高级管理人员的任职资格。（ ）

【参考答案】B

【答案解析】执行期满未逾 3 年，不得申请期货公司董事、监事和高级管理人员的任职资格。

15. 期货公司董事长、监事会主席、独立董事、经理层人员的任职资格，必须由中国证监会依法核准。（ ）

【参考答案】B

【答案解析】经中国证监会授权，可以由中国证监会派出机构依法核准。

16. 申请经理层人员的任职资格，应当由本人或者拟任职期货公司向中国证监会或者其授权的派出机构提出申请，并提交下列申请材料：（1）申请书；（2）任职资格申请表；（3）2 名推荐人的书面推荐意见；（4）身份、学历、学位证明；（5）期货从业人员资格证书；（6）中国证监会规定的其他材料。（ ）

【参考答案】A

【答案解析】见《期货公司董事、监事和高级管理人员任职资格管理办法》第二十二条规定。

17. 推荐人每年最多只能推荐 5 人申请期货公司董事长、监事会主席、独立董事或者经理层人员的任职资格。（ ）

【参考答案】B

【答案解析】每年最多只能推荐 3 人。

18. 拟任人不具有期货从业经历的，推荐人中可有 1 名是其原任职单位的负责人。（ ）

【参考答案】A

【答案解析】见《期货公司董事、监事和高级管理人员任职资格管理办法》第二十三条规定。

19. 期货公司应当自拟任董事、监事、财务负责人、营业部负责人取得任职资格之日起 20 个工作日内，按照公司章程等有关规定办理上述人员的任职手续。（ ）

【参考答案】B

【答案解析】30个工作日内。

20. 自取得任职资格之日起30个工作日内，期货公司拟任董事、监事、财务负责人、营业部负责人未在期货公司任职，其任职资格可延续1个月。（　）

【参考答案】B

【答案解析】其任职资格自动失效，但有正当理由并经中国证监会相关派出机构认可的除外。

21. 期货公司拟免除首席风险官的职务，应当在做出决定前5个工作日将免职理由及其履行职责情况向公司住所地的中国证监会派出机构报告。（　）

【参考答案】B

【答案解析】做出决定前10个工作日。

22. 期货公司高级管理人员最多可以在期货公司参股的3家公司兼任董事、监事。（　）

【参考答案】B

【答案解析】2家。

23. 期货公司任用境外人士担任经理层人员职务的比例不得超过公司经理层人员总数的20%。（　）

【参考答案】B

【答案解析】30%。

24. 期货公司董事、监事和高级管理人员可以在党政机关兼职。（　）

【参考答案】B

【答案解析】不得在党政机关兼职。

25. 期货公司高级管理人员不得在其他营利性机构兼职或者从事其他经营性活动。（　）

【参考答案】A

【答案解析】见《期货公司董事、监事和高级管理人员任职资格管理办法》第三十三条规定。

26. 期货公司营业部负责人最多可在2个其他营业部担任负责人。（　）

【参考答案】B

【答案解析】期货公司营业部负责人不得兼任其他营业部负责人。

27. 期货公司董事、监事、财务负责人、营业部负责人离任的，其任职资格自离任之日起自动失效。（　）

【参考答案】A

【答案解析】见《期货公司董事、监事和高级管理人员任职资格管理办法》第三十四条规定。

28. 在同一期货公司内，营业部负责人改任其他营业部负责人，其任职资格自前职务离任之日起自动失效。 ( )

【参考答案】B

【答案解析】见《期货公司董事、监事和高级管理人员任职资格管理办法》第三十四条规定。

29. 期货公司董事长、监事会主席、独立董事离任后到其他期货公司担任董事长、监事会主席、独立董事的，不需重新申请任职资格，由拟任职期货公司按照规定依法办理其任职手续。 ( )

【参考答案】B

【答案解析】应当重新申请任职资格。

30. 取得经理层人员任职资格的人员，担任董事（不包括独立董事）、监事的，应当重新申请任职资格。 ( )

【参考答案】B

【答案解析】不需重新申请任职资格，由拟任职期货公司按照规定依法办理其任职手续。

31. 取得经理层人员任职资格但未实际任职的人员，未按规定参加资格年检的，应当在任职前重新申请取得经理层人员的任职资格。 ( )

【参考答案】A

【答案解析】见《期货公司董事、监事和高级管理人员任职资格管理办法》第四十四条规定。

32. 期货公司董事、监事和高级管理人员不得收受商业贿赂或者利用职务之便牟取其他非法利益。 ( )

【参考答案】A

【答案解析】见《期货公司董事、监事和高级管理人员任职资格管理办法》第四十二条规定。

33. 中国证监会对在职的经理层人员任职资格实行任职年检，未实际任职的人员不实行年检。 ( )

【参考答案】B

【答案解析】对取得经理层人员任职资格但未实际任职的人员实行资格年检。

34. 取得经理层人员任职资格但未实际任职的人员，连续 3 年未在期货公司担任经理层人员职务，应当在任职前重新申请取得经理层人员的任职资格。

( )

【参考答案】B

【答案解析】连续5年。

35. 期货公司董事长、监事会主席、独立董事、经理层人员和取得经理层人员任职资格但未实际任职的人员，应当至少每年参加2次由中国证监会认可、行业自律组织举办的业务培训，取得培训合格证书。（　　）

【参考答案】B

【答案解析】应当至少每2年参加1次。

36. 代为履行职责的董事长、总经理、首席风险官职责时间不得超过3个月。（　　）

【参考答案】B

【答案解析】代为履行职责的时间不得超过6个月。

37. 期货公司调整高级管理人员职责分工的，应当在3个工作日内向中国证监会相关派出机构报告。（　　）

【参考答案】B

【答案解析】应当在5个工作日内向中国证监会相关派出机构报告。

38. 期货公司董事、监事和高级管理人员因涉嫌违法违规行为被有权机关立案调查或者采取强制措施的，期货公司应当在知悉或者应当知悉之日起5个工作日内向中国证监会相关派出机构报告。（　　）

【参考答案】B

【答案解析】应当知悉之日起3个工作日内向中国证监会相关派出机构报告。

39. 期货公司对董事、监事和高级管理人员给予处分的，应当自做出决定之日起3个工作日内向中国证监会相关派出机构报告。（　　）

【参考答案】B

【答案解析】应当自做出决定之日起5个工作日内向中国证监会相关派出机构报告。

40. 期货公司出现违法违规行为或者重大风险负有责任的，中国证监会及其派出机构可以责令改正，并对负有责任的主管人员和其他直接责任人员进行监管谈话，出具警示函。（　　）

【参考答案】B

【答案解析】见《期货公司董事、监事和高级管理人员任职资格管理办法》第五十四条第（六）款规定。

41. 期货公司任用境外人士担任经理层人员职务的比例违反本办法规定的，中国证监会及其派出机构可以责令公司更换或调整经理层人员。（　　）

【参考答案】A

【答案解析】见《期货公司董事、监事和高级管理人员任职资格管理办法》第五十三条规定。

42. 期货公司董事、监事和高级管理人员未按规定参加业务培训的，中国证监会及其派出机构可以责令改正，并对其进行监管谈话，出具警示函。（　）

【参考答案】A

【答案解析】见《期货公司董事、监事和高级管理人员任职资格管理办法》第五十二条规定。

43. 期货公司董事、监事和高级管理人员在任职期间，1 年内累计 2 次被中国证监会及其派出机构进行监管谈话的，中国证监会及其派出机构可以将其认定为不适当人选。（　）

【参考答案】B

【答案解析】见《期货公司董事、监事和高级管理人员任职资格管理办法》第五十四条第（四）款规定。

44. 自被中国证监会及其派出机构认定为不适当人选之日起 3 年内，任何期货公司不得任用该人员担任董事、监事和高级管理人员。（　）

【参考答案】B

【答案解析】2 年内。

45. 期货公司董事长辞职，期货公司应当委托具有证券、期货相关业务资格的会计师事务所对其进行离任审计，并自其离任之日起 1 个月内将审计报告报中国证监会及其派出机构备案。（　）

【参考答案】B

【答案解析】3 个月内。

46. 违反期货公司董事、监事和高级管理人员任职资格管理办法，涉嫌犯罪的，依法移送司法机关，追究刑事责任。（　）

【参考答案】A

【答案解析】见《期货公司董事、监事和高级管理人员任职资格管理办法》第六十三条规定。

47. 期货公司现任法定代表人不具有期货从业人员资格的，应当自期货公司董事、监事和高级管理人员任职资格管理办法施行之日起 3 年内取得期货从业人员资格。（　）

【参考答案】B

【答案解析】1 年内。

（四）综合题（以下各小题给出的四个选项中，至少有一项符合题目要求，请将符合题目要求选项的代码填入括号内）

根据以下案例，回答 1~7 题。

甲、乙、丙、丁、戊五人同时申请某期货公司董事长一职。甲是大专学历，从事期货业务 15 年；乙是本科学历，在银行工作了 2 年；丙是研究生学历，刚毕业；丁取得法学学士学位，从事律师工作 6 年；戊是高中毕业，由于自己学历达不到要求，于是就找人伪造了一份假的本科学历证书，后在审核时被发现。

1. 下列情况符合申请资格的有（　　）。

A. 甲　　B. 乙

C. 丙　　D. 丁

【参考答案】AD

【答案解析】见《期货公司董事、监事和高级管理人员任职资格管理办法》第十条规定。

2. 对于戊的行为，中国证监会及其派出机构，可以做出（　　）的惩罚措施。

A. 不予受理或者不予行政许可，并依法予以警告

B. 予以警告，并处以 3 万元以下罚款

C. 不予受理或者不予行政许可，要求期货公司解聘该人员

D. 情节严重的，暂停或者撤销任职资格

【参考答案】A

【答案解析】见《期货公司董事、监事和高级管理人员任职资格管理办法》第五十九条规定。

3. 在甲、乙、丙、丁、戊五人中，（　　）有资格申请独立董事。

A. 甲或乙　　B. 乙或丙

C. 丙或丁　　D. 无一人

【参考答案】D

【答案解析】见《期货公司董事、监事和高级管理人员任职资格管理办法》第八条规定。

4. 在董事长人选确定后，其他人员申请或竞聘期货公司高级管理人员。以下属于期货公司高级管理人员的岗位有（　　）。

A. 副总经理　　B. 总经理助理

C. 财务负责人　　D. 营业部负责人

【参考答案】ACD

【答案解析】见《期货公司董事、监事和高级管理人员任职资格管理办法》第二条规定。

5. 假如甲最终当选为期货公司董事长，而丁为甲的小舅子，则丁不适合担任的职务是（　　）。

A. 总经理　　B. 副总经理

C. 财务负责人　　D. 独立董事

【参考答案】D

【答案解析】见《期货公司董事、监事和高级管理人员任职资格管理办法》第九条规定。

6. 假如甲在担任公司董事长期间不幸遭遇车祸，丧失了行为能力，不能履行职责，此时公司应当在（　　）个月内任用具有任职资格的人员担任董事长。

A. 3　　B. 6

C. 9　　D. 12

【参考答案】B

【答案解析】见《期货公司董事、监事和高级管理人员任职资格管理办法》第四十六条规定。

7. 代理董事长代为履行职责的时间不得超过（　　）个月。

A. 3　　B. 6

C. 9　　D. 12

【参考答案】B

【答案解析】见《期货公司董事、监事和高级管理人员任职资格管理办法》第四十六条规定。

六、《期货公司首席风险官管理规定（试行）》通关练习

（一）单项选择题（以下各小题所给出的四个选项中，只有一项最符合题目要求，请将正确选项的代码填入括号内）

1. 首席风险官是负责对期货公司经营管理行为的合法合规性和风险管理状况进行监督检查的期货公司（　　）。

A. 高级管理人员　　B. 中级管理人员

C. 合规部经理　　D. 业务部经理

【参考答案】A

【答案解析】见《期货公司首席风险官管理规定（试行）》第二条规定。

2.（　　）选聘首席风险官，应当将其是否熟悉期货法律法规、是否诚信守法、是否具备胜任能力以及是否符合规定的任职条件作为主要判断标准。

A. 董事会　　B. 监事会

C. 股东大会　　D. 中国证监会

【参考答案】A

【答案解析】见《期货公司首席风险官管理规定（试行）》第六条规定。

3. 首席风险官是负责对期货公司经营管理行为的（　　）和风险管理状况进行监督检查的期货公司高级管理人员。

A. 合法合规性　　B. 违法操作

C. 违规操作　　D. 风险操作程序

【参考答案】A

【答案解析】见《期货公司首席风险官管理规定（试行）》第二条规定。

4. 中国期货业协会、期货交易所依法对首席风险官进行（　　）管理。

A. 监督　　B. 自律

C. 业务　　D. 廉政

【参考答案】B

【答案解析】见《期货公司首席风险官管理规定（试行）》第五条规定。

5. 首席风险官向（　　）负责。

A. 期货公司股东大会　　B. 期货公司监事会

C. 期货公司董事会　　D. 中国证监会

【参考答案】C

【答案解析】见《期货公司首席风险官管理规定（试行）》第二条规定。

6. 首席风险官应当遵守法律、行政法规、中国证监会的规定和公司章程，忠于职守，（　　），勤勉尽责。

A. 遵纪守法　　B. 恪守诚信

C. 严于律己　　D. 严守秘密

【参考答案】B

【答案解析】见《期货公司首席风险官管理规定（试行）》第三条规定。

7. （　　）依法对首席风险官进行监督管理。

A. 期货公司　　B. 中国证监会

C. 中国期货业协会　　D. 中国证监会及其派出机构

【参考答案】D

【答案解析】见《期货公司首席风险官管理规定（试行）》第五条规定。

8. （　　）、期货交易所依法对首席风险官进行自律管理。

A. 中国期货业协会　　B. 中国证监会

C. 期货公司　　D. 中国证监会及其派出机构

【参考答案】A

【答案解析】见《期货公司首席风险官管理规定（试行）》第五条规定。

9. 中国证监会及其派出机构依法对首席风险官进行（　　）管理。

A. 监督　　B. 自律

C. 业务　　D. 廉政

【参考答案】A

【答案解析】见《期货公司首席风险官管理规定（试行）》第五条规定。

10. 设有独立董事的期货公司聘任首席风险官（　　）。

A. 不需要独立董事同意即可　　B. 应当经超过1/2的独立董事同意

C. 应当经超过2/3的独立董事同意　　D. 应当经全体独立董事同意

【参考答案】D

【答案解析】见《期货公司首席风险官管理规定（试行）》第六条规定。

11.（　　）应当根据公司章程的规定依法提名并聘任首席风险官。

A. 中国期货业协会　　B. 中国证监会

C. 期货公司　　D. 中国证监会及其派出机构

【参考答案】C

【答案解析】见《期货公司首席风险官管理规定（试行）》第六条规定。

12. 首席风险官对于侵害客户和期货公司合法权益的指令或者授意应当予以拒绝；必要时，应当及时向（　　）报告。

A. 中国期货业协会　　B. 公司住所地期货交易所

C. 公司住所地中国证监会派出机构　　D. 公司董事会

【参考答案】C

【答案解析】见《期货公司首席风险官管理规定（试行）》第十一条规定。

13. 首席风险官履行职责应当保持充分的（　　），做出独立、审慎、及时的判断，主动回避与本人有利害冲突的事项。

A. 独立性　　B. 自主性

C. 专业性　　D. 客观性

【参考答案】A

【答案解析】见《期货公司首席风险官管理规定（试行）》第九条规定。

14. 首席风险官开展工作应当制作并保留（　　），真实、充分地反映其履行职责情况。

A. 工作底稿和工作时间　　B. 工作报告和工作记录

C. 工作底稿和工作记录　　D. 工作时间和工作报酬

【参考答案】C

【答案解析】见《期货公司首席风险官管理规定（试行）》第十二条规定。

15. 首席风险官工作底稿和工作记录应当至少保存（　　）年。

A. 10　　B. 20

C. 25　　D. 30

【参考答案】B

【答案解析】见《期货公司首席风险官管理规定（试行）》第十二条规定。

16. 首席风险官任期届满前，期货公司（　　）无正当理由不得免除其职务。

A. 总经理　　B. 董事会

C. 股东大会　　D. 监事会

【参考答案】B

【答案解析】见《期货公司首席风险官管理规定（试行）》第十四条规定。

17. 期货公司董事会拟免除首席风险官职务的，应当提前通知（　　），并按规定将免职理由、首席风险官履行职责情况及替代人选名单书面报告公司住所地中国证监会派出机构。

A. 期货公司　　B. 中国期货业协会

C. 中国证监会　　D. 本人

【参考答案】D

【答案解析】见《期货公司首席风险官管理规定（试行）》第十六条规定。

18. 被免职的首席风险官可以向（　　）解释说明情况。

A. 公司住所地中国证监会派出机构　　B. 中国期货业协会

C. 公司股东大会　　D. 期货交易所

【参考答案】A

【答案解析】见《期货公司首席风险官管理规定（试行）》第十六条规定。

19. 首席风险官提出辞职的，应当提前（　　）日向期货公司董事会提出申请。

A. 10　　B. 20

C. 30　　D. 40

【参考答案】C

【答案解析】见《期货公司首席风险官管理规定（试行）》第十八条规定。

20. 首席风险官应当向期货公司总经理、（　　）和公司住所地中国证监会派出机构报告公司经营管理行为的合法合规性和风险管理状况。

A. 董事会　　B. 监事会

C. 股东大会　　D. 董事长

【参考答案】A

【答案解析】见《期货公司首席风险官管理规定（试行）》第十九条规定。

21. 首席风险官应当按照（　　）的要求对期货公司有关问题进行核查，并及时将核查结果报告（　　）。

A. 董事会；中国证监会

B. 中国证监会派出机构；公司住所地中国证监会派出机构

C. 股东大会；监事会

D. 中国证监会；期货公司

【参考答案】B

【答案解析】见《期货公司首席风险官管理规定（试行）》第十九条规定。

22. 首席风险官作为期货公司的高级管理人员，主要负责（ ）。

A. 期货公司经营管理行为的合法合规性和风险管理状况的监督检查

B. 期货公司的合法性和风险管理

C. 监督期货公司其他高级管理人员

D. 监管期货公司业务执行

【参考答案】A

【答案解析】见《期货公司首席风险官管理规定（试行）》第十九条规定。

23. 首席风险官发现期货公司经营管理行为的合法合规性、风险管理方面问题的，应及时向（ ）提出整改意见。

A. 董事会　　B. 监事会

C. 总经理或者相关负责人　　D. 期货公司

【参考答案】C

【答案解析】见《期货公司首席风险官管理规定（试行）》第二十三条规定。

24. 总经理或者相关负责人对存在问题不整改或者整改未达到要求的，首席风险官应当及时向期货公司董事长、董事会常设的风险管理委员会或者监事会报告，但未设监事会的期货公司，可报告（ ）。

A. 董事　　B. 监事

C. 总经理或者相关负责人　　D. 期货公司

【参考答案】B

【答案解析】见《期货公司首席风险官管理规定（试行）》第二十三条规定。

25. 期货公司（ ）、高级管理人员、各部门应当支持和配合首席风险官的工作。

A. 董事　　B. 监事

C. 总经理或者相关负责人　　D. 股东

【参考答案】A

【答案解析】见《期货公司首席风险官管理规定（试行）》第二十六条规定。

26. 期货公司（ ）不得违反公司规定的程序，越过董事会直接向首席风险官下达指令或者干涉首席风险官的工作。

A. 董事　　B. 监事

C. 总经理或者相关负责人　　D. 股东、董事

【参考答案】D

【答案解析】见《期货公司首席风险官管理规定（试行）》第二十七条规定。

27. 首席风险官应当在每季度结束之日起（ ）个工作日内向公司住所地

中国证监会派出机构提交季度工作报告；每年 1 月 20 日前向公司住所地中国证监会派出机构提交上一年度全面工作报告。

A. 5　　B. 20

C. 10　　D. 30

【参考答案】C

【答案解析】见《期货公司首席风险官管理规定（试行）》第二十八条规定。

28. 首席风险官应报告期货公司合规经营、风险管理状况和内部控制状况，以及首席风险官的履行职责情况，包括首席风险官所作的（　　）等内容。

A. 风险报告

B. 对风险的处理意见

C. 防控风险计划

D. 尽职调查、提出的整改意见以及期货公司整改效果

【参考答案】D

【答案解析】见《期货公司首席风险官管理规定（试行）》第二十八条规定。

29. 首席风险官不履行职责的，中国证监会及其派出机构可以依照（　　）对首席风险官采取监管谈话、出具警示函、责令更换等监管措施。

A.《期货公司董事、监事和高级管理人员任职资格管理办法》

B.《期货交易管理条例》

C.《期货公司管理办法》

D.《期货公司风险监管指标管理试行办法》

【参考答案】A

【答案解析】见《期货公司首席风险官管理规定（试行）》第二十九条规定。

30. 自被中国证监会及其派出机构认定其为首席风险官不适当人选之日起（　　）年内，任何期货公司不得任用该人员担任董事、监事和高级管理人员。

A. 1　　B. 2

C. 3　　D. 4

【参考答案】B

【答案解析】见《期货公司首席风险官管理规定（试行）》第二十九条规定。

31. 首席风险官提出辞职的，应当提前（　　）日向期货公司董事会提出申请。

A. 5　　B. 10

C. 20　　D. 30

【参考答案】D

【答案解析】见《期货公司首席风险官管理规定（试行）》第十三条规定。

32. 期货公司发生严重违规或者出现重大风险，期货公司（　　）未及时履行《期货公司首席风险官管理规定（试行）》所要求的报告义务的，应当依法承担相应的法律责任。

A. 董事　　B. 监事

C. 首席风险官　　D. 股东

【参考答案】C

【答案解析】见《期货公司首席风险官管理规定（试行）》第三十条规定。

33. 期货公司（　　）限制、阻挠首席风险官正常开展工作的，首席风险官可以向中国证监会派出机构报告，中国证监会派出机构依法进行调查和处理。

A. 一般业务人员　　B. 风险控制人员

C. 中层管理人员　　D. 股东、董事和经理层

【参考答案】D

【答案解析】见《期货公司首席风险官管理规定（试行）》第三十一条规定。

34. 首席风险官因正当履行职责而被解聘的，（　　）可以依法对期货公司及相关责任人员采取相应的监管措施。

A. 期货公司董事会　　B. 中国期货业协会

C. 中国证监会及其派出机构　　D. 期货交易所

【参考答案】C

【答案解析】见《期货公司首席风险官管理规定（试行）》第三十二条规定。

（二）多项选择题（以下各小题给出的四个选项中，至少有两项符合题目要求，请将符合题目要求选项的代码填入括号内）

1. 为了完善期货公司治理结构，加强内部控制和风险管理，促进期货公司依法稳健经营，维护期货投资者合法权益，根据（　　）制定《期货公司首席风险官管理规定（试行）》。

A.《期货交易管理条例》

B.《期货公司管理办法》

C.《期货从业人员管理办法》

D.《期货公司董事、监事和高级管理人员任职资格管理办法》

【参考答案】ABD

【答案解析】见《期货公司首席风险官管理规定（试行）》第一条规定。

2. 首席风险官是负责对期货公司经营管理行为的（　　）进行监督检查的

期货公司高级管理人员。

A. 合法性　　B. 风险管理状况

C. 合法合规性　　D. 风险性

【参考答案】BC

【答案解析】见《期货公司首席风险官管理规定（试行）》第二条规定。

3. 首席风险官应当遵守法律、行政法规、中国证监会的规定和公司章程，(　　)。

A. 忠于职守　　B. 严控风险

C. 恪守诚信　　D. 勤勉尽责

【参考答案】ACD

【答案解析】见《期货公司首席风险官管理规定（试行）》第三条规定。

4. 期货公司应当建立并完善相关制度，为首席风险官（　　）履行职责提供必要的条件。

A. 独立　　B. 有效

C. 恪守诚信　　D. 勤勉尽责

【参考答案】AB

【答案解析】见《期货公司首席风险官管理规定（试行）》第四条规定。

5. (　　) 依法对首席风险官进行监督管理。

A. 中国证监会　　B. 中国期货业协会

C. 中国证监会派出机构　　D. 期货交易所

【参考答案】AC

【答案解析】见《期货公司首席风险官管理规定（试行）》第五条规定。

6. 董事会选聘首席风险官，应当将（　　）作为主要判断标准。

A. 是否熟悉期货法律法规　　B. 是否诚信守法

C. 是否具备胜任能力　　D. 是否符合规定的任职条件

【参考答案】ABCD

【答案解析】见《期货公司首席风险官管理规定（试行）》第六条规定。

7. 期货公司章程应当明确规定首席风险官的（　　）、工作报告的程序和方式。

A. 任期　　B. 职责范围

C. 权利义务　　D. 符合规定的任职条件

【参考答案】ABC

【答案解析】见《期货公司首席风险官管理规定（试行）》第七条规定。

8. 首席风险官应当具有良好的职业操守和专业素养，及时发现并报告期货公司在经营管理行为的（　）方面存在的问题或者隐患。

A. 违法　　　　B. 合法合规性

C. 风险管理　　　　D. 风险

【参考答案】BC

【答案解析】见《期货公司首席风险官管理规定（试行）》第八条规定。

9. 首席风险官履行职责应当保持充分的独立性，做出（　　）的判断，主动回避与本人有利害冲突的事项。

A. 公正　　　　B. 独立

C. 审慎　　　　D. 及时

【参考答案】BCD

【答案解析】见《期货公司首席风险官管理规定（试行）》第九条规定。

10. 首席风险官应当保守期货公司的（　　）。

A. 商业秘密　　　　B. 客户信息

C. 商业计划　　　　D. 股东信息

【参考答案】AB

【答案解析】见《期货公司首席风险官管理规定（试行）》第十条规定。

11. 首席风险官不应有（　　）等行为。

A. 擅离职守，无故不履行职责或者授权他人代为履行职责

B. 对期货公司经营管理中存在的违法违规行为或者重大风险隐患知情不报

C. 及时汇报风险情况

D. 利用职务之便牟取私利

【参考答案】ABD

【答案解析】见《期货公司首席风险官管理规定（试行）》第十三条规定。

12. （　）的，期货公司董事会可以免除首席风险官的职务。

A. 擅离职守，无故不履行职责或者授权他人代为履行职责

B. 对期货公司经营管理中存在的违法违规行为或者重大风险隐患知情不报

C. 在期货公司兼任除合规部门负责人以外的其他职务

D. 利用职务之便牟取私利

【参考答案】ABCD

【答案解析】见《期货公司首席风险官管理规定（试行）》第十五条规定。

13. 期货公司董事会拟免除首席风险官职务的，应当提前通知本人，并按规定将（　）的书面报告公司住所地中国证监会派出机构。

A. 免职理由　　　　　　　　　　B. 首席风险官履行职责情况

C. 替代人选名单　　　　　　　　D. 发现重大风险事件的情况

【参考答案】ABC

【答案解析】见《期货公司首席风险官管理规定（试行）》第十六条规定。

14. 首席风险官应当向（　　）报告公司经营管理行为的合法合规性和风险管理状况。

A. 中国期货业协会

B. 期货公司总经理

C. 期货公司董事会

D. 期货公司住所地中国证监会派出机构

【参考答案】BCD

【答案解析】见《期货公司首席风险官管理规定（试行）》第十九条规定。

15. 首席风险官应当重点检查期货公司是否依据法律、行政法规及有关规定，建立健全和有效执行的制度包括（　　）。

A. 人事制度　　　　　　　　　　B. 财务制度

C. 保证金安全存管制度　　　　　D. 员工近亲属持仓报告制度

【参考答案】CD

【答案解析】见《期货公司首席风险官管理规定（试行）》第二十条规定。

16. 首席风险官应当重点检查期货公司是否依据法律、行政法规及有关规定，建立健全和有效执行期货公司（　　）。

A. 客户保证金安全存管制度　　　B. 风险监管指标管理制度

C. 治理和内部控制制度　　　　　D. 员工近亲属持仓报告制度

【参考答案】ABCD

【答案解析】见《期货公司首席风险官管理规定（试行）》第二十条规定。

17. 对于依法委托其他机构从事中间介绍业务的期货公司，首席风险官应当监督检查（　　）事项。

A. 期货公司客户保证金安全存管制度

B. 是否存在非法委托或者超范围委托等情形

C. 在通知客户追加保证金、客户出入金等关键业务环节，期货公司是否有效控制风险

D. 是否与中间介绍机构建立了介绍业务的对接规则

【参考答案】ABCD

【答案解析】见《期货公司首席风险官管理规定（试行）》第二十一条规定。

18. 对于依法委托其他机构从事中间介绍业务的期货公司，首席风险官还应当监督检查的事项包括（　）等情形。

A. 是否存在非法委托或者超范围委托

B. 是否与中间介绍机构建立了介绍业务的对接规则

C. 在与中间介绍机构风险隔离业务环节，期货公司是否有效控制风险

D. 在客户投诉的接待处理等方面与中间介绍机构的职责协作程序是否明确

【参考答案】ABCD

【答案解析】见《期货公司首席风险官管理规定（试行）》第二十一条规定。

19. 总经理或者相关负责人对存在问题不整改或者整改未达到要求的，首席风险官应当及时向（　）报告，必要时向公司住所地中国证监会派出机构报告。

A. 期货公司董事长　　B. 董事会常设的风险管理委员会

C. 监事会　　D. 中国证监会

【参考答案】ABC

【答案解析】见《期货公司首席风险官管理规定（试行）》第二十三条规定。

20. 对于取得实行会员分级结算制度交易所的全面结算业务资格的期货公司，首席风险官还应当监督检查（　）事项。

A. 是否建立与全面结算业务相适应的结算业务制度和与业务发展相适应的风险管理制度，并有效执行

B. 是否公平对待本公司客户的权益和受托结算的其他期货公司及其客户的权益，是否存在滥用结算权利侵害受托结算的其他期货公司及其客户利益的情况

C. 期货公司经纪业务规则、结算业务规则、客户风险管理制度和信息安全制度

D. 期货公司员工近亲属持仓报告制度

【参考答案】ABCD

【答案解析】见《期货公司首席风险官管理规定（试行）》第二十二条规定。

21. 首席风险官发现期货公司有（　）等违法违规行为或者存在重大风险隐患的，应当立即向公司住所地中国证监会派出机构报告，并向公司董事会和监事会报告。

A. 涉嫌占用、挪用客户保证金等侵害客户权益

B. 期货公司净资本无法持续达到监管标准

C. 期货公司发生重大诉讼或者仲裁，可能造成重大风险

D. 对特定客户开展资产管理业务

【参考答案】ABC

【答案解析】见《期货公司首席风险官管理规定（试行）》第二十四条规定。

22. 首席风险官根据履行职责的需要，享有（　　）职权。

A. 参加或者列席与其履职相关的会议

B. 查阅期货公司的相关文件、档案和资料

C. 查阅客户资料

D. 与期货公司有关人员，为期货公司提供审计、法律等中介服务的机构的有关人员谈话

【参考答案】ABD

【答案解析】见《期货公司首席风险官管理规定（试行）》第二十五条规定。

23. 期货公司的（　　）、各部门应当支持和配合首席风险官的工作，不得以涉及商业秘密或者其他理由限制、阻挠首席风险官履行职责。

A. 董事　　B. 董事长

C. 高级管理人员　　D. 监事

【参考答案】AC

【答案解析】见《期货公司首席风险官管理规定（试行）》第二十六条规定。

24. 期货公司的（　　）不得违反公司规定的程序，越过董事会直接向首席风险官下达指令或者干涉首席风险官的工作。

A. 董事　　B. 董事长

C. 高级管理人员　　D. 股东

【参考答案】AD

【答案解析】见《期货公司首席风险官管理规定（试行）》第二十七条规定。

25. 首席风险官应当向公司住所地中国证监会派出机构提交（　　）。

A. 周度工作报告　　B. 月度工作报告

C. 季度工作报告　　D. 年度工作报告

【参考答案】CD

【答案解析】见《期货公司首席风险官管理规定（试行）》第二十八条规定。

26. 首席风险官应当报告期货公司（　　），以及首席风险官的履行职责情况。

A. 董事履职情况　　B. 内部控制状况

C. 风险管理状况　　D. 合规经营

【参考答案】BCD

【答案解析】见《期货公司首席风险官管理规定（试行）》第二十八条规定。

27. 首席风险官有不履行职责行为的，中国证监会及其派出机构可以依照

《期货公司董事、监事和高级管理人员任职资格管理办法》对首席风险官采取（　）等监管措施。

A. 监管谈话　　B. 出具警示函

C. 责令更换　　D. 免职

【参考答案】ABC

【答案解析】见《期货公司首席风险官管理规定（试行）》第二十九条规定。

28. 首席风险官（　），中国证监会及其派出机构可以采取监管谈话、出具警示函等监管措施。

A. 无故不参加培训　　B. 连续两次不参加培训

C. 培训考试成绩不合格　　D. 连续两次培训考试成绩不合格

【参考答案】BD

【答案解析】见《期货公司首席风险官管理规定（试行）》第三十三条规定。

29. 期货公司（　）限制、阻挠首席风险官正常开展工作的，首席风险官可以向中国证监会派出机构报告，中国证监会派出机构依法进行调查和处理。

A. 董事　　B. 股东

C. 经理层　　D. 监事

【参考答案】ABC

【答案解析】见《期货公司首席风险官管理规定（试行）》第三十一条规定。

30. 中国证监会及其派出机构将（　）等事项记入期货公司及首席风险官诚信档案。

A. 首席风险官的履历

B. 对首席风险官采取的监管措施

C. 首席风险官的培训情况和考试成绩

D. 认定的与首席风险官有关的其他事项

【参考答案】BCD

【答案解析】见《期货公司首席风险官管理规定（试行）》第三十四条规定。

（三）判断题（判断以下各小题的正误，正确的填写 A，错误的填写 B）

1. 首席风险官是负责对期货公司经营管理行为的合法合规性和风险管理状况进行监督检查的期货公司高级管理人员。（　）

【参考答案】A

【答案解析】见《期货公司首席风险官管理规定（试行）》第二条规定。

2. 首席风险官对期货公司股东负责。（　）

【参考答案】B

【答案解析】首席风险官向期货公司董事会负责。

3. 中国证监会及其派出机构依法对首席风险官进行监督管理。中国期货业协会、期货交易所依法对首席风险官进行自律管理。（　）

【参考答案】A

【答案解析】见《期货公司首席风险官管理规定（试行）》第五条规定。

4. 首席风险官的任职标准之一是熟悉期货法律法规、做好对外法律纠纷调解工作。（　）

【参考答案】B

【答案解析】见《期货公司首席风险官管理规定（试行）》第八条规定。

5. 首席风险官履行职责应当保持充分的独立性，主动回避与本人有利害冲突的事项。（　）

【参考答案】A

【答案解析】见《期货公司首席风险官管理规定（试行）》第九条规定。

6. 首席风险官应当保守期货公司的商业秘密和客户信息。（　）

【参考答案】A

【答案解析】见《期货公司首席风险官管理规定（试行）》第十条规定。

7. 首席风险官对于侵害客户和期货公司合法权益的指令或者授意应当予以拒绝；必要时，应当及时向公司住所地中国证监会派出机构报告。（　）

【参考答案】A

【答案解析】见《期货公司首席风险官管理规定（试行）》第十一条规定。

8. 首席风险官不得向与履职无关的第三方泄露期货公司秘密或者客户信息，损害期货公司或者客户的合法权益。（　）

【参考答案】A

【答案解析】见《期货公司首席风险官管理规定（试行）》第十三条规定。

9. 首席风险官损害了客户和期货公司合法权益的，期货公司董事会可以免除其职务。（　）

【参考答案】A

【答案解析】见《期货公司首席风险官管理规定（试行）》第十五条规定。

10. 被免职的首席风险官可以向公司住所地期货业协会解释说明情况。（　）

【参考答案】B

【答案解析】被免职的首席风险官可以向公司住所地中国证监会派出机构解释说明情况。

11. 期货公司董事会决定免除首席风险官职务时，应当同时任命下一任首席风险官人选。（ ）

【参考答案】B

【答案解析】应当同时确定拟任人选或者代行职责人选，按照有关规定履行相应程序。

12. 首席风险官提出辞职的，应当提前30日向期货公司董事会提出申请，并报告公司住所地中国证监会派出机构。（ ）

【参考答案】A

【答案解析】见《期货公司首席风险官管理规定（试行）》第十八条规定。

13. 首席风险官应当向期货公司总经理、董事会和公司住所地中国证监会派出机构报告公司经营管理行为的合法合规性和风险管理状况。（ ）

【参考答案】A

【答案解析】见《期货公司首席风险官管理规定（试行）》第十九条规定。

14. 首席风险官应当监督检查期货公司是否存在非法委托或者超范围委托的情形。（ ）

【参考答案】A

【答案解析】见《期货公司首席风险官管理规定（试行）》第二十一条规定。

15. 对于取得实行会员分级结算制度的交易所的全面结算业务资格的期货公司，首席风险官才应当监督检查与全面结算业务相适应的结算业务制度和与业务发展相适应的风险管理制度等事项。（ ）

【参考答案】A

【答案解析】见《期货公司首席风险官管理规定（试行）》第二十二条规定。

16. 首席风险官根据履行职责的需要，可以随时查阅期货公司相关个人的文件、档案和资料。（ ）

【参考答案】B

【答案解析】只可查阅期货公司的相关文件、档案和资料。

17. 期货公司股东、董事不得违反公司规定的程序，越过股东大会直接向监事会下达指令或者干涉首席风险官的工作。（ ）

【参考答案】B

【答案解析】期货公司股东、董事不得违反公司规定的程序，越过董事会直接向首席风险官下达指令或者干涉首席风险官的工作。

18. 首席风险官应当在每年1月30日前向公司住所地中国证监会派出机构提交上一年度全面工作报告。（ ）

【参考答案】B

【答案解析】每年1月20日前向公司住所地中国证监会派出机构提交上一年度全面工作报告。

19. 期货公司发生严重违规或者出现重大风险，首席风险官未及时履行《期货公司首席风险官管理规定（试行）》所要求的报告义务的，应当依法承担相应的法律责任。但首席风险官已按照要求履行报告义务的，其没有责任。（　　）

【参考答案】B

【答案解析】首席风险官已按照要求履行报告义务的，中国证监会可以从轻、减轻或者免予行政处罚。

20. 期货公司股东、董事和经理层限制、阻挠首席风险官正常开展工作的，首席风险官可以向中国证监会派出机构报告。（　　）

【参考答案】A

【答案解析】见《期货公司首席风险官管理规定（试行）》第三十一条规定。

21. 首席风险官因正当履行职责而被解聘的，中国证监会及其派出机构可以依法对期货公司董事会成员采取相应的监管措施。（　　）

【参考答案】B

【答案解析】中国证监会及其派出机构可以依法对期货公司及相关责任人员采取相应的监管措施。

（四）综合题（以下各小题给出的4个选项中，至少有1项符合题目要求，请将符合题目要求选项的代码填入括号内）

阅读下列案例，回答1～2题。

甲于某年5月开始担任期货公司的首席风险官。同年9月，甲发现本公司在经营中存在风险隐患，于是依法对其进行质询和调查，发现公司占用了部分客户保证金，于是甲只悄悄向公司董事会报告了此事。但公司认为这是本公司的商业秘密，甲不宜调查，甲盛怒之下立即辞职，经公司同意后离开公司。

1. 甲某（　　）的做法违反了《期货公司首席风险官管理规定（试行）》的有关规定。

A. 发现公司在经营中存在风险隐患，依法对其进行质询和调查

B. 只悄悄向公司董事会报告公司占用了部分客户保证金

C. 立即辞职，离开公司

D. 不应对公司经营问题进行质询和调查

【参考答案】BCD

【答案解析】见《期货公司首席风险官管理规定（试行)》第十八条、第二十四条规定。

2. 该公司（　　）的做法违反了《期货公司首席风险官管理规定（试行)》的有关规定。

A. 以涉及商业秘密为由限制、阻挠首席风险官履行职责

B. 同意甲辞职

C. 占用了部分客户保证金

D. 在经营中存在风险隐患

【参考答案】AB

【答案解析】见《期货公司首席风险官管理规定（试行)》第二十六条规定。

阅读材料，回答3～4题。

某期货公司任命陈某为期货公司的首席风险官。陈某在开展工作过程中，发现本公司在保证金安全存管工作中存在重大问题，于是他将相关问题口头反映给公司总经理王某。王某要求相关部门对存在的问题进行了整改，解决了部分问题，但是未完全达到要求。陈某在王某的说服下，接受了整改的结果。

3. 下列关于陈某开展工作的做法，正确的有（　　）。

A. 保存工作底稿和工作记录，相关记录至少保存至整改问题完全解决

B. 对侵害客户合法权益的指令予以拒绝，必要时要向股东会报告上述情况

C. 有权查阅期货公司相关文件、档案和资料

D. 每季度向公司住所地中国证监会派出机构提交季度工作报告

【参考答案】CD

【答案解析】见《期货公司首席风险官管理规定（试行)》第十二条、第二十五条和第二十八条规定。

4. 因公司的整改未达到要求，下列说法正确的有（　　）。

A. 陈某应当及时向期货公司董事长、董事会常设风险管理委员会或监事会报告

B. 必要时，陈某应当向期货公司住所地中国证监会派出机构报告

C. 陈某接受总经理说服，接受整改结果，事后期货公司发生重大风险的，陈某可以因为曾向总经理提出整改意见而被从轻处罚

D. 陈某如因坚持要求期货公司整改而遭到公司解聘，可向证监会报告，证监会有权要求公司重新聘任陈某

【参考答案】AB

【答案解析】见《期货公司首席风险官管理规定（试行)》第十三条、第二十四条规定。

七、《期货从业人员管理办法》通关练习

（一）单项选择题（以下各小题所给出的四个选项中，只有一个选项最符合题目要求，请将正确选项的代码填入括号内）

1. 为了加强期货从业人员的资格管理，规范期货从业人员的执业行为，根据（　　），制定《期货从业人员管理办法》。

A.《证券法》　　B.《期货交易管理条例》

C.《期货交易所管理办法》　　D.《期货公司监督管理办法》

【参考答案】B

【答案解析】见《期货从业人员管理办法》第一条规定。

2.（　　）是依法对期货从业人员进行监督管理的机构。

A. 中国期货业协会　　B. 中国证监会及其派出机构

C. 国家外汇管理局　　D. 中国证券业协会

【参考答案】B

【答案解析】见《期货从业人员管理办法》第五条规定。

3.（　　）负责组织期货从业人员资格考试。

A. 中国期货业协会　　B. 中国证监会及其派出机构

C. 各地方期货业协会　　D. 期货交易所

【参考答案】A

【答案解析】见《期货从业人员管理办法》第六条规定。

4. 取得期货从业人员资格考试合格证明的人员从事期货业务的，应当（　　）申请期货从业人员资格。

A. 向其所在机构

B. 向中国证监会及其派出机构

C. 直接向中国期货业协会

D. 事先通过其所在机构向中国期货业协会

【参考答案】D

【答案解析】见《期货从业人员管理办法》第九条规定。

5. 机构任用具有期货从业人员资格考试合格证明人员且为其办理期货从业人员资格申请，应符合的条件不包括（　　）。

A. 品行端正，具有良好的职业道德

B. 已被本机构聘用

C. 最近三年内未因违法违规行为被撤销证券、期货期货从业人员资格

D. 有三年以上金融业务经验

【参考答案】D

【答案解析】见《期货从业人员管理办法》第十条规定。

6. 期货从业人员辞职、被解聘或者死亡的，机构应当自上述情形发生之日起（　　）个工作日内向中国期货业协会报告，由中国期货业协会注销其期货从业人员资格。

A. 3　　B. 5

C. 10　　D. 15

【参考答案】C

【答案解析】见《期货从业人员管理办法》第十一条规定。

7.（　　）应当设立专门的纪律惩戒及申诉机构，制定相关制度和工作规程，按照规定程序对期货从业人员进行纪律惩戒，并保障当事人享有申诉等权利。

A. 中国证监会　　B. 中国证监会及其派出机构

C. 国家外汇管理局　　D. 中国期货业协会

【参考答案】D

【答案解析】见《期货从业人员管理办法》第二十五条规定。

8. 取得期货从业人员资格考试合格证明或者被注销期货从业人员资格的人员连续（　　）年未在机构中执业的，在申请期货从业人员资格前应当参加中国期货业协会组织的后续职业培训。

A. 1　　B. 2

C. 3　　D. 5

【参考答案】B

【答案解析】见《期货从业人员管理办法》第十二条规定。

9. 以下对期货从业人员应当遵守的执业行为规范描述错误的是（　　）。

A. 不得以本人或者他人名义从事期货交易

B. 具有良好的职业道德与守法意识，抵制商业贿赂，不得从事不正当竞争行为和不正当交易行为

C. 不得为迎合客户的不合理要求而损害社会公共利益、所在机构或者他人的合法权益

D. 向客户提供专业服务时，应对客户做出盈利保证

【参考答案】D

【答案解析】见《期货从业人员管理办法》第十四条规定。

10. 期货公司的期货从业人员不得有的行为不包括（　　）。

A. 进行虚假宣传，诱骗客户参与期货交易

B. 挪用客户的期货保证金或者其他资产

C. 中国证监会禁止的其他行为

D. 为客户讲解期货交易技巧

【参考答案】D

【答案解析】见《期货从业人员管理办法》第十五条规定。

11. （　　）指导和监督中国期货业协会对期货从业人员的自律管理活动。

A. 中国证监会　　B. 中国证监会的派出机构

C. 国家外汇管理局　　D. 财政部

【参考答案】A

【答案解析】见《期货从业人员管理办法》第二十条规定。

12. （　　）应当建立期货从业人员信息数据库，公示并且及时更新期货从业人员资格注册、诚信记录等信息。

A. 中国证监会　　B. 中国证监会及其派出机构

C. 中国期货业协会　　D. 财政部

【参考答案】C

【答案解析】见《期货从业人员管理办法》第二十一条规定。

13. 取得中国期货业协会颁发的期货从业人员资格考试合格证明，必须通过（　　）考试。

A. 证券业从业人员资格　　B. 证券投资基金业从业人员资格

C. 期货从业人员资格　　D. 证券经纪业从业人员资格

【参考答案】C

【答案解析】见《期货从业人员管理办法》第八条规定。

14. 期货从业人员违反《期货从业人员管理办法》以及中国期货业协会自律规则的，（　　）应当进行调查、给予纪律惩戒。

A. 中国证监会　　B. 中国证监会及其派出机构
C. 中国期货业协会　　D. 期货交易所

【参考答案】C

【答案解析】见《期货从业人员管理办法》第二十四条规定。

15. 期货从业人员涉嫌违法违规需要中国证监会给予行政处罚的，中国期货业协会应当及时移送（　　）处理。

A. 中国证监会　　B. 检察院
C. 中国证监会派出机构　　D. 公安机关

【参考答案】A

【答案解析】见《期货从业人员管理办法》第二十四条规定。

16. 期货从业人员违反本办法规定的，（　　）可以采取责令改正、监管谈话、出具警示函等监管措施。

A. 中国证监会　　B. 中国证监会及其派出机构
C. 国家外汇管理局　　D. 中国期货业协会

【参考答案】B

【答案解析】见《期货从业人员管理办法》第二十九条规定。

17. 中国期货业协会应当自对期货从业人员做出纪律惩戒决定之日起（　　）个工作日内，向中国证监会及其有关派出机构报告，并及时在中国期货业协会网站公示。

A. 3　　B. 5
C. 10　　D. 15

【参考答案】C

【答案解析】见《期货从业人员管理办法》第二十六条规定。

18. 为提高期货从业人员的职业道德和专业素质，（　　）应当组织期货从业人员后续职业培训。

A. 中国证监会　　B. 中国证监会及其派出机构
C. 中国期货业协会　　D. 人事部

【参考答案】C

【答案解析】见《期货从业人员管理办法》第二十二条规定。

19. 期货从业人员受到机构处分，或者从事的期货业务行为涉嫌违法违规被调查处理的，机构应当在做出处分决定、知悉或者应当知悉该期货从业人员违法违规被调查处理事项之日起（　　）个工作日内向中国期货业协会报告。

A. 3　　B. 5

C. 10　　　　　　　　　　D. 15

【参考答案】C

【答案解析】见《期货从业人员管理办法》第二十七条规定。

20. 未取得期货从业人员资格，擅自从事期货业务的，中国证监会将采取（　　）等措施。

A. 给予警告，并处5万元以下罚款

B. 给予警告，单处或者并处5万元以下罚款

C. 责令改正，给予警告，单处或者并处1万元以下罚款

D. 责令改正，给予警告，单处或者并处3万元以下罚款

【参考答案】D

【答案解析】见《期货从业人员管理办法》第三十一条规定。

21. 期货从业人员违法违规的，中国证监会依法给予（　　）处罚。

A. 刑事　　　　　　　　　　B. 行政

C. 民事　　　　　　　　　　D. 金额

【参考答案】B

【答案解析】见《期货从业人员管理办法》第三十四条规定。

22. 中国期货业协会应当定期向（　　）报告期货从业人员管理的有关情况

A. 中国证监会　　　　　　　B. 期货交易所

C. 期货公司　　　　　　　　D. 中国证监会派出机构

【参考答案】A

【答案解析】见《期货从业人员管理办法》第二十八条规定。

23. 取得期货从业人员资格考试合格证明或者被注销期货从业人员资格的人员连续2年未在机构中执业的，在申请期货从业人员资格前应当（　　）。

A. 重新参加期货期货从业人员资格考试

B. 重新申请期货期货从业人员资格

C. 参加中国期货业协会组织的后续职业培训

D. 在期货公司实习3个月

【参考答案】C

【答案解析】见《期货从业人员管理办法》第十二条规定。

（二）多项选择题（以下各小题给出的四个选项中，至少有两项符合题目要求，请将符合题目要求选项的代码填入括号内）

1. 下列应遵守《期货从业人员管理办法》的情形包括（　　）。

A. 申请期货从业人员资格

B. 从事期货经营业务的机构任用期货从业人员

C. 期货从业人员从事期货业务

D. 期货从业人员从事非期货业务

【参考答案】ABC

【答案解析】见《期货从业人员管理办法》第二条规定。

2.《期货从业人员管理办法》中机构是指（ ）。

A. 期货公司

B. 期货交易所的非期货公司结算会员

C. 期货投资咨询机构

D. 为期货公司提供中间介绍业务的机构

【参考答案】ABCD

【答案解析】见《期货从业人员管理办法》第三条规定。

3.《期货从业人员管理办法》中期货从业人员是指（ ）。

A. 期货公司的管理人员和专业人员

B. 期货交易所的非期货公司结算会员中从事期货结算业务的管理人员和专业人员

C. 期货投资咨询机构中从事期货投资咨询业务的管理人员和专业人员

D. 为期货公司提供中间介绍业务的机构中从事期货经营业务的管理人员和专业人员

【参考答案】ABCD

【答案解析】见《期货从业人员管理办法》第四条规定。

4. 参加期货从业人员资格考试的，应当符合的条件有（ ）。

A. 年满 18 周岁

B. 具有完全民事行为能力

C. 具有高中以上文化程度

D. 中国证监会规定的其他条件

【参考答案】ABCD

【答案解析】见《期货从业人员管理办法》第七条规定。

5. 有下列（ ）行为之一的，中国证监会根据《期货交易管理条例》进行处罚。

A. 报告材料存在虚假内容

B. 不按照本办法第二十七条规定履行报告义务

C. 在办理期货从业人员资格申请过程中弄虚作假

D. 任用无期货从业人员资格的人员从事期货业务

【参考答案】ABCD

【答案解析】见《期货从业人员管理办法》第三十二条规定。

6. 机构任用具有期货从业人员资格考试合格证明且符合（　　）条件的人员从事期货业务的，应当为其办理期货从业人员资格申请。

A. 品行端正，具有良好的职业道德

B. 已被本机构聘用

C. 最近2年内未受过刑事处罚或者中国证监会等金融监管机构的行政处罚

D. 未被中国证监会等金融监管机构采取市场禁入措施，或者禁入期已经届满

【参考答案】ABD

【答案解析】见《期货从业人员管理办法》第十条规定。

7. 关于期货人员的期货从业人员资格注销，下面说法正确的有（　　）。

A. 期货从业人员辞职、被解聘或者死亡的，机构应当自上述情形发生之日起10个工作日内注销其期货从业人员资格

B. 期货从业人员辞职、被解聘或者死亡的，机构应当自上述情形发生之日起5个工作日内注销其期货从业人员资格

C. 机构的相关期货业务许可被注销的，由中国期货业协会注销该机构中从事相应期货业务的期货从业人员的期货从业人员资格

D. 机构的相关期货业务许可被注销的，由该机构注销该机构中从事相应期货业务的期货从业人员的期货从业人员资格

【参考答案】AC

【答案解析】见《期货从业人员管理办法》第十一条规定。

8. 期货从业人员必须做到（　　）。

A. 遵守有关法律、行政法规和中国证监会的规定

B. 遵守中国期货业协会和期货交易所的自律规则

C. 不得从事欺诈、内幕交易、操纵期货交易价格等违法违规行为

D. 不得协同他人从事欺诈、内幕交易、操纵期货交易价格等违法违规行为

【参考答案】ABCD

【答案解析】见《期货从业人员管理办法》第十三条规定。

9. 期货从业人员应当遵守的执业行为规范包括（　　）。

A. 诚实守信，恪尽职守，促进机构规范运作，维护期货行业声誉

B. 保守客户的商业秘密，维护客户的合法权益

C. 向客户提供专业服务时，充分揭示期货交易风险，不得做出不当承诺或

者保证

D. 坚持客户合法利益优先的原则

【参考答案】ABCD

【答案解析】见《期货从业人员管理办法》第十四条规定。

10. 期货公司的期货从业人员不得有（　　）的行为。

A. 进行虚假宣传，诱骗客户参与期货交易

B. 代理客户从事期货交易

C. 挪用客户的期货保证金或者其他资产

D. 为客户提供期货相关信息

【参考答案】AC

【答案解析】见《期货从业人员管理办法》第十五条规定。

11. 期货交易所的非期货公司结算会员的期货从业人员不得有的行为包括（　　）。

A. 利用结算业务关系及由此获得的结算信息损害非结算会员及其客户的合法权益

B. 代理客户从事期货交易

C. 中国证监会禁止的其他行为

D. 为非结算会员提供结算服务

【参考答案】ABC

【答案解析】见《期货从业人员管理办法》第十六条规定。

12. 期货投资咨询机构的期货从业人员不得有（　　）的行为。

A. 利用传播媒介或者通过其他方式提供、传播虚假或者误导客户的信息

B. 代理客户从事期货交易

C. 中国证监会禁止的其他行为

D. 为客户提供信息咨询

【参考答案】ABC

【答案解析】见《期货从业人员管理办法》第十七条规定。

13. 为期货公司提供中间介绍业务的机构的期货从业人员不得有的行为包括（　　）。

A. 收付、存取或者划转期货保证金 B. 代理客户从事期货交易

C. 中国证监会禁止的其他行为 D. 将客户介绍给期货公司

【参考答案】ABC

【答案解析】见《期货从业人员管理办法》第十八条规定。

14. 机构或者其管理人员对期货从业人员发出违法违规指令的，机构未及时采取措施妥善处理的，期货从业人员应当及时向（　　）报告。

A. 中国证监会　　B. 中国证监会派出机构

C. 中国期货业协会　　D. 期货交易所

【参考答案】AC

【答案解析】见《期货从业人员管理办法》第十九条规定。

15. 中国期货业协会应当对期货从业人员的执业行为进行（　　）检查，期货从业人员及其所在机构应当予以配合。

A. 定期　　B. 不定期

C. 半年　　D. 1年

【参考答案】AB

【答案解析】见《期货从业人员管理办法》第二十三条规定。

16. 期货从业人员违反《期货从业人员管理办法》规定的，中国证监会及其派出机构可以采取（　　）等监管措施。

A. 责令改正　　B. 监管谈话

C. 出具警示函　　D. 注销期货从业人员资格

【参考答案】ABC

【答案解析】见《期货从业人员管理办法》第二十九条规定。

17. 期货从业人员自律管理的具体办法，包括（　　）。

A. 期货从业人员资格考试　　B. 期货从业人员资格注册和公示

C. 执业行为准则　　D. 后续职业培训

【参考答案】ABCD

【答案解析】见《期货从业人员管理办法》第三十条规定。

18. 对于未取得期货从业人员资格，擅自从事期货业务的，中国证监会将（　　）。

A. 责令改正　　B. 给予警告

C. 单处或者并处3万元以下罚款　　D. 在中国期货业协会网站公示

【参考答案】ABC

【答案解析】见《期货从业人员管理办法》第三十一条规定。

19. 以下属于期货从业人员的有（　　）。

A. 期货公司安保人员

B. 期货公司网络技术人员

C. 投资咨询机构中从事期货投资咨询业务的人员

D. 证券营业部从事期货中间介绍业务的经纪人

【参考答案】BCD

【答案解析】见《期货从业人员管理办法》第四条规定。

20. 参加期货期货从业人员资格考试的条件包括（　　）。

A. 高中以上文化程度　　B. 年满 18 周岁

C. 具有完全民事行为能力　　D. 四肢健全

【参考答案】ABC

【答案解析】见《期货从业人员管理办法》第七条规定。

21. 申请办理期货从业人员资格的条件包括（　　）。

A. 拟被期货公司聘用

B. 最近 3 年内未受过刑事处罚或者中国证监会等金融监管机构的行政处罚

C. 被中国证监会等金融监管机构曾列为市场禁入者，但禁入期已经届满

D. 最近 3 年内未因违法违规行为被撤销证券、期货从业人员资格

【参考答案】BCD

【答案解析】见《期货从业人员管理办法》第九条、第十条规定。

22. 期货公司的期货从业人员不得有（　　）行为。

A. 接受客户全权委托交易

B. 向客户发送各类投资建议

C. 代替客户办理开户手续

D. 接受客户电话委托，帮助客户在电脑上下单

【参考答案】ACD

【答案解析】见《期货从业人员管理办法》第十五条规定。

23. 期货交易所非期货公司结算会员的期货从业人员不得有（　　）等行为。

A. 代理客户从事期货交易

B. 向需要追加保证金的客户发送强行平仓通知书

C. 代理客户开展资产管理业务

D. 向客户发送各类投资建议

【参考答案】ACD

【答案解析】见《期货从业人员管理办法》第十六条规定。

24. 期货投资咨询机构的期货从业人员不得有（　　）等行为。

A. 代理客户从事期货交易

B. 提供、传播虚假或者误导客户的信息

C. 代理客户开展期货资产管理业务

D. 向客户发送各类投资建议

【参考答案】ABC

【答案解析】见《期货从业人员管理办法》第十七条规定。

25. 提供中间介绍业务机构的期货从业人员不得有（ ）行为。

A. 代理客户从事期货交易 B. 收付、存取或者划转期货保证金

C. 代理客户开展期货资产管理业务 D. 向客户发送各类投资建议

【参考答案】ABC

【答案解析】见《期货从业人员管理办法》第十八条规定。

26. 未取得期货从业人员资格，擅自从事期货业务的，中国证监会（ ）。

A. 责令改正 B. 给予警告

C. 处 3 万元以上罚款 D. 不会罚款

【参考答案】AB

【答案解析】见《期货从业人员管理办法》第三十一条规定。

（三）判断题（判断以下各小题的正误，正确的填写 A，错误的填写 B）

1. 中国期货业协会、中国证监会及其派出机构依法对期货从业人员进行监督管理。（ ）

【参考答案】B

【答案解析】中国证监会及其派出机构依法对期货从业人员进行监督管理。

2. 中国证监会及其派出机构依法对期货从业人员实行自律管理，负责期货从业人员资格的认定、管理及撤销。（ ）

【参考答案】B

【答案解析】中国期货业协会依法对期货从业人员实行自律管理，负责期货从业人员资格的认定、管理及撤销。

3. 通过期货从业人员资格考试的人员可以取得中国期货业协会颁发的期货从业人员资格考试合格证明。（ ）

【参考答案】A

【答案解析】见《期货从业人员管理办法》第八条规定。

4. 未取得期货从业人员资格的人员，不得在期货机构中从事任何工作。

（ ）

【参考答案】B

【答案解析】不得在期货机构中开展期货业务活动。

5. 从事期货经营业务的机构不得任用无期货从业人员资格的人员从事期货业务，不得在办理期货从业人员资格申请过程中弄虚作假。（ ）

【参考答案】A

【答案解析】见《期货从业人员管理办法》第十条规定。

6. 取得期货从业人员资格考试合格证明或者被注销期货从业人员资格的人员连续2年未在机构中执业的，考试合格证明将作废。（ ）

【参考答案】B

【答案解析】见《期货从业人员管理办法》第十二条规定。

7. 当期货从业人员的自身利益或者相关方利益与客户的利益发生冲突或者存在潜在利益冲突时，应及时向客户进行披露，并且坚持客户合法利益优先的原则。（ ）

【参考答案】A

【答案解析】见《期货从业人员管理办法》第十四条规定。

8. 期货交易所非期货公司结算会员的期货从业人员和期货投资咨询机构的期货从业人员均不得代理客户从事期货交易。（ ）

【参考答案】A

【答案解析】见《期货从业人员管理办法》第十六条、第十七条规定。

9. 为期货公司提供中间介绍业务的机构的期货从业人员不得收付、存取或者划转期货保证金。（ ）

【参考答案】A

【答案解析】见《期货从业人员管理办法》第十八条规定。

10. 对于机构或者其管理人员发出的任何指令，期货从业人员应当严格执行。（ ）

【参考答案】B

【答案解析】机构或者其管理人员对期货从业人员发出违法违规指令的，期货从业人员应当予以抵制，并及时按照所在机构内部程序向高级管理人员或者董事会报告。

11. 中国证监会指导和监督中国期货业协会对期货从业人员的自律管理活动。（ ）

【参考答案】A

【答案解析】见《期货从业人员管理办法》第二十条规定。

12. 中国证监会应当建立期货从业人员信息数据库，公示并且及时更新期货从业人员资格注册、诚信记录等信息。（ ）

【参考答案】B

【答案解析】中国期货业协会应当建立期货从业人员信息数据库，公示并且及时更新期货从业人员资格注册、诚信记录等信息。

13. 中国证监会及其派出机构履行监管职责，需要中国期货业协会提供期货从业人员信息和资料的，中国期货业协会应当按照要求及时提供。（ ）

【参考答案】A

【答案解析】见《期货从业人员管理办法》第二十一条规定。

14. 中国期货业协会应当组织期货从业人员后续职业培训，提高期货从业人员的职业道德和专业素质。（ ）

【参考答案】A

【答案解析】见《期货从业人员管理办法》第二十二条规定。

15. 期货从业人员应当按照有关规定参加后续职业培训，其所在机构应予以支持并提供必要保障。（ ）

【参考答案】A

【答案解析】见《期货从业人员管理办法》第二十二条规定。

16. 从事期货经营业务的机构应当设立专门的纪律惩戒及申诉机构，按照规定程序对期货从业人员进行纪律惩戒，并保障当事人享有申诉等权利。（ ）

【参考答案】A

【答案解析】是中国期货业协会应当设立专门的纪律惩戒及申诉机构。

17. 中国期货业协会应当定期或不定期地向中国证监会报告期货从业人员管理的有关情况。（ ）

【参考答案】B

【答案解析】中国期货业协会应当定期向中国证监会报告期货从业人员管理的有关情况。

18. 期货从业人员自律管理的具体办法，包括期货从业人员资格考试、期货从业人员资格注册和公示、执业行为准则、后续职业培训、执业检查、纪律惩戒和申诉等，由中国期货业协会制定，报中国证监会核准。（ ）

【参考答案】A

【答案解析】见《期货从业人员管理办法》第三十条规定。

19. 未取得期货从业人员资格，擅自从事期货业务的，中国期货业协会责令改正，给予警告，单处或者并处3万元以下罚款。（ ）

【参考答案】B

【答案解析】由中国证监会责令改正，给予警告，单处或者并处3万元以下罚款。

20. 期货从业人员违法违规的，中国证监会依法给予行政处罚。（　）

【参考答案】A

【答案解析】见《期货从业人员管理办法》第三十二条规定。

21. 因被迫执行违法违规指令但按照规定履行了报告义务的，可以从轻、减轻或者免予行政处罚。（　）

【参考答案】A

【答案解析】见《期货从业人员管理办法》第三十四条规定。

22. 机构的相关期货业务许可被注销的，该机构中从事相应期货业务的期货从业人员的从业资格可以继续保留。（　）

【参考答案】B

【答案解析】见《期货从业人员管理办法》第十一条规定。

（四）综合题（以下各小题给出的四个选项中，至少有一项符合题目要求，请将符合题目要求选项的代码填入括号内）

阅读材料，回答1～4题。

某年5月，张某通过期货从业人员资格考试并取得期货从业人员资格考试合格证明。第二年7月，张某被某期货公司聘用，该期货公司拟为其办理期货从业人员资格申请。

1. 根据《期货从业人员管理办法》，张某参加期货从业人员资格考试，应当符合（　）条件。

A. 具有高中以上文化程度　　B. 年满18周岁

C. 具有完全民事行为能力　　D. 有履行职责所必需的时间和精力

【参考答案】ABC

【答案解析】见《期货从业人员管理办法》第七条规定。

2. 张某通过期货从业人员资格考试后，即可取得（　）颁发的期货从业人员资格考试合格证明。

A. 中国证监会　　B. 中国期货业协会

C. 期货交易所　　D. 财政部

【参考答案】B

【答案解析】见《期货从业人员管理办法》第八条规定。

3. 期货公司为张某办理期货从业人员资格申请，根据《期货从业人员管理办法》的规定，张某应当符合（　）条件。

A. 品行端正，具有良好的职业道德

B. 最近 3 年内未受过刑事处罚或者中国证监会等金融监管机构的行政处罚

C. 最近 3 年内未因违法违规行为被撤销证券、期货期货从业人员资格

D. 未被中国证监会等金融监管机构采取市场禁入措施，或者禁入期已经届满

【参考答案】ABCD

【答案解析】见《期货从业人员管理办法》第十条规定。

4. 张某取得期货期货从业人员资格后，在从业过程中，因其从事的期货业务行为涉嫌违法违规被调查处理。对此，期货公司应当在知悉或者应当知悉张某违法违规被调查处理事项之日起（　　）个工作日内向中国期货业协会报告。

A. 5　　B. 7

C. 10　　D. 20

【参考答案】C

【答案解析】见《期货从业人员管理办法》第二十七条规定。

八、《期货市场客户开户管理规定》通关练习

（一）单项选择题（以下各小题所给出的四个选项中，只有一项最符合题目要求，请将正确选项的代码填入括号内）

1.（　　）负责客户开户管理的具体实施工作。

A. 中国期货保证金监控中心有限责任公司

B. 中国期货业协会

C. 中国证监会

D. 期货交易所

【参考答案】A

【答案解析】见《期货市场客户开户管理规定》第三条规定。

2.（　　）应当建立和维护期货市场客户统一开户系统，对期货公司提交的客户资料进行复核，并将通过复核的客户资料转发给相关期货交易所。

A. 中国期货保证金监控中心有限责任公司

B. 中国期货业协会

C. 中国证监会

D. 各期货公司

【参考答案】A

【答案解析】见《期货市场客户开户管理规定》第四条规定。

3. 期货交易所收到中国期货保证金监控中心有限责任公司转发的客户交易编码申请资料后，根据期货交易所业务规则对客户交易编码进行（　　）。

A. 制作、分配和发放　　　　B. 分配、发放和管理

C. 制作、编码和分配　　　　D. 编码、分配和管理

【参考答案】B

【答案解析】见《期货市场客户开户管理规定》第五条规定。

4. 期货公司为客户申请、注销各期货交易所交易编码，以及修改与交易编

码相关的客户资料，应当统一通过（ ）办理。

A. 中国证监会

B. 期货交易所

C. 期货公司结算部

D. 中国期货保证金监控中心有限责任公司

【参考答案】D

【答案解析】见《期货市场客户开户管理规定》第三条规定。

5. 个人客户应当本人亲自办理开户手续。个人客户的有效身份证明文件为中华人民共和国（ ）。

A. 居民身份证　　B. 驾驶证

C. 护照　　D. 居民身份证、驾驶证、护照

【参考答案】A

【答案解析】见《期货市场客户开户管理规定》第八条规定。

6. 证券公司依法接受期货公司委托协助办理开户手续的，应当将所有开户资料提交（ ）审核开户和存档。

A. 中国期货保证金监控中心有限责任公司

B. 中国期货业协会

C. 中国证监会

D. 期货公司

【参考答案】D

【答案解析】见《期货市场客户开户管理规定》第十一条规定。

7. 期货公司应当按照中国期货保证金监控中心有限责任公司规定的格式要求采集客户影像资料，以（ ）方式在公司总部集中统一保存，并随其他开户材料一并存档备查。

A. 光盘备份　　B. 打印文件

C. 客户签名确认文件　　D. 电子文档

【参考答案】D

【答案解析】见《期货市场客户开户管理规定》第十二条规定。

8. 期货公司应当按照中国期货保证金监控中心有限责任公司规定的格式要求采集并以电子文档方式在（ ）集中统一保存客户影像资料，并随其他开户材料一并存档备查。

A. 公司总部

B. 期货交易所

C. 中国期货保证金监控中心有限责任公司

D. 中国期货业协会

【参考答案】A

【答案解析】见《期货市场客户开户管理规定》第十二条规定。

9. 期货公司为单位客户申请交易编码时，应当按照规定要求向中国期货保证金监控中心有限责任公司提交该单位客户的（　　）扫描件。

A. 组织机构代码证　　B. 营业执照

C. 有效身份证明文件　　D. 单位客户的授权委托书

【参考答案】C

【答案解析】见《期货市场客户开户管理规定》第十五条规定。

10. 期货公司为单位客户申请交易编码时，应当按照规定要求向中国期货保证金监控中心有限责任公司提交该单位客户有效身份证明文件的（　　）。

A. 原件　　B. 扫描件

C. 复印件　　D. 原件和复印件

【参考答案】B

【答案解析】见《期货市场客户开户管理规定》第十五条规定。

11. 中国期货保证金监控中心有限责任公司在复核中发现客户资料和客户交易编码申请表不符合要求，中国期货保证金监控中心有限责任公司应当（　　）。

A. 要求期货公司补齐或更正申请材料

B. 要求申请开户客户补齐或更正申请材料

C. 退回客户交易编码申请，并告知期货公司

D. 退回客户交易编码申请，并拒绝接受再次申请

【参考答案】C

【答案解析】见《期货市场客户开户管理规定》第十八条规定。

12. 当日分配的客户交易编码，期货交易所应当于（　　）允许客户使用。

A. 下发当天　　B. 下一交易日

C. 第三个交易日　　D. 第五个交易日

【参考答案】B

【答案解析】见《期货市场客户开户管理规定》第二十一条规定。

13. 中国期货保证金监控中心有限责任公司和期货交易所在管理中发现客户资料错误的，应当由（　　）统一通知期货公司，由期货公司登录统一开户系统进行修改。

A. 中国证监会

B. 期货交易所

C. 中国期货保证金监控中心有限责任公司

D. 中国期货业协会

【参考答案】C

【答案解析】见《期货市场客户开户管理规定》第二十五条规定。

14. 特殊单位客户的实名制要求及核对应当遵循（　　）的原则，确保特殊单位客户、分户管理资产和期货结算账户对应关系准确。

A. 准确重于实效　　B. 符合实际要求

C. 实质重于形式　　D. 交易便捷可靠

【参考答案】C

【答案解析】见《期货市场客户开户管理规定》第四十二条规定。

（二）多项选择题（以下各小题给出的四个选项中，至少有两个选项符合题目要求，请将符合题目要求选项的代码填入括号内）

1. 为加强期货市场监管，保护客户合法权益，维护期货市场秩序，防范风险，提高市场运行效率，根据（　　）等行政法规和规章，制定本规定。

A.《期货交易管理条例》　　B.《期货交易所管理办法》

C.《期货公司管理办法》　　D.《期货从业人员管理办法》

【参考答案】ABC

【答案解析】见《期货市场客户开户管理规定》第一条规定。

2. 期货公司为客户开立账户，应当对客户开户资料进行审核，确保开户资料（　　）。

A. 真实　　B. 合规

C. 准确　　D. 完整

【参考答案】ABCD

【答案解析】见《期货市场客户开户管理规定》第二条规定。

3. 期货公司为客户（　　）各期货交易所交易编码，以及修改与交易编码相关的客户资料，应当统一通过中国期货保证金监控中心有限责任公司办理。

A. 编制　　B. 申请

C. 注销　　D. 更改

【参考答案】BC

【答案解析】见《期货市场客户开户管理规定》第三条规定。

4. 中国期货保证金监控中心有限责任公司具体实施客户开户管理工作时应

为期货公司办理（　　）。

A. 客户申请各期货交易所交易编码 B. 修改与交易编码相关的客户资料

C. 客户注销各期货交易所交易编码 D. 客户在各期货交易所的席位申请

【参考答案】ABC

【答案解析】见《期货市场客户开户管理规定》第三条规定。

5. 客户开户应当遵守（　　）等实名制要求。

A. 个人客户应当本人亲自办理开户手续，签署开户资料

B. 单位客户应当出具单位客户的授权委托书

C. 期货经纪合同、期货结算账户中客户姓名或者名称与其有效身份证明文件中的姓名或者名称一致

D. 在期货经纪合同及其他开户资料中真实、完整、准确地填写客户资料信息

【参考答案】ABCD

【答案解析】见《期货市场客户开户管理规定》第八条规定。

6. 期货公司在对客户进行实名制审核时，应确保（　　）等开户资料所记载的客户姓名或者名称与其有效身份证明文件中的姓名或者名称一致。

A. 客户交易编码申请表　　B. 期货结算账户登记表

C. 期货经纪合同　　D. 开户须知确认

【参考答案】ABC

【答案解析】见《期货市场客户开户管理规定》第九条规定。

7. 个人客户开户时，期货公司应当实时采集并保存（　　）等影像资料。

A. 头部正面照　　B. 开户代理人头部正面照

C. 身份证正反面扫描件　　D. 开户代理人身份证正反面扫描件

【参考答案】AC

【答案解析】见《期货市场客户开户管理规定》第十条规定。

8. 证券公司依法接受期货公司委托协助办理开户手续的，应当（　　）。

A. 按照《期货市场客户开户管理规定》的要求对照核实客户真实身份

B. 核对客户期货结算账户户名与其有效身份证明文件中姓名或者名称是否一致

C. 采集并留存客户影像资料

D. 将开户资料一并提交期货公司审核开户和存档

【参考答案】ABCD

【答案解析】见《期货市场客户开户管理规定》第十一条规定。

9. 中国期货保证金监控中心有限责任公司对期货公司提交的客户交易编码申请表及其他相关资料进行复核时应满足的标准有（　　）。

A. 客户交易编码申请表内容完整性、格式正确性

B. 个人客户姓名和身份证号码与全国公民身份信息查询服务系统反馈结果的一致性

C. 一般单位客户名称和组织机构代码证号码与全国组织机构代码管理中心反馈结果的一致性

D. 客户姓名或者名称与其期货结算账户户名的一致性，以及其他应当复核的内容

【参考答案】ABCD

【答案解析】见《期货市场客户开户管理规定》第十七条规定。

10. 中国期货保证金监控中心有限责任公司在复核中发现（　　），中国期货保证金监控中心有限责任公司应当退回客户交易编码申请，并告知期货公司。

A. 客户资料不符合实名制要求

B. 客户交易编码申请表及相关资料内容不完整

C. 客户交易编码申请表及相关资料格式不正确

D. 中国证监会规定的其他情形

【参考答案】ABCD

【答案解析】见《期货市场客户开户管理规定》第十八条规定。

11. 中国期货保证金监控中心有限责任公司应当对期货公司报送保证金监控系统与统一开户系统的（　　）进行一致性复核。

A. 客户姓名或者名称　　B. 内部资金账户

C. 期货结算账户　　D. 交易编码

【参考答案】ABCD

【答案解析】见《期货市场客户开户管理规定》第三十条规定。

12. 客户姓名或者名称、有效身份证明文件号码和客户期货结算账户户名之外的客户信息，中国期货保证金监控中心有限责任公司应当根据不同的（　　）分别维护。

A. 期货交易所　　B. 期货合约

C. 期货交易品种　　D. 期货公司

【参考答案】AD

【答案解析】见《期货市场客户开户管理规定》第三十一条规定。

13（　　）依法对期货市场客户开户实行自律管理。

A. 中国期货业协会

B. 期货交易所

C. 中国证监会

D. 中国期货保证金监控中心有限责任公司

【参考答案】AB

【答案解析】见《期货市场客户开户管理规定》第七条规定。

14. 期货公司、证券公司违反开户管理规定的，中国证监会及其派出机构可以采取（　　）等监管或处罚措施。

A. 责令限期整改

B. 监管谈话

C. 出具警示函

D. 暂停开户

【参考答案】ABCD

【答案解析】见《期货市场客户开户管理规定》第三十五条规定。

15. 发现（　　）的情况，中国期货保证金监控中心有限责任公司应当退回客户交易编码申请，并告知期货公司。

A. 客户资料不符合实名制要求

B. 客户交易编码申请表及相关资料内容不完整

C. 客户交易编码申请表及相关资料格式不正确

D. 中国证监会规定的其他情形

【参考答案】ABCD

【答案解析】见《期货市场客户开户管理规定》第十七条、第十八条规定。

16. 客户开户时，期货公司应当实时采集并保存（　　）的影像资料。

A. 个人客户头部正面照和身份证正反面扫描件

B. 单位客户开户代理人头部正面照

C. 单位客户开户代理人身份证正反面扫描件

D. 单位客户有效身份证明文件扫描件

【参考答案】ABCD

【答案解析】见《期货市场客户开户管理规定》第十六条规定。

17. 期货公司对客户开户进行实名制审核的内容包括（　　）。

A. 核实个人客户是否本人亲自开户

B. 核实单位客户是否由经授权的代理人

C. 确保客户交易编码申请表与其有效身份证明文件中的姓名或者名称一致

D. 确保组织机构代码证和营业执照是否真伪

【参考答案】ABC

【答案解析】见《期货市场客户开户管理规定》第九条规定。

18. 单位客户办理期货开户手续，应当出具单位客户的（　　）。

A. 授权委托书

B. 法人身份证

C. 代理人的身份证

D. 组织机构代码证和营业执照

【参考答案】ACD

【答案解析】见《期货市场客户开户管理规定》第八条规定。

（三）判断题（判断以下各小题的正误，正确的填写 A，错误的填写 B）

1. 各期货交易所负责客户开户管理的具体实施工作。（　　）

【参考答案】B

【答案解析】中国期货保证金监控中心有限责任公司负责客户开户管理的具体实施工作。

2. 中国期货保证金监控中心有限责任公司应当建立和维护期货市场客户统一开户系统，对期货公司提交的客户资料进行复核，并将通过复核的客户资料转发给相关期货交易所。（　　）

【参考答案】A

【答案解析】见《期货市场客户开户管理规定》第四条规定。

3. 期货交易所收到中国期货保证金监控中心有限责任公司转发的客户交易编码申请资料后，根据期货交易所业务规则对客户交易编码进行分配、发放和管理，并将各类申请的处理结果通过期货交易系统反馈期货公司。（　　）

【参考答案】B

【答案解析】将各类申请的处理结果通过中国期货保证金监控中心有限责任公司反馈期货公司。

4. 中国期货保证金监控中心有限责任公司应当为每一个客户设立统一开户编码，并建立统一开户编码与客户在各期货交易所交易编码的对应关系。（　　）

【参考答案】A

【答案解析】见《期货市场客户开户管理规定》第六条规定。

5. 单位客户开户时，期货公司应当实时采集并保存客户的影像资料有开户代理人头部正面照、开户代理人身份证正反面扫描件、单位客户有效身份证明文件扫描件。（　　）

【参考答案】A

【答案解析】见《期货市场客户开户管理规定》第十条规定。

6. 期货公司应当按照中国期货保证金监控中心有限责任公司规定的格式要

求采集并以电子文档方式在公司总部集中统一保存客户影像资料，并随其他开户材料一并存档备查。各营业部无须保存所办理的客户开户资料及其影像资料。（　　）

【参考答案】B

【答案解析】各营业部也应当保存所办理的客户开户资料及其影像资料。

7. 期货公司为单位客户申请交易编码时，应当按照规定要求向中国期货保证金监控中心有限责任公司提交该单位客户的有效身份证明文件的原件和复印件。（　　）

【参考答案】B

【答案解析】只需提交该单位客户的有效身份证明文件扫描件。

8. 证券公司、基金管理公司、信托公司和其他金融机构，以及社会保障类公司、合格境外机构投资者等法律、行政法规和规章规定的需要资产分户管理的特殊单位客户，其有效身份证明文件由中国期货保证金监控中心有限责任公司另行规定。（　　）

【参考答案】A

【答案解析】见《期货市场客户开户管理规定》第八条规定。

9. 期货交易所应当将客户交易编码申请的处理结果发送中国期货保证金监控中心有限责任公司，由中国期货保证金监控中心有限责任公司在一周内反馈给期货公司。（　　）

【参考答案】B

【答案解析】由中国期货保证金监控中心有限责任公司当日反馈给期货公司。

10. 期货公司应当登录中国期货保证金监控中心有限责任公司统一开户系统办理客户交易编码的注销。（　　）

【参考答案】A

【答案解析】见《期货市场客户开户管理规定》第二十六条规定。

11. 期货公司应当登录中国期货保证金监控中心有限责任公司统一开户系统办理客户交易编码的注销。期货公司接到期货投资的客户交易编码注销申请后，应当于当日转发给相关期货交易所。（　　）

【参考答案】B

【答案解析】中国期货保证金监控中心有限责任公司接到期货公司的客户交易编码注销申请后，应当于当日转发给相关期货交易所。

12. 期货交易所注销客户交易编码的，应当于注销当日通知中国期货保证金监控中心有限责任公司，中国期货保证金监控中心有限责任公司据此通知期货公司。（　　）

【参考答案】A

【答案解析】见《期货市场客户开户管理规定》第二十八条规定。

13. 期货公司会员号变更、会员分级结算关系变更、会员资格转让或者交易编码申请权限受到期货交易所限制时，期货公司应当将有关情况及时通知中国期货保证金监控中心有限责任公司。（　　）

【参考答案】B

【答案解析】由期货交易所将有关情况及时通知中国期货保证金监控中心有限责任公司。

（四）综合题（以下各小题给出的四个选项中，至少有一项符合题目要求，请将符合题目要求选项的代码填入括号内）

阅读材料，回答 1～2 题。

某投资公司选择 A 期货公司开立期货账户，申请开立交易编码。由于两公司相距遥远，该投资公司要求期货公司将开户文件以快递方式邮寄过来。为了表示开户的真实性，该投资公司将整个开户过程全程录像后，连同填写好的开户文件和录像一并邮寄给期货公司。

1. 该投资公司办理开户手续时，下列说法中正确的有（　　）。

A. 出具单位客户的授权委托书

B. 出具代理人的身份证和其他开户证件

C. 其有效身份证明文件为组织机构代码证和营业执照

D. 不用出具单位客户的授权委托书

【参考答案】ABC

【答案解析】见《期货市场客户开户管理规定》第八条规定。

2. 该投资公司在办理开户时，期货公司应当实时采集并保存（　　）的影像资料。

A. 单位客户开户代理人头部正面照

B. 开户代理人身份证正反面扫描件

C. 单位客户有效身份证明文件扫描件

D. 公司开户代理人的开户录音

【参考答案】ABC

【答案解析】见《期货市场客户开户管理规定》第十条规定。

九、《期货公司期货投资咨询业务试行办法》通关练习

（一）单项选择题（在以下各小题所给出的四个选项中，只有一个选项符合题目要求，请将正确选项的代码填入括号中）

1. 期货公司从事期货投资咨询业务，应当经（　　）批准取得期货投资咨询业务资格。

A. 中国期货业协会　　B. 中国证监会

C. 期货公司所在地证监局　　D. 中国证监会派出机构

【参考答案】B

【答案解析】见《期货公司期货投资咨询业务试行办法》第三条规定。

2. 下列（　　）情况不属于期货公司受客户委托从事期货投资咨询业务的合法活动。

A. 为客户设计套期保值、套利等投资方案

B. 研究分析期货市场及相关现货市场的价格及其相关影响因素

C. 帮助客户拟定期货交易策略，并代客户进行期货投资交易

D. 提供风险管理咨询、专项培训等风险管理顾问服务

【参考答案】C

【答案解析】见《期货公司期货投资咨询业务试行办法》第二条规定。

3. 下列（　　）不符合期货公司申请从事期货投资咨询业务应当具备的条件要求。

A. 注册资本不低于人民币 1 亿元，且净资本不低于人民币 8 000 万元

B. 具有 3 年以上期货从业经历并取得期货投资咨询从业资格的高级管理人员不少于 1 名

C. 近 3 年内未因违法违规经营受到行政、刑事处罚，且不存在因涉嫌重大违法违规正被有权机关调查的情形

D. 具有 3 年以上期货从业经历并取得期货投资咨询从业资格的业务人员不少于 5 名

【参考答案】D

【答案解析】具有 2 年以上期货从业经历并取得期货投资咨询从业资格的业务人员不少于 5 名。

4. 中国证监会自受理期货公司期货投资咨询业务资格申请之日起（　　）个月内做出批准或者不予批准的决定。

A. 1　　B. 2

C. 3　　D. 6

【参考答案】B

【答案解析】见《期货公司期货投资咨询业务试行办法》第八条规定。

5. 下列（　　）不属于期货公司及其从业人员应当遵循的业务规则。

A. 具备专业技能，谨慎、勤勉、尽责地为客户提供期货投资咨询服务

B. 保守客户的商业秘密

C. 在开展期货投资咨询服务时，接受客户委托代为从事期货交易

D. 维护客户合法权益

【参考答案】C

【答案解析】见《期货公司期货投资咨询业务试行办法》第十条、第十三条规定。

期货投资咨询业务人员在开展期货投资咨询服务时，不得接受客户委托代为从事期货交易。

6. （　　）等信息不属于期货公司按照有关规定应当公示的信息内容。

A. 咨询服务收费标准　　B. 业务资格

C. 从业人员资格　　D. 服务内容和投诉方式

【参考答案】A

【答案解析】见《期货公司期货投资咨询业务试行办法》第十一条规定。

7. 期货公司应当建立研究分析报告相关机制，其中包括（　　）。

A. 广泛了解各种期货交易小道信息，并撰写研究分析报告

B. 对研究分析报告、资讯信息的使用进行审阅和合规检查

C. 研究人员必须提交季度和半年期研究分析报告

D. 鼓励研究人员利用各种渠道获得信息

【参考答案】B

【答案解析】见《期货公司期货投资咨询业务试行办法》第十七条规定。

8.（　）不能作为期货公司提供投资方案或者期货交易策略依据。

A. 本公司的研究报告　　　　B. 合法取得的研究报告

C. 相关行业信息资料　　　　D. 未公开发布的各种渠道信息

【参考答案】D

【答案解析】见《期货公司期货投资咨询业务试行办法》第十九条规定。

9. 期货投资咨询业务人员应当（　）开展期货投资咨询业务活动。

A. 以个体名义

B. 以期货公司名义

C. 直接接受公司总部专门部门的管理，相对独立于本公司的其他专业人员

D. 代理客户交易

【参考答案】B

【答案解析】见《期货公司期货投资咨询业务试行办法》第二十六条规定。

10. 在开展期货信息传播活动前，期货公司及其从业人员应当向（　）备案。

A. 中国证监会　　　　B. 中国证监会派出机构

C. 期货交易所　　　　D. 中国期货业协会

【参考答案】B

【答案解析】见《期货公司期货投资咨询业务试行办法》第三十四条规定。

（二）多项选择题（以下各小题给出的四个选项中，至少有两项符合题目要求，请将符合题目要求选项的代码填入括号中）

1. 期货公司期货投资咨询业务是指期货公司基于客户委托从事的（　）营利性活动。

A. 协助客户建立风险管理制度、操作流程，提供风险管理咨询、专项培训等风险管理顾问服务

B. 收集整理期货市场信息及各类相关经济信息，研究分析期货市场及相关现货市场的价格及其相关影响因素，制作、提供研究分析报告或者资讯信息的研究分析服务

C. 为客户设计套期保值、套利等投资方案，拟定期货交易策略等交易咨询服务

D. 中国证监会规定的其他活动

【参考答案】ABCD

【答案解析】见《期货公司期货投资咨询业务试行办法》第二条规定。

2. 期货公司从事期货投资咨询业务需要具备的资格是（　　）。

A. 经中国证监会批准取得期货投资咨询业务资格

B. 从事期货投资咨询业务的人员具备5年以上期货投资咨询业务从业经验

C. 从事期货投资咨询业务的人员取得期货投资咨询业务从业资格

D. 注册资本不低于1亿元人民币

【参考答案】AC

【答案解析】见《期货公司期货投资咨询业务试行办法》第三条规定。

3.（　　）等有关期货投资咨询业务从业人员管理的工作由中国期货业协会负责。

A. 资格考试　　B. 资格认定

C. 日常管理　　D. 制定相关自律管理办法

【参考答案】ABCD

【答案解析】见《期货公司期货投资咨询业务试行办法》第五条、第九条规定。

4. 在（　　）情况下，期货公司及其从业人员应当遵守的业务规则。

A. 保守客户的商业秘密

B. 定期为客户提供各种渠道得来的研究分析报告或者资讯信息的研究分析

C. 维护客户合法权益

D. 以专业的技能，谨慎、勤勉、尽责地为客户提供期货投资咨询服务

【参考答案】ACD

【答案解析】见《期货公司期货投资咨询业务试行办法》第十条规定。

5. 按照信息公示有关规定，期货公司应当在（　　）公示公司的业务资格、从业人员情况等相关信息。

A. 中国证监会网站　　B. 公司网站

C. 中国期货业协会网站　　D. 营业场所

【参考答案】BCD

【答案解析】见《期货公司期货投资咨询业务试行办法》第十一条规定。

6. 期货公司及其从业人员在开展期货投资咨询服务时，不得从事的行为有（　　）。

A. 向客户做出获利保证，或者约定分享收益或共担风险

B. 以虚假信息、市场传言或者内幕信息为依据向客户提供期货投资咨询服务

C. 利用期货投资咨询活动操纵期货交易价格、进行内幕交易

D. 接受客户委托代为从事期货交易

【参考答案】ABCD

【答案解析】见《期货公司期货投资咨询业务试行办法》第十三条规定。

7. 期货公司提供研究分析服务时应（　　）。

A. 建立研究分析报告和资讯信息的审阅、管理及使用机制，对研究分析报告、资讯信息的使用进行审阅和合规检查

B. 采取有效措施，保证研究分析人员独立形成研究分析意见和结论

C. 防止研究分析人员以及公司内部其他人员利用研究报告、资讯信息为自身及其他利益相关方谋取不当利益

D. 建立相关规章制度，明确相关研究人员要定期做出研究分析报告，报告期限一般为半年

【参考答案】ABC

【答案解析】见《期货公司期货投资咨询业务试行办法》第十七条规定。

8. 期货公司提供交易咨询服务时应当（　　）。

A. 避免以研究人员个人角度形成独立意见

B. 提示潜在的市场变化和投资风险

C. 向客户明示有无利益冲突

D. 就市场行情做出肯定判断

【参考答案】BC

【答案解析】见《期货公司期货投资咨询业务试行办法》第十九条规定。

9. 期货公司提供的投资方案或者期货交易策略应当以（　　）为主要依据。

A. 各个公司的研究资料　　B. 合法取得的研究报告

C. 相关行业信息资料　　D. 公开发布的相关信息

【参考答案】BCD

【答案解析】见《期货公司期货投资咨询业务试行办法》第十九条规定。

10. 期货公司应按照中国证监会规定年限和要求妥善保存的有（　　）。

A. 期货投资咨询业务的风险揭示书

B. 风险管理意见

C. 研究分析报告和交易咨询建议

D. 期货交易软件或者终端设备说明等业务材料

【参考答案】ABCD

【答案解析】见《期货公司期货投资咨询业务试行办法》第二十一条规定。

11. 期货公司及其从业人员与客户之间可能发生利益冲突的，或不同客户之

间存在利益冲突的，应当遵循（　　）原则予以处理。

A. 公司利益优先　　B. 客户利益优先

C. 大客户优先　　D. 公平对待

【参考答案】BD

【答案解析】见《期货公司期货投资咨询业务试行办法》第二十四条规定。

12. 期货投资咨询业务人员应当与（　　）等业务人员岗位独立，职责分离。

A. 交易　　B. 结算和财务

C. 风险控制　　D. 技术

【参考答案】ABCD

【答案解析】见《期货公司期货投资咨询业务试行办法》第二十七条规定。

13. 期货公司未取得规定资格从事期货投资咨询业务活动的，或者任用不具备相应资格的人员从事期货投资咨询业务活动的，可（　　）。

A. 责令改正

B. 给予警告，没收违法所得，并处违法所得 1 倍以上 3 倍以下的罚款

C. 没有违法所得或者违法所得不满 10 万元的，并处 10 万元以上 30 万元以下的罚款

D. 情节严重的，责令停业整顿或者吊销期货业务许可证

【参考答案】ABCD

【答案解析】见《期货公司期货投资咨询业务试行办法》第三十一条规定和《期货交易管理条例》第六十六条规定。

14. 期货公司及其从业人员通过报刊、电视、电台和网络等公共媒体开展期货行情分析等信息传播活动的，应当（　　）。

A. 向中国证监会提出申请并得到书面许可

B. 取得期货投资咨询业务资格或从业资格

C. 遵守金融信息传播相关规定，保护他人的知识产权

D. 在开展期货信息传播活动前向住所地的中国证监会派出机构备案

【参考答案】ACD

【答案解析】见《期货公司期货投资咨询业务试行办法》第三十四条规定。

15. 下列业务中，由期货业协会负责的是（　　）。

A. 确定期货投资咨询服务合同指引和风险揭示书格式

B. 对期货公司及其从业人员从事期货投资咨询业务实行自律管理

C. 制定期货投资咨询业务相关自律管理办法

D. 时常对期货公司期货投资咨询业务进行检查并依法进行处理

【参考答案】ABC

【答案解析】见《期货公司期货投资咨询业务试行办法》第五条、第九条、第十五条规定。

（三）判断题（判断以下各小题的正误，正确的填写 A，错误的填写 B）

1. 期货公司从事期货投资咨询业务，应当经中国期货业协会批准取得期货投资咨询业务资格。（ ）

【参考答案】B

【答案解析】应当经中国证监会批准取得期货投资咨询业务资格；期货公司从事期货投资咨询业务的人员应当取得期货投资咨询业务从业资格。

2. 期货公司可以为客户设计套期保值、套利等投资方案，拟定期货交易策略，并受客户委托代其从事期货交易。（ ）

【参考答案】B

【答案解析】不得接受客户委托代其从事期货交易。

3. 期货公司及其从业人员从事期货投资咨询业务时应严格遵守有关法律法规规定，本着公司利润最大化的原则，公平对待客户，避免利益冲突。（ ）

【参考答案】B

【答案解析】应当遵循客户利益优先的原则。

4. 中国证监会及其派出机构对从事期货投资咨询业务的期货公司及其从业人员实行自律管理。（ ）

【参考答案】B

【答案解析】中国期货业协会对期货公司及其从业人员从事期货投资咨询业务实行自律管理。

5. 期货公司申请期货投资咨询业务资格，应当提交经审计的季度财务报告。（ ）

【参考答案】B

【答案解析】提交经具有证券、期货相关业务资格的会计师事务所审计的前一年度财务报告；申请日在下半年的，还应当提供经审计的半年度财务报告。

6. 中国证监会只负责期货投资咨询业务从业人员的资格考试、资格认定、日常管理等相关工作，相关自律管理办法由中国期货业协会制定。（ ）

【参考答案】B

【答案解析】中国期货业协会对期货公司及其从业人员从事期货投资咨询业

务实行自律管理。

7. 从事期货投资咨询业务，期货公司应当与客户签订期货投资咨询服务合同，明确约定服务的具体内容、获利保证和相关费用标准等事项。 （ ）

【参考答案】B

【答案解析】不得有获利保证。

8. 期货公司提供研究分析服务时，应当按照客户投资数额的多少，将客户分成大客户、普通客户等，并有针对性地分别向其提供个性化服务，同时采取有效措施，保证研究分析人员独立形成研究分析意见和结论。 （ ）

【参考答案】B

【答案解析】见《期货公司期货投资咨询业务试行办法》第十七条规定，期货公司提供研究分析服务时，应当公平对待委托客户，并采取有效措施，保证研究分析人员独立形成研究分析意见和结论。

9. 期货公司营业部应当在公司总部的统一管理下对外提供期货投资咨询服务。 （ ）

【参考答案】A

【答案解析】见《期货公司期货投资咨询业务试行办法》第二十五条规定。

10. 期货投资咨询业务人员应当以期货公司名义开展期货投资咨询业务活动，取得期货投资咨询从业资格的业务人员也可以个人名义为客户提供期货投资咨询服务。 （ ）

【参考答案】B

【答案解析】不得以个人名义为客户提供期货投资咨询服务。

（四）综合题（以下各小题给出的四个选项中，至少有一项符合题目要求，请将符合题目要求选项的代码填入括号内）

阅读材料，回答 1～2 题。

某期货公司成立了投资咨询部，任命张某为部门经理。张经理也同时指定本部门已获得期货投资咨询业务资格的梁某负责某企业的套期保值咨询服务工作。一次，在为客户制订期货套期保值投资方案过程中，梁某从公司出市代表那里秘密获悉该期货品种的市场主力空头因各种原因，交割可能会发生困难，市场上注册仓单很少，于是梁某向该企业法定代表人建议改卖出套保为单边买进投机，参与“逼空”，并承诺本次期货投资包赚不赔，但要求得到纯利的10%提成。企业听信后同意了梁某的提成要求，并很快投入500万元进行期货投机交易，将交易密码告诉梁某，由梁某代为下单买入。与此同时，梁某还让其丈母娘在另一家期货公司开了一个个人账户并打入20万元资金，交梁某做老鼠仓盘。此外，梁某还打电话将企业的资金和头寸告诉自己的好友小王，让他也跟做一把。不久，梁某操作的企业账户就亏损了100万元。由于心虚，梁某未向企业领导汇报真实交易情况，反而谎称盈利。后来副总经理在查询账单时发现了真实情况，便向梁某质问，梁某竟不辞而别，不知去向。企业无奈向期货公司提出索赔，期货公司只得赔偿该企业的部分损失。

这家期货公司具有券商背景，事发后引起兼任期货公司董事长的证券公司经纪事业总部总经理的不满，最后张经理被免职。董事长提议："让证券公司经纪事业总部的小李到期货公司投资咨询部当经理吧。小李虽是学营销的，也没接触过期货工作，但组织能力挺强的，而且也肯钻研，才来公司一年就获得了期货从业资格，可以边干边学嘛！"

1. 梁某在整个事件过程中有（　　）处违反了期货投资咨询从业人员的执业纪律和职业道德规范。

A. 5　　B. 6

C. 7　　D. 8

【参考答案】D

【答案解析】梁某在整个事件过程中有8处违规。一是将未公开信息泄露、传递、暗示给他人或据以建议客户进行期货交易；二是投资及建议的不适宜性，将企业的套期保值行为转变为恶性投机行为；三是违反公开、公平、公正原则，与客户私下达成分成协议；四是接受客户全权委托，违反信托责任原则；五是做老鼠仓盘；六是泄露客户机密；七是欺骗客户，违反诚实信用原则；八是不敢承担责任，违反职业道德。

2. 董事长以上说法有（　　）处不妥。

A. 1　　B. 2

C. 3　　D. 4

【参考答案】B

【答案解析】董事长关于"让证券公司经纪事业总部的小李到期货公司投资咨询部当经理……可以边干边学"的说法是不正确的，理由一是从事期货投资咨询业务的人员，必须取得期货投资咨询业务从业资格证书；二是还应当具备从事期货工作2年以上经历。

十、《期货公司金融期货结算业务试行办法》通关练习

（一）单项选择题（以下各小题所给出的四个选项中，只有一项最符合题目要求，请将正确选项的代码填入括号内）

1. 为了规范期货公司金融期货结算业务，维护期货市场秩序，防范风险，根据（　　）制定本办法。

A.《期货从业人员管理办法》　　B.《期货交易管理条例》

C.《期货从业人员执业行为准则》　　D.《期货公司监督管理办法》

【参考答案】B

【答案解析】见《期货公司金融期货结算业务试行办法》第一条规定。

2.《期货公司金融期货结算业务试行办法》所称期货公司金融期货结算业务，是指期货公司作为实行（　　）的金融期货交易所的结算会员，依据《期货公司金融期货结算业务试行办法》规定从事的结算业务活动。

A. 会员统一结算制度　　B. 每日无负债结算制度

C. 会员分级结算制度　　D. 保证金结算制度

【参考答案】C

【答案解析】见《期货公司金融期货结算业务试行办法》第二条规定。

3. 下面说法正确的是（　　）。

A. 全面结算会员期货公司可以受托为客户办理金融期货结算业务，不得接受非结算会员的委托为其办理金融期货结算业务

B. 交易结算会员期货公司可以受托为客户办理金融期货结算业务，也可以接受非结算会员的委托为其办理金融期货结算业务

C. 全面结算会员期货公司可以受托为其客户以及非结算会员办理金融期货结算业务

D. 交易结算会员期货公司为非结算会员结算，应当签订结算协议

【参考答案】C

【答案解析】见《期货公司金融期货结算业务试行办法》第五条、第六条、第七条规定。

4.（　）依法对期货公司的金融期货结算业务实行自律管理。

A. 中国期货业协会　　B. 中国证监会

C. 期货保证金监控中心　　D. 中国证监会期货部

【参考答案】A

【答案解析】见《期货公司金融期货结算业务试行办法》第四条规定。

5. 交易结算会员期货公司不得接受（　）的委托为其办理金融期货结算业务。

A. 非结算会员　　B. 交易会员

C. 客户　　D. 投资者

【参考答案】A

【答案解析】见《期货公司金融期货结算业务试行办法》第五条规定。

6. 全面结算会员期货公司可以受托为其客户以及（　）办理金融期货结算业务。

A. 非结算会员　　B. 一般结算会员

C. 特别结算会员　　D. 全面结算会员

【参考答案】A

【答案解析】见《期货公司金融期货结算业务试行办法》第六条规定。

7. 非结算会员的客户申请或者注销其交易编码的，由非结算会员按（　）规定办理。

A. 中国期货业协会　　B. 期货公司

C. 期货交易所　　D. 中国证监会

【参考答案】C

【答案解析】见《期货公司金融期货结算业务试行办法》第八条规定。

8. 非结算会员下达的交易指令应当经全面结算会员期货公司审查或者验证后进入（　）。

A. 期货交易所　　B. 证券交易所

C. 证券公司　　D. 期货公司

【参考答案】A

【答案解析】见《期货公司金融期货结算业务试行办法》第九条规定。

9. 全面结算会员期货公司的期货保证金账户应当与（　）相互独立、分别管理。

A. 非结算会员保证金账户　　B. 个人客户保证金账户
C. 特别结算会员保证金账户　　D. 其自有资金账户

【参考答案】D

【答案解析】见《期货公司金融期货结算业务试行办法》第十一条规定。

10. 全面结算会员期货公司应当按照期货交易所的规定，建立并执行对非结算会员的（　　）。

A. 持仓制度　　B. 交易制度
C. 限仓制度　　D. 保证金制度

【参考答案】C

【答案解析】见《期货公司金融期货结算业务试行办法》第二十二条规定。

11. 全面结算会员期货公司应当按规定向（　　）报送非结算会员及非结算会员客户的相关信息。

A. 期货保证金安全存管监控机构　　B. 中国证监会期货部
C. 期货交易所　　D. 中国期货业协会

【参考答案】A

【答案解析】见《期货公司金融期货结算业务试行办法》第三十四条规定。

12. 非结算会员向期货交易所支付的手续费，由（　　）从全面结算会员期货公司期货保证金账户中划拨。

A. 银行　　B. 期货公司
C. 期货交易所　　D. 中国证监会

【参考答案】C

【答案解析】见《期货公司金融期货结算业务试行办法》第十七条规定。

13. 全面结算会员期货公司应当按照（　　）的规定，建立并执行对非结算会员的限仓制度。

A. 期货公司　　B. 期货保证金监控中心
C. 期货交易所　　D. 中国证监会

【参考答案】C

【答案解析】见《期货公司金融期货结算业务试行办法》第二十二条规定，全面结算会员期货公司应当按照期货交易所的规定，建立并执行对非结算会员的限仓制度。

14. 期货交易所开市前，非结算会员结算准备金余额（　　）规定或者约定最低余额的，全面结算会员期货公司应当禁止其开仓。

A. 高于　　B. 低于

C. 等于　　D. 不等于

【参考答案】B

【答案解析】见《期货公司金融期货结算业务试行办法》第二十六条规定。

15. 非结算会员的结算准备金余额（　　），并未能在约定时间内补足的，全面结算会员期货公司应当按照约定的原则和措施对非结算会员或者其客户的持仓强行平仓。

A. 大于零　　B. 小于零

C. 等于零　　D. 不等于零

【参考答案】B

【答案解析】见《期货公司金融期货结算业务试行办法》第二十五条规定。

16. 非结算会员的结算准备金余额（　　）规定或者约定最低余额的，应当及时追加保证金或者自行平仓。

A. 低于　　B. 高于

C. 等于　　D. 不等于

【参考答案】A

【答案解析】见《期货公司金融期货结算业务试行办法》第二十四条规定。

17. 非结算会员客户的持仓达到期货交易所规定的持仓报告标准的，客户应当通过非结算会员向（　　）报告。

A. 银行　　B. 期货公司

C. 期货交易所　　D. 中国证监会

【参考答案】C

【答案解析】见《期货公司金融期货结算业务试行办法》第二十三条规定。

18. 非结算会员下达的交易指令应当经（　　）审查或者验证后进入期货交易所。

A. 全面结算会员期货公司　　B. 交易结算会员期货公司

C. 中国期货业协会　　D. 中国证监会

【参考答案】A

【答案解析】见《期货公司金融期货结算业务试行办法》第九条规定。

19. 下面说法错误的是（　　）。

A. 全面结算会员期货公司可以受托为其客户以及非结算会员办理金融期货结算业务

B. 非结算会员是期货公司的，其与全面结算会员期货公司期货业务资金往

来，需要通过统一的期货保证金账户办理，不得通过各自的期货保证金账户办理

C. 全面结算会员期货公司的期货保证金账户应当与其自有资金账户相互独立、分别管理

D. 全面结算会员期货公司应当为每个非结算会员开立一个内部专门账户

【参考答案】B

【答案解析】见《期货公司金融期货结算业务试行办法》第六条、第十二条、第十一条规定。

20. 下面说法错误的是（　　）。

A. 全面结算会员期货公司向非结算会员收取的保证金除用于其客户和非结算会员的期货交易外，任何机构或者个人不得占用、挪用

B. 非结算会员向客户收取的保证金属于客户所有，除用于客户的期货交易外，任何机构或者个人不得占用、挪用

C. 全面结算会员期货公司应当在期货保证金存管银行开设期货保证金账户，用于存放其客户和非结算会员的保证金

D. 非结算会员对委托回报和成交结果有异议的，应当及时向全面结算会员期货公司和期货交易所提出

【参考答案】A

【答案解析】见《期货公司金融期货结算业务试行办法》第十三条、第十一条、第二十条规定。

21. 下面说法正确的是（　　）。

A. 结算准备金最低余额应当由非结算会员以自有资金向全面结算会员期货公司缴纳

B. 结算准备金最低余额应当由结算会员以自有资金向全面结算会员期货公司缴纳

C. 结算准备金最低余额应当由非结算会员以自有资金向交易结算会员期货公司缴纳

D. 结算准备金最低余额应当由结算会员以自有资金向交易结算会员期货公司缴纳

【参考答案】A

【答案解析】见《期货公司金融期货结算业务试行办法》第十四条规定。

22. 下列说法正确的是（　　）。

A. 交易结算会员期货公司应当按照结算协议约定的保证金标准向非结算会员收取保证金

B. 全面结算会员期货公司应当按照结算协议约定的保证金标准向非结算会员收取保证金

C. 全面结算会员期货公司应当按照结算协议约定的保证金标准向其客户和非结算会员收取保证金

D. 交易结算会员公司和全面结算会员期货公司均不收取保证金

【参考答案】B

【答案解析】见《期货公司金融期货结算业务试行办法》第十五条规定。

23. 全面结算会员期货公司应当按照（　　）向非结算会员收取保证金。

A. 结算协议约定的保证金标准　　B. 统一标准

C. 期货交易所规定的保证金标准　　D. 中国期货业协会规定的保证金标准

【参考答案】A

【答案解析】见《期货公司金融期货结算业务试行办法》第十五条规定。

24. 全面结算会员期货公司向非结算会员收取的保证金，不得低于（　　）向全面结算会员期货公司收取的保证金标准。

A. 期货保证金安全存管监控机构　　B. 中国证监会

C. 中国期货业协会　　D. 期货交易所

【参考答案】D

【答案解析】见《期货公司金融期货结算业务试行办法》第十五条规定。

25. 非结算会员对交易结算报告的内容有异议的，应当在结算协议约定的时间内以（　　）形式向全面结算会员期货公司提出异议。

A. 书面　　B. 电话

C. 微信　　D. 互联网

【参考答案】A

【答案解析】见《期货公司金融期货结算业务试行办法》第二十条规定。

26. 非结算会员对交易结算报告的内容有异议的，应当在（　　）书面向全面结算会员期货公司提出异议。

A. 期货交易所规定的时间内　　B. 期货公司规定的时间内

C. 结算协议约定的时间内　　D. 任意时间

【参考答案】C

【答案解析】见《期货公司金融期货结算业务试行办法》第二十条规定。

27. 全面结算会员期货公司调整非结算会员结算准备金最低余额的，应当在（　　）向期货交易所和期货保证金安全存管监控机构报告。

A. 次日结算后　　B. 三日内

C. 当日结算前　　D. 当日结算后

【参考答案】C

【答案解析】见《期货公司金融期货结算业务试行办法》第三十三条规定。

（二）多项选择题（以下各小题给出的四个选项中，至少有两个选项符合题目要求，请将符合题目要求选项的代码填入括号内）

1.（　　）依法对期货公司的金融期货结算业务实行自律管理。

A. 中国期货业协会　　B. 中国证监会

C. 期货交易所　　D. 期货保证金监控中心

【参考答案】AC

【答案解析】见《期货公司金融期货结算业务试行办法》第四条规定。

2. 下面说法正确的是（　　）。

A. 全面结算会员期货公司应当为每个非结算会员开立一个内部专门账户，明细核算

B. 全面结算会员期货公司应当在期货保证金存管银行开设期货保证金账户，用于存放其客户和非结算会员的保证金

C. 非结算会员的客户出入金，只能通过非结算会员的期货保证金账户办理

D. 非结算会员是期货公司的，其与全面结算会员期货公司期货业务资金往来，只能通过各自的期货保证金账户办理

【参考答案】ABCD

【答案解析】见《金融期货结算业务试行办法》第十一条、第十二条规定。

3. 全面结算会员期货公司对非结算会员的所有结算科目的（　　）与期货交易所保持一致。

A. 内容　　B. 格式

C. 处理方式　　D. 处理日期

【参考答案】ABCD

【答案解析】见《期货公司金融期货结算业务试行办法》第十六条规定。

4. 非结算会员（　　）查询交易结算报告。

A. 应当按照结算协议约定的时间　　B. 应当按照结算协议约定的方式

C. 应当按照期货交易所规定的时间　　D. 随时可以

【参考答案】AB

【答案解析】见《期货公司金融期货结算业务试行办法》第十九条规定。

5. 全面结算会员期货公司应当按照（　　）规定，建立对非结算会员的保

证金管理制度。

A. 中国证监会　　B. 中国期货业协会

C. 期货保证金安全存管监控机构　　D. 期货交易所

【参考答案】AD

【答案解析】见《期货公司金融期货结算业务试行办法》第二十一条规定。

6. 全面结算会员期货公司可以根据（　　）调整保证金标准。

A. 非结算会员的资信

B. 市场情况

C. 期货保证金安全存管监控机构的规定

D. 中国证监会的规定

【参考答案】AB

【答案解析】见《期货公司金融期货结算业务试行办法》第二十一条规定。

7. 下面说法正确的是（　　）。

A. 非结算会员客户的持仓达到期货交易所规定的持仓报告标准的，客户应当通过非结算会员向期货交易所报告

B. 非结算会员的结算准备金余额低于规定或者约定最低余额的，应当及时追加保证金或者自行平仓

C. 非结算会员未在结算协议约定的时间内追加保证金或者自行平仓的，全面结算会员期货公司有权对该非结算会员的持仓强行平仓

D. 非结算会员的结算准备金余额小于零并未能在约定时间内补足的，全面结算会员期货公司应当按照约定的原则和措施对非结算会员或者其客户的持仓强行平仓

【参考答案】ABCD

【答案解析】见《金融期货结算业务试行办法》第二十三条、第二十四条、第二十五条规定。

8. 非结算会员在期货交易中违约的，（　　）。

A. 全面结算会员期货公司可以以该非结算会员的保证金承担该非结算会员的违约责任

B. 保证金不足的，全面结算会员期货公司可以以风险准备金代为承担违约责任

C. 保证金不足的，全面结算会员期货公司可以以自有资金代为承担违约责任

D. 全面结算会员期货公司可以取得对该非结算会员的相应追偿权

【参考答案】ABCD

【答案解析】见《金融期货结算业务试行办法》第二十七条规定。

9. 下面说法正确的是（　　）。

A. 全面结算会员期货公司应当以自有资金向期货交易所缴纳结算担保金

B. 交易结算会员期货公司应当以自有资金向期货交易所缴纳结算担保金

C. 全面结算会员期货公司不得向非结算会员收取结算担保金

D. 全面结算会员期货公司应向非结算会员收取结算担保金

【参考答案】ABC

【答案解析】见《期货公司金融期货结算业务试行办法》第三十条规定。

10. 下面关于全面结算会员期货公司说法正确的是（　　）。

A. 全面结算会员期货公司应当建立并实施风险管理、内部控制等制度，保证金融期货结算业务正常进行，确保非结算会员及其客户资金安全

B. 全面结算会员期货公司应当谨慎、勤勉地办理金融期货结算业务，控制金融期货结算业务风险

C. 全面结算会员期货公司应建立金融期货结算业务风险隔离机制和保密制度，平等对待本公司客户、非结算会员及其客户，防范利益冲突，不得利用结算业务关系及由此获得的信息损害非结算会员及其客户的合法权益

D. 全面结算会员期货公司应向非结算会员收取结算担保金，非结算会员应当谨慎、勤勉地控制其客户交易风险，不得利用结算业务关系损害为其结算的全面结算会员期货公司及其客户的合法权益

【参考答案】ABC

【答案解析】全面结算会员期货公司不得向非结算会员收取结算担保金。

11. 全面结算会员期货公司可以受托为（　　）办理金融期货结算业务。

A. 客户　　B. 非结算会员

C. 结算会员　　D. 特别结算会员

【参考答案】AC

【答案解析】见《期货公司金融期货结算业务试行办法》第六条规定。

12. 全面结算会员期货公司为非结算会员结算，应当签订结算协议，内容应当包括（　　）。

A. 保证金标准　　B. 结算流程

C. 违约责任　　D. 争议处理方式

【参考答案】ABCD

【答案解析】见《期货公司金融期货结算业务试行办法》第七条规定。

13. 包括（　　）等条款属于全面结算会员期货公司为非结算会员结算应当签订结算协议的内容。

A. 交易指令下达方式　　B. 风险管理措施

C. 协议变更和解除　　D. 非结算会员结算准备金最低余额

【参考答案】ABCD

【答案解析】见《期货公司金融期货结算业务试行办法》第七条规定。

14. 非结算会员下达的交易指令进入期货交易所后，期货交易所应当及时将委托回报和成交结果反馈给（　　）。

A. 全面结算会员期货公司　　B. 非结算会员

C. 特别结算会员期货公司　　D. 客户

【参考答案】AB

【答案解析】见《期货公司金融期货结算业务试行办法》第十条规定。

15. 非结算会员对委托回报和成交结果有异议的，应当及时向（　　）提出。

A. 全面结算会员期货公司　　B. 特别结算会员期货公司

C. 期货交易所　　D. 客户

【参考答案】AC

【答案解析】见《期货公司金融期货结算业务试行办法》第十条规定。

16. 全面结算会员期货公司应当在期货保证金存管银行开设期货保证金账户，用于存放其（　　）的保证金。

A. 客户　　B. 特别结算会员期货公司

C. 期货交易所　　D. 非结算会员

【参考答案】AD

【答案解析】见《期货公司金融期货结算业务试行办法》第十一条规定。

17. 全面结算会员期货公司的期货保证金账户应当与其自有资金账户（　　）。

A. 相互独立　　B. 统一管理

C. 合并　　D. 分别管理

【参考答案】AD

【答案解析】见《期货公司金融期货结算业务试行办法》第十一条规定。

18. 全面结算会员期货公司和非结算会员在结算协议中约定全面结算会员期货公司的期货保证金账户中非结算会员结算准备金最低余额的，应当符合（　　）的有关规定。

A. 中国证监会　　B. 中国期货保证金监控中心

C. 期货交易所　　D. 中国期货业协会

【参考答案】AC

【答案解析】见《期货公司金融期货结算业务试行办法》第十四条规定。

19. 全面结算会员期货公司应当确保交易结算报告（　　）。

A. 真实　　B. 准确

C. 完整　　D. 公开

【参考答案】ABC

【答案解析】见《期货公司金融期货结算业务试行办法》第十六条规定。

20. 除下列（　　）情形外，全面结算会员期货公司不得划转非结算会员保证金。

A. 依据非结算会员的要求支付可用资金

B. 收取非结算会员应当交存的保证金

C. 收取非结算会员应当支付的手续费、税款及其他费用

D. 双方约定且不违反法律、行政法规规定的其他情形

【参考答案】ABCD

【答案解析】见《期货公司金融期货结算业务试行办法》第十八条规定。

21. 非结算会员的结算准备金余额小于零并未能在约定时间内补足的，全面结算会员期货公司应当按照约定的原则和措施对（　　）的持仓强行平仓。

A. 非结算会员　　B. 特别结算会员

C. 非结算会员的客户　　D. 特别结算会员客户

【参考答案】AC

【答案解析】见《期货公司金融期货结算业务试行办法》第二十五条规定。

除前款规定外，全面结算会员期货公司可以与非结算会员在结算协议中约定应予强行平仓的其他情形。

22. 当非结算会员结算准备金余额低于规定或者约定最低余额的，全面结算会员期货公司（　　）。

A. 应当要求非结算会员及时追加保证金或者自行平仓

B. 有权对该非结算会员的持仓强行平仓

C. 开市前禁止非结算会员开仓

D. 应当收取非结算会员结算担保金

【参考答案】ABC

【答案解析】见《期货公司金融期货结算业务试行办法》第二十四条、第二

十五条、第二十六条规定。

23. 保证金不足的，全面结算会员期货公司应当以（　　）代为承担违约责任，并由此取得对该非结算会员的相应追偿权。

A. 风险准备金　　　　B. 其他非结算会员的保证金

C. 自有资金　　　　D. 其他结算会员期货公司的保证金

【参考答案】AC

【答案解析】见《期货公司金融期货结算业务试行办法》第二十七条规定。

24. 全面结算会员期货公司和交易结算会员期货公司应当按照（　　）的规定行使结算会员的权利，履行结算会员的义务。

A.《期货交易所管理办法》

B.《企业会计准则》

C.《期货交易所交易规则及其实施细则》

D.《期货经纪公司管理办法》

【参考答案】AC

【答案解析】见《期货公司金融期货结算业务试行办法》第二十九条规定。

25. 全面结算会员期货公司应当建立并实施（　　）等制度，保证金融期货结算业务正常进行，确保非结算会员及其客户资金安全。

A. 预算　　　　B. 风险管理

C. 内部控制　　　　D. 客户管理

【参考答案】BC

【答案解析】见《期货公司金融期货结算业务试行办法》第三十一条规定。

26. 全面结算会员期货公司应当建立金融期货结算业务（　　）。

A. 信息公开制度　　　　B. 风险分散制度

C. 风险隔离机制　　　　D. 保密制度

【参考答案】CD

【答案解析】见《期货公司金融期货结算业务试行办法》第三十二条规定。

27. 全面结算会员期货公司调整非结算会员结算准备金最低余额的，应当在当日结算前向（　　）报告。

A. 中国证监会派出机构　　　　B. 期货交易所

C. 期货保证金安全存管监控机构　　　　D. 期货证券业协会派出机构

【参考答案】BC

【答案解析】见《期货公司金融期货结算业务试行办法》第三十三条规定。

28. 全面结算会员期货公司应当按规定向期货保证金安全存管监控机构报送

（　　）的相关信息。

A. 非结算会员　　B. 非结算会员的客户

C. 全面结算会员　　D. 全面结算会员客户

【参考答案】AB

【答案解析】见《期货公司金融期货结算业务试行办法》第三十四条规定。

29. 全面结算会员期货公司应当平等对待（　　），防范利益冲突，不得利用结算业务关系及由此获得的信息损害非结算会员及其客户的合法权益。

A. 本公司客户　　B. 非结算会员期货公司

C. 非结算会员期货公司的客户　　D. 特别结算会员期货公司

【参考答案】ABC

【答案解析】见《期货公司金融期货结算业务试行办法》第三十二条规定。

（三）判断题（判断以下各小题的正误，正确的填写 A，错误的填写 B）

1. 非结算会员在期货交易中违约的，全面结算会员期货公司应先以风险准备金承担该非结算会员的违约责任；风险准备金不足的，全面结算会员期货公司应当以自有资金和该非结算会员的保证金承担违约责任。（　　）

【参考答案】B

【答案解析】保证金不足的，全面结算会员期货公司应当以风险准备金和自有资金代为承担违约责任，并由此取得对该非结算会员的相应追偿权。

2. 《期货公司金融期货结算业务试行办法》所称期货公司金融期货结算业务，是指期货公司作为实行会员分级结算制度的金融期货交易所的交易会员。

（　　）

【参考答案】B

【答案解析】是指期货公司作为实行会员分级结算制度的金融期货交易所的结算会员，依据本办法规定从事的结算业务活动。

3. 中国证监会及其派出机构依法对期货公司从事金融期货结算业务实行自律管理。（　　）

【参考答案】B

【答案解析】实行监督管理。

4. 全面结算会员期货公司不得对非结算会员的指令采取限制措施。（　　）

【参考答案】B

【答案解析】全面结算会员期货公司可以按照结算协议的约定对非结算会员的指令采取必要的限制措施。

5. 中国期货业协会依法对期货公司从事金融期货结算业务实行监督管理。（ ）

【参考答案】B

【答案解析】中国证监会及其派出机构依法对期货公司从事金融期货结算业务实行监督管理。

6. 中国期货业协会和期货交易所依法对期货公司的金融期货结算业务实行自律管理。（ ）

【参考答案】A

【答案解析】见《期货公司金融期货结算业务试行办法》第五条规定。

7. 交易结算会员期货公司可以受托为客户办理金融期货结算业务，也可以接受非结算会员的委托为其办理金融期货结算业务。（ ）

【参考答案】B

【答案解析】交易结算会员期货公司可以受托为客户办理金融期货结算业务，不得接受非结算会员的委托为其办理金融期货结算业务。

8. 交易结算会员期货公司为非结算会员结算，应当签订结算协议。（ ）

【参考答案】B

【答案解析】交易结算会员期货公司不得接受非结算会员的委托为其办理金融期货结算业务。只有全面结算会员期货公司才能为非结算会员结算，签订结算协议。

9. 非结算会员对委托回报和成交结果有异议的，应当及时向中国期货业协会提出。（ ）

【参考答案】B

【答案解析】应当及时向全面结算会员期货公司和期货交易所提出。

10. 非结算会员的客户出入金，只能通过结算会员的期货保证金账户办理。（ ）

【参考答案】B

【答案解析】非结算会员的客户出入金，只能通过非结算会员的期货保证金账户办理。

11. 全面结算会员期货公司向非结算会员收取的保证金除用于其客户和非结算会员的期货交易外，任何机构或者个人不得占用、挪用。（ ）

【参考答案】B

【答案解析】不能用于非结算会员的客户。

12. 全面结算会员期货公司和非结算会员在结算协议中约定全面结算会员期

货公司的期货保证金账户中非结算会员结算准备金最低余额的，应当符合中国期货业协会、期货交易所的有关规定。（ ）

【参考答案】B

【答案解析】应当符合中国证监会、期货交易所的有关规定。

13. 结算准备金最低余额应当由非结算会员以自有资金向交易所缴纳。（ ）

【参考答案】B

【答案解析】向全面结算会员期货公司缴纳。

14. 全面结算会员期货公司应当按照期货交易所要求的保证金标准向非结算会员收取保证金。（ ）

【参考答案】B

【答案解析】应当按照结算协议约定的保证金标准向非结算会员收取保证金。

15. 非结算会员在结算协议约定的时间内既未对交易结算报告的内容确认，也未提出异议的，视为对交易结算报告内容的确认。（ ）

【参考答案】A

【答案解析】见《期货公司金融期货结算业务试行办法》第二十条规定。

16. 期货交易所开市前，非结算会员结算准备金余额小于规定或者约定最低余额的，全面结算会员期货公司应当禁止其开仓。（ ）

【参考答案】A

【答案解析】见《期货公司金融期货结算业务试行办法》第二十六条规定。

17. 全面结算会员期货公司认为必要的，可以对非结算会员进行风险提示。（ ）

【参考答案】A

【答案解析】见《期货公司金融期货结算业务试行办法》第二十八条规定。

18. 全面结算会员期货公司应当按规定向中国证监会报送非结算会员及非结算会员客户的相关信息。（ ）

【参考答案】B

【答案解析】应当按规定向期货保证金安全存管监控机构报送。

19. 全面结算会员期货公司应当建立并实施风险管理、内部控制等制度，向客户和非结算会员收取结算担保金，保证金融期货结算业务正常进行，确保非结算会员及其客户资金安全。（ ）

【参考答案】B

【答案解析】全面结算会员期货公司不得向非结算会员收取结算担保金。

20. 非结算会员在期货交易中违约的，应当由全面结算会员期货公司代为承

担违约责任。（　　）

【参考答案】B

【答案解析】应当责任自担。

21. 期货交易所交易结算会员期货公司不得接受非结算会员的委托为其办理金融期货结算业务。（　　）

【参考答案】A

【答案解析】见《期货公司金融期货结算业务试行办法》第五条规定。

22. 期货交易所全面结算会员期货公司，不可以受托为非结算会员办理金融期货结算业务。（　　）

【参考答案】B

【答案解析】见《期货公司金融期货结算业务试行办法》第六条规定。

23. 全面结算会员期货公司为非结算会员结算，应当签订结算协议。（　　）

【参考答案】A

【答案解析】见《期货公司金融期货结算业务试行办法》第七条规定。

24. 全面结算会员期货公司为非结算会员结算签订的结算协议，应当包括非结算会员结算准备金最高余额。（　　）

【参考答案】B

【答案解析】结算协议应当包括的内容有：非结算会员结算准备金最低余额。

25. 非结算会员的客户申请或者注销其交易编码的，由结算会员按照期货交易所的规定办理。（　　）

【参考答案】B

【答案解析】由非结算会员按照期货交易所的规定办理。

26. 非结算会员下达的交易指令应当经全面结算会员期货公司审查或者验证后进入期货交易所。（　　）

【参考答案】A

【答案解析】见《期货公司金融期货结算业务试行办法》第九条规定。

27. 非结算会员是期货公司的，其与全面结算会员期货公司期货业务资金往来，只能通过各自的期货保证金账户办理。（　　）

【参考答案】A

【答案解析】见《期货公司金融期货结算业务试行办法》第十二条规定。

28. 全面结算会员期货公司向非结算会员收取的保证金，不得高于期货交易所向全面结算会员期货公司收取的保证金标准。（　　）

【参考答案】B

【答案解析】不得低于期货交易所向全面结算会员期货公司收取的保证金标准。

29. 非结算会员向期货交易所支付的手续费，由期货交易所从全面结算会员期货公司自有资金账户中划拨。（　　）

【参考答案】B

【答案解析】由期货交易所从全面结算会员期货公司期货保证金账户中划拨。

30. 全面结算会员期货公司收取非结算会员应当支付的手续费、税款及其他费用，不得划转非结算会员保证金。（　　）

【参考答案】B

【答案解析】可以划转非结算会员保证金。

31. 全面结算会员期货公司应当按照期货交易所的规定，建立并执行对非结算会员的限仓制度。（　　）

【参考答案】A

【答案解析】见《期货公司金融期货结算业务试行办法》第二十二条规定。

32. 非结算会员客户的持仓达到期货交易所规定的持仓报告标准的，客户应当直接向期货交易所报告。（　　）

【参考答案】B

【答案解析】客户应当通过非结算会员向期货交易所报告。

33. 全面结算会员期货公司除了可以以自有资金向期货交易所缴纳结算担保金外，还可以向非结算会员收取结算担保金。（　　）

【参考答案】B

【答案解析】全面结算会员期货公司不得向非结算会员收取结算担保金。

34. 非结算会员下达的交易指令应当经全面结算会员期货公司审查或者验证后方能进入期货交易所，否则交易指令无效。（　　）

【参考答案】A

【答案解析】见《期货公司金融期货结算业务试行办法》第九条规定。

（四）综合题（以下各小题给出的四个选项中，至少有一项符合题目要求，请将符合题目要求选项的代码填入括号内）

阅读材料，回答 1 ~ 3 题。

某基金管理公司是金融期货交易所的非结算会员，且发行了多个“一对一”的期货私募资管产品，需要每日对各期货资管产品交易进行结算。

1. 该基金管理公司应该委托金融期货交易所的（　　）为其进行结算业务

服务。

A. 结算会员 B. 全面结算会员

C. 特殊结算会员 D. 期货公司会员

【参考答案】BC

【答案解析】见《期货公司金融期货结算业务试行办法》第五条规定。

2. 签订结算协议应当包括的内容有（ ）。

A. 交易指令下达方式及审查或者验证措施

B. 风险管理措施、条件及程序

C. 不可归责于协议双方当事人所造成损失的情形及其处理方式

D. 双方约定且不违反法律、行政法规规定的其他事项

【参考答案】ABCD

【答案解析】见《期货公司金融期货结算业务试行办法》第七条规定。

3. 签订结算协议不久，该基金公司结算准备金余额低于约定最低余额。此时为其进行结算服务的期货公司有权（ ）。

A. 要求基金公司及时追加保证金或者自行平仓

B. 拒绝基金公司开新仓

C. 对该基金公司的持仓强行平仓

D. 先行垫付保证金，再向基金公司加倍索赔

【参考答案】ABC

【答案解析】见《期货公司金融期货结算业务试行办法》第二十四条规定。

十一、《证券公司为期货公司提供中间介绍业务试行办法》通关练习

（一）单项选择题（以下各小题所给出的四个选项中，只有一项最符合题目要求，请将正确选项的代码填入括号内）

1. 为了规范证券公司为期货公司提供中间介绍业务活动，防范和隔离风险，促进期货市场积极稳妥发展，根据（　　），制定《证券公司为期货公司提供中间介绍业务试行办法》。

A.《期货交易管理条例》　　B.《期货从业人员管理办法》

C.《期货交易所管理办法》　　D.《期货公司资产管理业务试点办法》

【参考答案】A

【答案解析】见《证券公司为期货公司提供中间介绍业务试行办法》第一条规定。

2. 证券公司从事介绍业务，应当依照规定取得（　　），审慎经营，并对通过其营业部开展的介绍业务实行统一管理。

A. 介绍业务资格　　B. 中国证监会的书面授权

C. 期货业协会的授权文件　　D. 期货经纪业务资格

【参考答案】A

【答案解析】见《证券公司为期货公司提供中间介绍业务试行办法》第三条规定。

3. 证券公司申请介绍业务资格，应在申请日前（　　）个月各项风险控制指标符合规定标准。

A. 1　　B. 2

C. 3　　D. 6

【参考答案】D

【答案解析】见《证券公司为期货公司提供中间介绍业务试行办法》第五条

规定。

4. 证券公司申请介绍业务资格，应当配备必要的业务人员，公司总部至少有（　　）名、拟开展介绍业务的营业部至少有2名具有期货从业人员资格的业务人员。

A. 1　　B. 2

C. 5　　D. 6

【参考答案】C

【答案解析】见《证券公司为期货公司提供中间介绍业务试行办法》第五条规定。

5. 证券公司申请介绍业务资格，净资本不低于（　　）亿元。

A. 5　　B. 10

C. 12　　D. 20

【参考答案】C

【答案解析】见《证券公司为期货公司提供中间介绍业务试行办法》第六条规定。

6. 证券公司申请介绍业务资格，流动资产余额不低于流动负债余额（不包括客户交易结算资金和客户委托管理资金）的（　　）。

A. 70%　　B. 100%

C. 120%　　D. 150%

【参考答案】D

【答案解析】见《证券公司为期货公司提供中间介绍业务试行办法》第六条规定。

7. 证券公司申请介绍业务资格，对外担保及其他形式的或有负债之和不高于净资产的（　　），但因证券公司发债提供的反担保除外。

A. 10%　　B. 20%

C. 30%　　D. 70%

【参考答案】A

【答案解析】见《证券公司为期货公司提供中间介绍业务试行办法》第六条规定。

8. 证券公司申请介绍业务资格，净资本不低于净资产的（　　）。

A. 70%　　B. 100%

C. 120%　　D. 150%

【参考答案】A

【答案解析】见《证券公司为期货公司提供中间介绍业务试行办法》第六条规定。

9. 证券公司受期货公司委托从事介绍业务，应当提供（　　）服务。

A. 协助办理开户手续　　B. 代理客户进行期货交易

C. 为客户存取、划转期货保证金　　D. 代期货公司、客户收付期货保证金

【参考答案】A

【答案解析】见《证券公司为期货公司提供中间介绍业务试行办法》第九条规定。

10. 证券公司按照委托协议对期货公司承担介绍业务受托责任，基于期货经纪合同的责任由（　　）直接对客户承担。

A. 期货公司　　B. 证券公司

C. 居间人　　D. 中国证监会

【参考答案】A

【答案解析】见《证券公司为期货公司提供中间介绍业务试行办法》第十条规定。

11. 证券公司应当在营业场所妥善保存有关介绍业务的凭证、单据、账簿、报表、合同、数据信息等资料。证券公司保存上述文件资料的期限不得少于（　　）年。

A. 5　　B. 10

C. 12　　D. 20

【参考答案】A

【答案解析】见《证券公司为期货公司提供中间介绍业务试行办法》第二十五条规定。

12. 证券公司除了（　　）行为，都要受到处罚。

A. 协助开户，对客户的开户资料和身份真实性等进行审查，及时将客户开户资料提交期货公司

B. 代理客户进行期货交易、结算或者交割

C. 收付、存取或者划转期货保证金

D. 为客户从事期货交易提供融资或者担保

【参考答案】A

【答案解析】见《证券公司为期货公司提供中间介绍业务试行办法》第三十二条规定。

13. 证券公司从事介绍业务，应当与期货公司签订书面委托协议。委托协议

所载明下列事项中不合法的是（　　）。

A. 介绍业务的范围

B. 执行期货保证金安全存管制度的措施

C. 报酬支付及相关费用的分担方式

D. 为客户提供融资的利率约定

【参考答案】D

【答案解析】见《证券公司为期货公司提供中间介绍业务试行办法》第十条规定。

14. 证券公司与期货公司签订、变更或者终止委托协议的，双方应当在5个工作日内报（　　）的中国证监会派出机构备案。

A. 各自所在地　　B. 证券公司所在地

C. 期货公司所在地　　D. 任意地区

【参考答案】A

【答案解析】见《证券公司为期货公司提供中间介绍业务试行办法》第十一条规定。

15. 证券公司介绍其控股股东、实际控制人等开户的，证券公司应当将其期货账户信息报（　　）中国证监会派出机构备案，并按照中国证监会的规定履行信息披露义务。

A. 证券公司所在地　　B. 控股股东、实际控制人所在地

C. 期货公司所在地　　D. 任意

【参考答案】A

【答案解析】见《证券公司为期货公司提供中间介绍业务试行办法》第二十条规定。

16. （　　）应当建立并有效执行介绍业务的合规检查制度。

A. 证券公司　　B. 期货公司

C. 中国期货业协会　　D. 中国证券业协会

【参考答案】A

【答案解析】见《证券公司为期货公司提供中间介绍业务试行办法》第二十六条规定。

（二）多项选择题（在以下各小题所出的四个选项中，至少有两个选项符合题目要求，请将正确选项的代码填入括号中）

1. 证券公司申请介绍业务资格，应当符合的条件包括（　　）。

A. 已按规定建立客户交易结算资金第三方存管制度

B. 全资拥有或者控股一家期货公司

C. 公司总部至少有 5 名具有期货从业人员资格的业务人员

D. 拟开展介绍业务的营业部至少有 3 名具有期货从业人员资格的业务人员

【参考答案】ABC

【答案解析】见《证券公司为期货公司提供中间介绍业务试行办法》第五条规定。

2. 证券公司符合下列（　　）情形之一者，可申请介绍业务资格。

A. 全资拥有一家期货公司　　B. 控股一家期货公司

C. 与一家期货公司被同一机构控制　D. 被一家期货公司控股

【参考答案】ABC

【答案解析】见《证券公司为期货公司提供中间介绍业务试行办法》第五条规定。

3. 证券公司申请介绍业务资格，应该符合（　　）风险控制指标标准。

A. 净资本不低于 12 亿元

B. 流动资产余额不低于流动负债余额（不包括客户交易结算资金和客户委托管理资金）的 150%

C. 对外担保及其他形式的或有负债之和不高于净资产的 10%，但因证券公司发债提供的反担保除外

D. 净资本不低于净资产的 80%

【参考答案】ABC

【答案解析】见《证券公司为期货公司提供中间介绍业务试行办法》第六条规定。

4. 对申请介绍业务资格的证券公司，其风险控制指标要求包括（　　）。

A. 净资本不低于 12 亿元　　B. 净资产不低于 12 亿元

C. 净资本不低于净资产的 70%　　D. 净资产不低于净资本的 70%

【参考答案】AC

【答案解析】见《证券公司为期货公司提供中间介绍业务试行办法》第六条规定。

5. 证券公司受期货公司委托从事介绍业务，应当提供的服务有（　　）。

A. 协助办理开户手续

B. 代期货公司、客户收付期货保证金

C. 提供期货行情信息、交易设施

D. 代理客户进行期货交易、结算或者交割

【参考答案】AC

【答案解析】见《证券公司为期货公司提供中间介绍业务试行办法》第九条规定。

6. 证券公司受期货公司委托从事介绍业务，应当提供的服务包括（　）。

A. 提供期货行情信息、交易设施

B. 协助办理开户手续

C. 代期货公司、客户收付期货保证金

D. 中国证监会规定的其他服务

【参考答案】ABD

【答案解析】见《证券公司为期货公司提供中间介绍业务试行办法》第九条规定。证券公司不得代理客户进行期货交易、结算或者交割，不得代期货公司、客户收付期货保证金，不得利用证券资金账户为客户存取、划转期货保证金。

7. 证券公司受期货公司委托从事介绍业务，不应当提供（　）服务。

A. 协助办理开户手续

B. 代理客户进行期货交易

C. 代期货公司、客户收付期货保证金

D. 利用证券资金账户为客户存取、划转期货保证金

【参考答案】BCD

【答案解析】见《证券公司为期货公司提供中间介绍业务试行办法》第九条规定。

8. 证券公司与期货公司（　）委托协议的，双方应当在5个工作日内报各自所在地的中国证监会派出机构备案。

A. 签订　　B. 续签

C. 变更　　D. 终止

【参考答案】ACD

【答案解析】见《证券公司为期货公司提供中间介绍业务试行办法》第十一条规定。

9. 证券公司只能接受（　）的期货公司的委托从事介绍业务。

A. 全资拥有　　B. 控股

C. 被同一机构控制　　D. 其他期货公司的委托

【参考答案】ABC

【答案解析】见《证券公司为期货公司提供中间介绍业务试行办法》第十二

条规定。

10. 期货公司与证券公司应当建立介绍业务的对接规则，明确办理（　　）等业务的协作程序和规则。

A. 开户　　B. 行情和交易系统的安装维护

C. 客户投诉的接待处理　　D. 交易技巧的辅导与培训

【参考答案】ABC

【答案解析】见《证券公司为期货公司提供中间介绍业务试行办法》第十四条规定。

11. 证券公司与期货公司应当独立经营，保持（　　）等分开隔离。

A. 财务　　B. 人员

C. 经营场所　　D. 结算系统

【参考答案】ABC

【答案解析】见《证券公司为期货公司提供中间介绍业务试行办法》第十五条规定。

12. 证券公司不得（　　）。

A. 任用不具有期货从业人员资格的业务人员从事介绍业务

B. 任用期货公司的业务人员从事介绍业务

C. 允许从事介绍业务的工作人员进行期货交易

D. 与期货公司公用经营场地

【参考答案】ABCD

【答案解析】见《证券公司为期货公司提供中间介绍业务试行办法》第十五条、第十六条规定。

13. 证券公司应当在其经营场所显著位置或者其网站，公开的信息包括（　　）。

A. 受托从事的介绍业务范围

B. 从事介绍业务的管理人员和业务人员的名单和照片

C. 客户开户和交易流程、出入金流程

D. 手续费标准

【参考答案】ABC

【答案解析】见《证券公司为期货公司提供中间介绍业务试行办法》第十七条规定。

14. 证券公司介绍其控股股东、实际控制人等开户的，应该（　　）。

A. 将其期货账户信息报所在地中国证监会派出机构备案

B. 按照中国证监会的规定履行信息披露义务

C. 将其期货账户信息报所在地期货业协会派出机构备案

D. 按照中国金融期货交易所的规定履行信息披露义务

【参考答案】AB

【答案解析】见《证券公司为期货公司提供中间介绍业务试行办法》第二十条规定。

15. 当出现（　　）时，证券公司及其营业部可以协助期货公司向客户提示风险。

A. 期货市场行情发生重大变化　　B. 现货市场行情发生重大变化

C. 客户可能出现风险　　D. 地震等不可预料风险

【参考答案】ABC

【答案解析】见《证券公司为期货公司提供中间介绍业务试行办法》第二十三条规定。

16. 证券公司不得（　　）。

A. 代客户下达交易指令

B. 利用客户的交易编码、资金账号或者期货结算账户进行期货交易

C. 代客户修改交易密码

D. 为客户从事期货交易提供融资或者担保

【参考答案】ABCD

【答案解析】见《证券公司为期货公司提供中间介绍业务试行办法》第二十一条、第二十二条规定。

17. 证券公司应当在营业场所妥善保存有关介绍业务的（　　）等资料。

A. 凭证　　B. 报表

C. 合同　　D. 数据信息

【参考答案】ABCD

【答案解析】见《证券公司为期货公司提供中间介绍业务试行办法》第二十五条规定。

18. 证券公司违反《证券公司为期货公司提供中间介绍业务试行办法》相关法规的，中国证监会及其派出机构可以采取（　　）等监管措施。

A. 责令限期整改　　B. 监管谈话

C. 出具警示函　　D. 停止介绍业务半年

【参考答案】ABC

【答案解析】见《证券公司为期货公司提供中间介绍业务试行办法》第三十

条规定。

（三）判断题（判断以下各小题的正误，正确的填写 A，错误的填写 B）

1. 证券公司申请介绍业务资格，应当符合申请日前 3 个月各项风险控制指标符合规定标准。（　　）

【参考答案】B

【答案解析】申请日前 6 个月各项风险控制指标符合规定标准。

2. 证券公司申请介绍业务资格，应当配备必要的业务人员，公司总部至少有 2 名、拟开展介绍业务的营业部至少有 5 名具有期货从业人员资格的业务人员。（　　）

【参考答案】B

【答案解析】公司总部至少有 5 名、拟开展介绍业务的营业部至少有 2 名具有期货从业人员资格的业务人员。

3. 证券公司申请介绍业务资格，净资本不低于 10 亿元。（　　）

【参考答案】B

【答案解析】净资本不低于 12 亿元。

4. 证券公司申请介绍业务资格，流动资产余额不低于流动负债余额（不包括客户交易结算资金和客户委托管理资金）的 150%。（　　）

【参考答案】A

【答案解析】见《证券公司为期货公司提供中间介绍业务试行办法》第六条规定。

5. 证券公司申请介绍业务资格，对外担保及其他形式的或有负债之和不高于净资产的 20%，但因证券公司发债提供的反担保除外。（　　）

【参考答案】B

【答案解析】对外担保及其他形式的或有负债之和不高于净资产的 10%。

6. 证券公司申请介绍业务资格，净资本不低于净资产的 80%。（　　）

【参考答案】B

【答案解析】净资本不低于净资产的 70%。

7. 《证券公司为期货公司提供中间介绍业务试行办法》所称证券公司为期货公司提供中间介绍业务，是指期货公司接受证券公司委托，为证券公司介绍客户参与期货交易并提供其他相关服务的业务活动。（　　）

【参考答案】B

【答案解析】为期货公司介绍客户参与期货交易并提供其他相关服务的业务

活动。

8. 期货公司应当根据内部控制和风险隔离制度的规定，指定有关负责人和有关部门负责介绍业务的经营管理。（ ）

【参考答案】B

【答案解析】证券公司应当根据内部控制和风险隔离制度的规定，指定有关负责人和有关部门负责介绍业务的经营管理。

9. 证券公司应当配备足够的具有期货从业人员资格的业务人员，不得任用不具有期货从业人员资格的业务人员从事介绍业务。（ ）

【参考答案】A

【答案解析】见《证券公司为期货公司提供中间介绍业务试行办法》第十六条规定。

10. 证券公司除了接受其全资拥有或者控股的，或者被同一机构控制的期货公司的委托从事介绍业务，还可以接受其他期货公司的委托从事介绍业务。（ ）

【参考答案】B

【答案解析】证券公司只能接受其全资拥有或者控股的，或者被同一机构控制的期货公司的委托从事介绍业务，不能接受其他期货公司的委托从事介绍业务。

11. 证券公司应当在其经营场所显著位置或者其网站，公开受托从事的介绍业务范围；从事介绍业务的管理人员和业务人员的名单和照片；但是不能公布期货公司期货保证金账户信息、期货保证金安全存管方式。（ ）

【参考答案】B

【答案解析】见《证券公司为期货公司提供中间介绍业务试行办法》第十七条规定。

12. 证券公司为期货公司介绍客户时，应当向客户明示其与期货公司的介绍业务委托关系，解释期货交易的方式、流程及风险，不得作获利保证、共担风险等承诺，不得虚假宣传，误导客户。（ ）

【参考答案】A

【答案解析】见《证券公司为期货公司提供中间介绍业务试行办法》第十八条规定。

13. 证券公司应当在营业场所妥善保存有关介绍业务的凭证、单据、账簿、报表、合同、数据信息等资料。证券公司保存上述文件资料的期限不得少于15年。

（ ）

【参考答案】B

【答案解析】证券公司保存上述文件资料的期限不得少于 5 年。

14. 证券公司因其他业务涉嫌违法违规或者出现重大风险被暂停、限制业务或者撤销业务资格的，中国证监会可以责令期货公司终止与该证券公司的介绍业务关系。（ ）

【参考答案】A

【答案解析】见《证券公司为期货公司提供中间介绍业务试行办法》第三十一条规定。

15. 中国证监会及其派出机构按照独立监管原则，对证券公司从事的介绍业务进行现场检查和非现场检查。（ ）

【参考答案】B

【答案解析】按照审慎监管原则。

16. 证券公司与期货公司可以统一经营，但是要保持财务、人员、经营场所等分开隔离。（ ）

【参考答案】B

【答案解析】证券公司与期货公司应当独立经营，保持财务、人员、经营场所等分开隔离。

17. 证券公司应当按照合规、审慎经营的原则，制定并有效执行介绍业务规则、内部控制、合规检查等制度，确保有效防范和隔离介绍业务与其他业务的风险。（ ）

【参考答案】A

【答案解析】见《证券公司为期货公司提供中间介绍业务试行办法》第十三条规定。

18. 证券公司应当建立完备的协助开户制度，对客户的开户资料和身份真实性等进行审查，向客户充分揭示期货交易风险，解释期货公司、客户、证券公司三者之间的权利义务关系，告知期货保证金安全存管要求。（ ）

【参考答案】A

【答案解析】见《证券公司为期货公司提供中间介绍业务试行办法》第十九条规定。

（四）综合题（以下各小题给出的四个选项中，至少有一项符合题目要求，请将符合题目要求选项的代码填入括号内）

阅读材料，回答 1 ~ 2 题。

某证券公司 1 月 1 日的净资本金为 10 亿元，流动资产余额是流动负债余额的1.2倍，净资本是净资产的50%，对外担保及其他形式的或有负债之和不高于净资产的12%。3月1日增资扩股后净资本达到13亿元，流动资产余额是流动负债余额的1.2倍，净资本是净资产的80%，对外担保及其他形式的或有负债之和大约等于净资产的14%。

1. 该年7月1日A证券公司申请介绍业务资格未获通过。请问A证券公司未被批准的原因是（　）。

A. 申请日前6个月，该公司净资本低于15亿元

B. 申请日前6个月，流动资产余额只有流动负债余额（不包括客户交易结算资金和客户委托管理资金）的1.2倍，低于要求的1.5倍

C. 申请日前6个月，净资本偏低

D. 申请日前6个月，对外担保及其他形式的或有负债之和不符合规定标准

【参考答案】BC

【答案解析】见《证券公司为期货公司提供中间介绍业务试行办法》第六条规定。

2. 中国证监会自7月1日受理申请材料之日起应该在（　　）个工作日内，做出批准或者不予批准的决定。

A. 5　　B. 10

C. 15　　D. 20

【参考答案】D

【答案解析】见《证券公司为期货公司提供中间介绍业务试行办法》第八条规定。

某证券公司拟接受某期货公司委托，为期货公司提供中间介绍业务。请回答以下3～5题。

3. 为了取得期货中间介绍业务资格，证券公司应当具备的条件包括（　　）。

A. 必须全资拥有或控股期货公司

B. 必须与期货公司保持独立经营，在财务、人员和经营场所分开隔离

C. 必须拥有不低于12亿元的净资本

D. 必须由公司股东（大）会做出决议，同意从事介绍业务

【参考答案】BC

【答案解析】见《证券公司为期货公司提供中间介绍业务试行办法》第五条、第六条规定。

4. 关于证券公司为期货公司进行中间介绍业务，以下说法正确的是

（　　）。

A. 期货公司应当取得实行会员分级结算制度期货交易所的结算会员资格

B. 证券公司可以与客户签订期货经纪合同，代理期货公司完成开户手续

C. 客户开户后，证券公司可以协助期货公司进行客户风险提示等服务工作

D. 证券公司可以为客户代收保证金

【参考答案】C

【答案解析】见《证券公司为期货公司提供中间介绍业务试行办法》第九条规定。

5. 下列关于证券公司为期货公司进行中间介绍业务的说法正确的有（　　）。

A. 证券公司可以接受其全资拥有的期货公司 IB 委托

B. 证券公司可以接受其控股的期货公司的 IB 委托

C. 证券公司可以接受与其属于同一机构控制的期货公司的 IB 委托

D. 证券公司可以接受与其签订了委托协议的任何期货公司的 IB 委托

【参考答案】ABC

【答案解析】见《证券公司为期货公司提供中间介绍业务试行办法》第五条规定。

十二、《证券期货经营机构私募资产管理业务管理办法》通关练习

（一）单项选择题（在以下各小题所给出的四个选项中，只有一个选项符合题目要求，请将正确选项的代码填入括号中）

1. 投资者参与资产管理计划，（　　）。

A. 应当独立承担投资风险　　B. 可以与期货公司风险共担

C. 可以与证券公司按比例分成　　D. 可以要求保本

【参考答案】A

【答案解析】见《证券期货经营机构私募资产管理业务管理办法》第四条规定。

2. 证券期货经营机构从事私募资产管理业务，应当实行（　　）运营管理，建立健全内部控制和合规管理制度，采取有效措施，将私募资产管理业务与公司其他业务分开管理，控制敏感信息的不当流动和使用，防范内幕交易、利用未公开信息交易、利益冲突和利益输送。

A. 集中　　B. 分散

C. 混合　　D. 保密

【参考答案】A

【答案解析】见《证券期货经营机构私募资产管理业务管理办法》第五条规定。

3. 资产管理计划投资者（　　）对资产管理计划财产的债务承担责任。

A. 以家庭财产为抵押　　B. 以个人财产为抵押

C. 全部个人资产为限　　D. 以其出资为限

【参考答案】D

【答案解析】见《证券期货经营机构私募资产管理业务管理办法》第六条规定。

4. 证券期货经营机构、托管人因资产管理计划财产的管理、运用或者其他情形而取得的财产和收益，归入（　　）。

A. 资产管理计划财产　　B. 证券期货经营机构

C. 托管人　　D. 投资人、证券期货经营机构和托管人

【参考答案】A

【答案解析】见《证券期货经营机构私募资产管理业务管理办法》第六条规定。

5. 证券期货经营机构、托管人因依法解散、被依法撤销或者被依法宣告破产等原因进行清算的，资产管理计划财产（　　）其清算财产。

A. 属于　　B. 不属于

C. 部分属于　　D. 作为

【参考答案】B

【答案解析】见《证券期货经营机构私募资产管理业务管理办法》第六条规定。

6. 证券期货经营机构从事私募资产管理业务，应当依法经（　　）批准。

A. 中国期货业协会　　B. 中国证券业协会

C. 中国证监会　　D. 中国基金业协会

【参考答案】C

【答案解析】见《证券期货经营机构私募资产管理业务管理办法》第九条规定。

7. 证券期货经营机构从事私募资产管理业务，应当具备符合条件的高级管理人员和（　　）名以上投资经理。

A. 1　　B. 2

C. 3　　D. 5

【参考答案】C

【答案解析】见《证券期货经营机构私募资产管理业务管理办法》第十条第（三）款规定。

8. 证券期货经营机构从事私募资产管理业务，应当具有投资研究部门，且专职从事投资研究的人员不少于（　　）人。

A. 1　　B. 2

C. 3　　D. 5

【参考答案】C

【答案解析】见《证券期货经营机构私募资产管理业务管理办法》第十条第

（四）款规定。

9. 投资经理应当依法取得从业资格，具有（　　）年以上投资管理、投资研究、投资咨询等相关业务经验。

A. 1　　B. 2

C. 3　　D. 5

【参考答案】C

【答案解析】见《证券期货经营机构私募资产管理业务管理办法》第十二条规定。

10. 投资经理应当依法取得从业资格，具备良好的诚信记录和职业操守，且最近（　　）年未被监管机构采取重大行政监管措施、行政处罚。

A. 1　　B. 2

C. 3　　D. 5

【参考答案】C

【答案解析】见《证券期货经营机构私募资产管理业务管理办法》第十二条规定。

11. 集合资产管理计划原则上应当接受（　　）委托，中国证监会认可的情形除外。

A. 货币资金　　B. 股票

C. 债券　　D. 房产

【参考答案】A

【答案解析】见《证券期货经营机构私募资产管理业务管理办法》第十九条规定。

12. 投资于存款、债券等债权类资产的比例不低于资产管理计划总资产（　　）的，为固定收益类资产管理计划。

A. 50%　　B. 60%

C. 70%　　D. 80%

【参考答案】D

【答案解析】见《证券期货经营机构私募资产管理业务管理办法》第二十条规定。

13. 投资于股票、未上市企业股权等股权类资产的比例不低于资产管理计划总资产（　　）的，为权益类资产管理计划。

A. 50%　　B. 60%

C. 70%　　D. 80%

【参考答案】D

【答案解析】见《证券期货经营机构私募资产管理业务管理办法》第二十条规定。

14. 投资于商品及金融衍生品的持仓合约价值的比例不低于资产管理计划总资产80%，且衍生品账户权益超过资产管理计划总资产（　　）的，为商品及金融衍生品类资产管理计划。

A. 20%　　B. 50%

C. 70%　　D. 80%

【参考答案】A

【答案解析】见《证券期货经营机构私募资产管理业务管理办法》第二十条规定。

15. 某资产管理计划投资于债权类、股权类、商品及金融衍生品类资产的比例分别为78%、10%和10%。该资产管理计划为（　　）。

A. 权益类　　B. 商品及金融衍生品类

C. 固定收益类　　D. 混合类

【参考答案】D

【答案解析】见《证券期货经营机构私募资产管理业务管理办法》第二十条规定。

16. 开放式集合资产管理计划每（　　）个月至多开放一次计划份额的参与、退出，中国证监会另有规定的除外。

A. 1　　B. 2

C. 3　　D. 6

【参考答案】C

【答案解析】见《证券期货经营机构私募资产管理业务管理办法》第二十一条规定。

17. 封闭式集合资产管理计划（　　）。

A. 不得进行份额分级　　B. 可以对份额进行分级

C. 必须对份额进行分级　　D. 应该对份额进行分级

【参考答案】B

【答案解析】见《证券期货经营机构私募资产管理业务管理办法》第二十二条规定。

18. 证券期货经营机构可以设立基金中基金资产管理计划，将（　　）的资产管理计划资产投资于接受国务院金融监督管理机构监管的机构发行的资产管理产品。

A. 不超过80%　　B. 80%以上
C. 不超过75%　　D. 75%以上

【参考答案】B

【答案解析】见《证券期货经营机构私募资产管理业务管理办法》第二十三条规定。

19. 销售机构应当在募集结束后（　　）个工作日内，将销售过程中产生和保存的投资者信息及资料全面、准确、及时提供给证券期货经营机构。

A. 3　　B. 5
C. 7　　D. 10

【参考答案】D

【答案解析】见《证券期货经营机构私募资产管理业务管理办法》第二十八条规定。

20. 资产管理计划存续期间持续销售的，销售机构应当在销售行为完成后（　　）个工作日内，将销售过程中产生和保存的投资者信息及资料全面、准确、及时提供给证券期货经营机构。

A. 3　　B. 5
C. 7　　D. 10

【参考答案】B

【答案解析】见《证券期货经营机构私募资产管理业务管理办法》第二十八条规定。

21. 资产管理计划可以（　　），不得要求或者接受地方政府及其部门违规提供担保，不得直接或者间接投资法律、行政法规和国家政策禁止投资的行业或领域。

A. 直接投资商业银行信贷资产　　B. 为地方政府及其部门提供融资
C. 投资金融衍生品　　D. 为地方政府及其部门提供担保

【参考答案】C

【答案解析】见《证券期货经营机构私募资产管理业务管理办法》第三十九条规定。

22. 资产管理计划的总资产不得超过该计划净资产的（　　）。

A. 50%　　B. 80%
C. 100%　　D. 200%

【参考答案】D

【答案解析】见《证券期货经营机构私募资产管理业务管理办法》第四十二条规定。

23. 分级资产管理计划的总资产不得超过该计划净资产的（　　）。

A. 50%　　B. 80%

C. 100%　　D. 140%

【参考答案】D

【答案解析】见《证券期货经营机构私募资产管理业务管理办法》第四十二条规定。

24. 资产管理计划成立不足（　　）个月的，证券期货经营机构可以不编制资产管理计划当期的季度报告和年度报告。

A. 1　　B. 2

C. 3　　D. 4

【参考答案】C

【答案解析】见《证券期货经营机构私募资产管理业务管理办法》第五十条规定。

25. 证券期货经营机构应当自资产管理合同变更之日起5个工作日内报（　　）备案。

A. 证券及期货交易所　　B. 中国证监会相关派出机构

C. 证券投资基金业协会　　D. 中国期货业协会

【参考答案】C

【答案解析】见《证券期货经营机构私募资产管理业务管理办法》第五十三条规定。

26. 当（　　）时，资产管理计划终止。

A. 全体投资者单方面决定终止

B. 证券期货经营机构被依法撤销资产管理业务资格或者依法解散、被撤销、被宣告破产，但在6个月内找到了新的管理人承接

C. 托管人被依法撤销基金托管资格或者依法解散、被撤销、被宣告破产，但在6个月内找到了新的托管人承接

D. 集合资产管理计划存续期间，持续5个工作日投资者少于2人

【参考答案】D

【答案解析】见《证券期货经营机构私募资产管理业务管理办法》第五十五条规定。

27. 证券期货经营机构、托管人、销售机构等机构应当妥善保存有关的合

同、协议、交易记录等文件、资料和数据，保存期限自资产管理计划终止之日起不少于（　　）年。

A. 5　　B. 10

C. 20　　D. 30

【参考答案】C

【答案解析】见《证券期货经营机构私募资产管理业务管理办法》第五十七条规定。

28. 证券期货经营机构应当建立健全流动性风险监测、预警与应急处置制度，将私募资产管理业务纳入常态化压力测试机制，压力测试应当至少每（　　）进行一次。

A. 周　　B. 月

C. 季度　　D. 年

【参考答案】C

【答案解析】见《证券期货经营机构私募资产管理业务管理办法》第六十三条规定。

29. 证券期货经营机构分管私募资产管理业务的高级管理人员、私募资产管理业务部门负责人以及投资经理离任的，证券期货经营机构应当（　　）对其进行离任审查，并自离任之日起30个工作日内将审查报告报送中国证监会相关派出机构和证券投资基金业协会。

A. 立即　　B. 5个工作日内

C. 15个工作日内　　D. 30个工作日内

【参考答案】A

【答案解析】见《证券期货经营机构私募资产管理业务管理办法》第六十八条规定。

30. 证券期货经营机构应当每月从资产管理计划管理费中计提风险准备金。风险准备金计提比例不得低于管理费收入的（　　）。

A. 1%　　B. 5%

C. 10%　　D. 20%

【参考答案】C

【答案解析】见《证券期货经营机构私募资产管理业务管理办法》第七十条规定。

31. 证券期货经营机构应当每月从资产管理计划管理费中计提风险准备金。风险准备金余额达到上季末资产管理计划资产净值的（　　）时可以不再提取。

A. 1%　　B. 5%

C. 10%　　D. 20%

【参考答案】A

【答案解析】见《证券期货经营机构私募资产管理业务管理办法》第七十条规定。

32. 证券期货经营机构未尽合规审查义务，提交备案的资产管理计划明显或者频繁不符合法律、行政法规和中国证监会规定且情节严重的，采取责令暂停私募资产管理业务（　　）个月以上的行政监管措施。

A. 1　　B. 2

C. 3　　D. 6

【参考答案】D

【答案解析】见《证券期货经营机构私募资产管理业务管理办法》第七十九条规定。

33.（　　）应当按照规定为接受股票、债券等证券委托的单一资产管理计划办理证券非交易过户等手续。

A. 证券交易所　　B. 证券公司

C. 证券登记结算机构　　D. 资产管理计划受托人

【参考答案】C

【答案解析】见《证券期货经营机构私募资产管理业务管理办法》第十九条规定。

34.（　　）集合资产管理计划不得进行份额分级。

A. 开放式　　B. 封闭式

C. 开放式和封闭式　　D. 混合式

【参考答案】A

【答案解析】见《证券期货经营机构私募资产管理业务管理办法》第二十二条规定。

35. 资产管理计划应当以（　　）方式向合格投资者募集。

A. 公开　　B. 非公开

C. 大张旗鼓　　D. 新闻媒体

【参考答案】B

【答案解析】见《证券期货经营机构私募资产管理业务管理办法》第二十五条规定。

36. 投资者可以通过证券交易所以及中国证监会认可的其他方式，向合格投资者转让其持有的集合资产管理计划份额，并按规定办理份额变更登记手续。转让后，持有资产管理计划份额的合格投资者合计不得超过（　　）人。

A. 2　　B. 50

C. 100　　D. 200

【参考答案】D

【答案解析】见《证券期货经营机构私募资产管理业务管理办法》第三十五条规定。

37. 投资标准化资产的资产管理计划至少（　　）披露一次净值。投资非标准化资产的资产管理计划至少每季度披露一次净值。

A. 每日　　B. 每周

C. 每月　　D. 每季度

【参考答案】B

【答案解析】见《证券期货经营机构私募资产管理业务管理办法》第五十条规定。

38. 投资非标准化资产的资产管理计划至少（　　）披露一次净值。

A. 每日　　B. 每周

C. 每月　　D. 每季度

【参考答案】D

【答案解析】见《证券期货经营机构私募资产管理业务管理办法》第五十条规定。

（二）多项选择题（以下各小题给出的四个选项中，至少有两项符合题目要求，请将符合题目要求选项的代码填入括号内）

1. 为规范证券期货经营机构私募资产管理业务，保护投资者及相关当事人的合法权益，维护证券期货市场秩序，根据（　　）及相关法律法规，制定《证券期货经营机构私募资产管理业务管理办法》。

A.《中华人民共和国证券法》　　B.《中华人民共和国证券投资基金法》

C.《证券公司监督管理条例》　　D.《期货交易管理条例》

【参考答案】ABCD

【答案解析】见《证券期货经营机构私募资产管理业务管理办法》第一条规定。

2.《证券期货经营机构私募资产管理业务管理办法》所称证券期货经营机构，是指（　　）及前述机构依法设立的。

A. 证券公司

B. 基金管理公司

C. 期货公司

D. 证券公司和期货公司从事私募资产管理业务的子公司

【参考答案】ABCD

【答案解析】见《证券期货经营机构私募资产管理业务管理办法》第二条规定。

3. 证券期货经营机构从事私募资产管理业务，应当遵循（　　）原则。

A. 自愿　　　　B. 公平

C. 诚实信用　　　　D. 客户利益至上

【参考答案】ABCD

【答案解析】见《证券期货经营机构私募资产管理业务管理办法》第三条规定。

4. 证券期货经营机构不得（　　）。

A. 在表内从事私募资产管理业务　　　　B. 在表外从事私募资产管理业务

C. 向投资者承诺保本　　　　D. 承诺最低收益

【参考答案】ACD

【答案解析】见《证券期货经营机构私募资产管理业务管理办法》第四条规定。

5. 资产管理计划财产（　　）。

A. 独立于证券期货经营机构和托管人的固有财产

B. 独立于证券期货经营机构管理的和托管人托管的其他财产

C. 属于证券期货经营机构和托管人的财产

D. 可以归入证券期货经营机构和托管人的固有财产

【参考答案】AB

【答案解析】见《证券期货经营机构私募资产管理业务管理办法》第六条规定。

6.（　　）对证券期货经营机构私募资产管理业务实施自律管理。

A. 证券交易场所　　　　B. 期货交易所

C. 中国证券业协会　　　　D. 中国期货业协会

【参考答案】ABCD

【答案解析】见《证券期货经营机构私募资产管理业务管理办法》第八条规定。

7. 证券期货经营机构从事私募资产管理业务，应当符合的条件包括（　　）。

A. 具备符合条件的高级管理人员和3名以上投资经理

B. 具有投资研究部门

C. 专职从事投资研究的人员不少于3人

D. 专职从事投资研究的人员不少于5人

【参考答案】ABC

【答案解析】见《证券期货经营机构私募资产管理业务管理办法》第十条规定。

8. 证券期货经营机构从事私募资产管理业务，应当符合的条件包括（　　）。

A. 最近两年未因重大违法违规行为被行政处罚或者刑事处罚

B. 最近一年未因重大违法违规行为被监管机构采取行政监管措施

C. 无因涉嫌重大违法违规正受到监管机构或有权机关立案调查的情形

D. 最近一年未因重大违法违规行为被行政处罚或者刑事处罚

【参考答案】ABC

【答案解析】见《证券期货经营机构私募资产管理业务管理办法》第十条规定。

9. 证券期货经营机构从事私募资产管理业务，应当履行的管理人职责包括（　　）。

A. 依法计算并披露资产管理计划净值，确定参与、退出价格

B. 对所管理的不同资产管理计划的受托财产分别管理、分别记账，进行投资

C. 以管理人名义，代表投资者利益行使诉讼权利或者实施其他法律行为

D. 办理与受托财产管理业务活动有关的信息披露事项

【参考答案】ABCD

【答案解析】见《证券期货经营机构私募资产管理业务管理办法》第十一条规定。

10. 受托财产托管人应当履行的职责包括（　　）。

A. 按照规定开设资产管理计划的托管账户，不同托管账户中的财产应当相互独立依法计算并披露资产管理计划净值，确定参与、退出价格

B. 建立与管理人的对账机制，复核、审查管理人计算的资产管理计划资产净值和资产管理计划参与、退出价格

C. 监督管理人的投资运作，发现管理人的投资或清算指令违反法律、行政法规、中国证监会的规定或者资产管理合同约定的，应当拒绝执行，并向中国证监会相关派出机构和证券投资基金业协会报告

D. 对资产管理计划财务会计报告、年度报告出具意见

【参考答案】ABCD

【答案解析】见《证券期货经营机构私募资产管理业务管理办法》第十三条规定。

11. 证券期货经营机构、托管人、投资顾问及相关从业人员不得有的行为包括（　　）。

A. 利用资产管理计划从事内幕交易

B. 从事非公平交易、利益输送等损害投资者合法权益的行为

C. 以获取佣金为目的，频繁进行短线投机交易

D. 直接或者间接向投资者返还管理费

【参考答案】ABCD

【答案解析】见《证券期货经营机构私募资产管理业务管理办法》第十七条规定。

12. 证券期货经营机构可以为（　　）资产管理计划。

A. 单一投资者设立单一　　B. 多个投资者设立集合

C. 任意投资者设立集合　　D. 公司股东设立单一

【参考答案】AB

【答案解析】见《证券期货经营机构私募资产管理业务管理办法》第十八条规定。

13. 集合资产管理计划的投资者人数（　　）。

A. 不少于2人　　B. 不少于3人

C. 不得超过200人　　D. 无上限限制

【参考答案】AC

【答案解析】见《证券期货经营机构私募资产管理业务管理办法》第十八条规定。

14. 单一资产管理计划可以接受的金融资产委托包括（　　）。

A. 货币资金　　B. 股票

C. 债券　　D. 债权

【参考答案】ABC

【答案解析】见《证券期货经营机构私募资产管理业务管理办法》第十九条

规定。

15. 证券期货经营机构可以设立（　　）资产管理计划。

A. 开放式　　B. 封闭式

C. 半开半封式　　D. 任意式

【参考答案】AB

【答案解析】见《证券期货经营机构私募资产管理业务管理办法》第二十一条规定。

16. 证券期货经营机构应当向投资者充分披露基金中基金资产管理计划（　　）。

A. 所投资资产管理产品的选择标准

B. 资产管理计划发生的费用

C. 投资管理人及管理人关联方所设立的资产管理产品的情况

D. 投资管理人的投资操作方案

【参考答案】ABC

【答案解析】见《证券期货经营机构私募资产管理业务管理办法》第二十三条规定。

17. 证券期货经营机构、销售机构不得通过（　　）等向不特定对象宣传具体资产管理计划。

A. 报刊　　B. 电台

C. 电视　　D. 互联网

【参考答案】ABCD

【答案解析】见《证券期货经营机构私募资产管理业务管理办法》第二十五条规定。

18. 证券期货经营机构、销售机构不得通过（　　）等方式向不特定对象宣传具体资产管理计划。

A. 讲座　　B. 报告会

C. 传单　　D. 布告

【参考答案】ABCD

【答案解析】见《证券期货经营机构私募资产管理业务管理办法》第二十五条规定。

19. 资产管理合同应当对（　　）等或有事项，做出明确约定。

A. 巨额退出　　B. 延期支付

C. 延期清算　　D. 交易品种

【参考答案】ABC

【答案解析】见《证券期货经营机构私募资产管理业务管理办法》第二十六条规定。

20. 集合资产管理计划成立应当具备的条件包括（　　）。

A. 募集过程符合法律、行政法规和中国证监会的规定

B. 募集金额达到资产管理合同约定的成立规模，且不违反中国证监会规定的最低成立规模

C. 募集金额虽未达到资产管理合同约定的成立规模，但不违反中国证监会规定的最低成立规模

D. 投资者人数不少于 2 人

【参考答案】ABD

【答案解析】见《证券期货经营机构私募资产管理业务管理办法》第三十条规定。

21. 资产管理计划完成备案前，可投资于（　　）等投资品种。

A. 银行活期存款　　B. 国债

C. 银行理财产品　　D. 货币市场基金

【参考答案】ABD

【答案解析】见《证券期货经营机构私募资产管理业务管理办法》第三十二条规定。

22. 募集期届满，集合资产管理计划未达到成立条件的，证券期货经营机构应当承担的责任包括（　　）。

A. 承担因募集行为而产生的债务和费用

B. 不承担因募集行为而产生的债务和费用

C. 在募集期届满后 30 日内返还投资者已缴纳的款项，并加计银行同期活期存款利息

D. 在募集期届满后 30 日内返还投资者已缴纳的款项，不加计银行同期活期存款利息

【参考答案】AC

【答案解析】见《证券期货经营机构私募资产管理业务管理办法》第三十三条规定。

23. 资产管理计划可以投资的资产包括（　　）。

A. 银行存款　　B. 同业存单

C. 中央银行票据　　D. 非金融企业债务融资工具

【参考答案】ABCD

【答案解析】见《证券期货经营机构私募资产管理业务管理办法》第三十七条规定。

24. 资产管理计划可以投资的资产包括（ ）。

A. 上市公司股票　　B. 存托凭证

C. 交易所挂牌交易的 ETF 期权　　D. 中国证监会认可标准化股权类资产

【参考答案】ABCD

【答案解析】见《证券期货经营机构私募资产管理业务管理办法》第三十七条规定。

25. 资产管理计划可以参与（ ）以及中国证监会认可的其他业务。

A. 证券回购　　B. 融资融券

C. 转融通　　D. 中国证监会认可的境外金融产品

【参考答案】ABCD

【答案解析】见《证券期货经营机构私募资产管理业务管理办法》第三十八条规定。

26. 资产管理计划应向投资者提供的信息披露文件包括（ ）。

A. 资产管理合同、计划说明书和风险揭示书

B. 资产管理计划净值，资产管理计划参与、退出价格

C. 资产管理计划定期报告，至少包括季度报告和年度报告

D. 资产管理计划清算报告

【参考答案】ABCD

【答案解析】见《证券期货经营机构私募资产管理业务管理办法》第四十八条规定。

27. 证券期货经营机构向投资者提供的信息披露文件，应当及时报送（ ）。

A. 证券及期货交易所　　B. 中国证监会相关派出机构

C. 证券投资基金业协会　　D. 中国期货业协会

【参考答案】BC

【答案解析】见《证券期货经营机构私募资产管理业务管理办法》第四十八条规定。

28. 资产管理计划运作期间，证券期货经营机构应当向投资者提供的相关信息包括（ ）。

A. 投资标准化资产的资产管理计划至少每周披露一次净值

B. 投资非标准化资产的资产管理计划至少每季度披露一次净值

C. 分级资产管理计划应当披露各类别份额净值

D. 每年度结束之日起 4 个月内披露年度报告

【参考答案】ABCD

【答案解析】见《证券期货经营机构私募资产管理业务管理办法》第五十条规定。

29. 披露资产管理计划信息，不得有的行为包括（　　）。

A. 对投资业绩进行预测

B. 宣传预期收益率

C. 承诺本金不受损失

D. 承诺限定损失金额或比例

【参考答案】ABCD

【答案解析】见《证券期货经营机构私募资产管理业务管理办法》第五十一条规定。

30. 资产管理计划展期应当符合的条件包括（　　）。

A. 托管人违反法律、行政法规、中国证监会规定和资产管理合同的约定

B. 资产管理计划展期没有损害投资者利益的情形

C. 符合集合资产管理计划的成立条件

D. 中国证监会规定的其他条件

【参考答案】BCD

【答案解析】见《证券期货经营机构私募资产管理业务管理办法》第五十四条规定。

31. 有（　　）情形之一的，资产管理计划终止。

A. 资产管理计划存续期届满且不展期

B. 证券期货经营机构被依法撤销资产管理业务资格或者依法解散、被撤销、被宣告破产，且在 6 个月内没有新的管理人承接

C. 托管人被依法撤销基金托管资格或者依法解散、被撤销、被宣告破产，且在 6 个月内没有新的托管人承接

D. 全体投资者单方面决定终止的

【参考答案】ABC

【答案解析】见《证券期货经营机构私募资产管理业务管理办法》第五十五条规定。

32. 证券期货经营机构的自营账户与（　　）之间，不得发生交易，有充分证据证明进行有效隔离并且价格公允的除外。

A. 子公司的资产管理计划账户

B. 单一资产管理计划账户

C. 作为投资顾问管理的产品账户　D. 不同资产管理计划账户

【参考答案】ABCD

【答案解析】见《证券期货经营机构私募资产管理业务管理办法》第六十五条规定。

33. 证券期货经营机构、托管人、销售机构和投资顾问等服务机构违反法律、行政法规、本办法及中国证监会其他规定的，中国证监会及相关派出机构可以对其采取责令改正、（　　）等行政监管措施。

A. 监管谈话　　B. 出具警示函

C. 责令定期报告　　D. 移交公安机关处理

【参考答案】ABC

【答案解析】见《证券期货经营机构私募资产管理业务管理办法》第七十八条规定。

34. 资产管理计划所属类别包括（　　）。

A. 固定收益类　　B. 权益类

C. 商品及金融衍生品类　　D. 混合类

【参考答案】ABCD

【答案解析】见《证券期货经营机构私募资产管理业务管理办法》第二十条规定。

35. 证券期货经营机构募集资产管理计划，应当向投资者提供（　　），详细说明资产管理计划管理和运作情况，充分揭示资产管理计划的各类风险。

A. 资产管理合同　　B. 计划说明书

C. 风险揭示书　　D. 投资策略方案

【参考答案】ABC

【答案解析】见《证券期货经营机构私募资产管理业务管理办法》第四十九条规定。

（三）判断题（判断以下各小题的正误，正确的填写 A，错误的填写 B）

1. 证券期货经营机构不得在表内从事私募资产管理业务。（　　）

【参考答案】A

【答案解析】见《证券期货经营机构私募资产管理业务管理办法》第四条规定。

2. 证券期货经营机构不得以任何方式向投资者承诺最低收益，但可以变相承诺本金不受损失。（　　）

【参考答案】B

【答案解析】不得承诺保本。

3. 投资者参与资产管理计划，可以与资产管理方协商共同承担投资风险。（　）

【参考答案】B

【答案解析】应当根据自身能力审慎决策，独立承担投资风险。

4. 在资产管理计划实施期间，证券期货经营机构、托管人可以将资产管理计划财产归入其固有财产。（　）

【参考答案】B

【答案解析】不得将资产管理计划财产归入其固有财产。

5. 证券期货经营机构、托管人因资产管理计划财产的管理、运用或者其他情形而取得的财产和收益，全部归投资者所有。（　）

【参考答案】B

【答案解析】应归入资产管理计划财产，等待分配。

6. 证券期货经营机构、托管人因依法解散、被依法撤销或者被依法宣告破产等原因进行清算的，资产管理计划财产也属于其清算财产。（　）

【参考答案】B

【答案解析】不属于其清算财产。

7. 证券期货经营机构从事私募资产管理业务，必须具有投资研究部门，且专职从事投资研究的人员不少于 3 人。（　）

【参考答案】A

【答案解析】见《证券期货经营机构私募资产管理业务管理办法》第十条规定。

8. 证券期货经营机构从事私募资产管理业务，必须具备符合条件的高级管理人员和一名以上投资经理。（　）

【参考答案】B

【答案解析】具备符合条件的高级管理人员和 3 名以上投资经理。

9. 证券公司、基金管理公司、期货公司的子公司从事私募资产管理业务的，必须自己要设立投资研究部门，总公司投研部门提供服务不行。（　）

【参考答案】B

【答案解析】见《证券期货经营机构私募资产管理业务管理办法》第十条规定。

10. 证券期货经营机构只能自行销售资产管理计划，不可以委托基金销售机

构销售或者推介资产管理计划。（ ）

【参考答案】B

【答案解析】也可以委托具有基金销售资格的机构销售或者推介资产管理计划。

11. 证券期货经营机构可以自行办理资产管理计划份额的登记、估值、核算，也可以委托其他机构代为办理。（ ）

【参考答案】A

【答案解析】见《证券期货经营机构私募资产管理业务管理办法》第十五条规定。

12. 证券期货经营机构从事私募资产管理业务，可以聘请符合中国证监会规定条件并接受国务院金融监督管理机构监管的机构为其提供投资顾问服务。证券期货经营机构依法应当承担的责任可以由聘请的投资顾问来承担。（ ）

【参考答案】B

【答案解析】证券期货经营机构依法应当承担的责任不因聘请投资顾问而免除。

13. 证券期货经营机构可以聘请个人或者符合条件的机构提供投资顾问服务。（ ）

【参考答案】B

【答案解析】证券期货经营机构不得聘请个人或者不符合条件的机构提供投资顾问服务。

14. 证券期货经营机构收取的资产管理费可以直接或者间接向投资者返还。（ ）

【参考答案】B

【答案解析】不可以直接或者间接向投资者返还管理费。

15. 证券期货经营机构适当炒单，以获取佣金，增加收入也是无可厚非的。（ ）

【参考答案】B

【答案解析】证券期货经营机构不得以获取佣金或者其他不当利益为目的，使用资产管理计划财产进行不必要的交易。

16. 证券期货经营机构只可以为单一投资者设立单一资产管理计划，严禁为多个投资者设立集合资产管理计划。（ ）

【参考答案】B

【答案解析】也可以多个投资者设立集合资产管理计划。

17. 集合资产管理计划的投资者人数不少于 1 人，不得超过 100 人。( )

【参考答案】B

【答案解析】集合资产管理计划的投资者人数不少于 2 人，不得超过 200 人。

18. 单一资产管理计划只可以接受货币资金委托，不得接受股票、债券等金融资产委托。( )

【参考答案】B

【答案解析】单一资产管理计划可以接受货币资金委托，或者接受投资者合法持有的股票、债券或中国证监会认可的其他金融资产委托。

19. 投资于债权类、股权类、商品及金融衍生品类资产的比例均达到前三类产品标准的，为混合类资产管理计划。( )

【参考答案】B

【答案解析】均未达到前三类产品标准的，为混合类资产管理计划。

20. 开放式集合资产管理计划每 1 个月至少开放一次计划份额的参与、退出，中国证监会另有规定的除外。( )

【参考答案】B

【答案解析】开放式集合资产管理计划每 3 个月至多开放一次计划份额的参与、退出。

21. 单一资产管理计划应当设定为均等份额，集合资产管理计划可以不设份额。( )

【参考答案】B

【答案解析】单一资产管理计划可以不设份额，集合资产管理计划应当设定为均等份额。

22. 分级资产管理计划的名称应当包含“分级”或“结构化”字样。( )

【参考答案】A

【答案解析】见《证券期货经营机构私募资产管理业务管理办法》第二十二条规定。

23. 证券期货经营机构可以设立多个资产管理计划，同时投资于同一非标准化资产。( )

【参考答案】B

【答案解析】证券期货经营机构不得设立多个资产管理计划，同时投资于同一非标准化资产，以变相突破投资者人数限制或者其他监管要求。

24. 资产管理计划完成备案前不得开展投资活动，但可以投资于银行活期存

款、国债、中央银行票据、政策性金融债、地方政府债券、货币市场基金等的投资品种。（　　）

【参考答案】A

【答案解析】见《证券期货经营机构私募资产管理业务管理办法》第三十二条规定。

25. 证券期货经营机构设立的资产管理计划在境内募集的资金，不得投资于境外金融产品。（　　）

【参考答案】B

【答案解析】证券期货经营机构可以依法设立资产管理计划在境内募集资金，投资于中国证监会认可的境外金融产品。

26. 资产管理计划可以直接投资商业银行信贷资产，也可以为地方政府及其部门提供融资。（　　）

【参考答案】B

【答案解析】资产管理计划不得直接投资商业银行信贷资产，不得违规为地方政府及其部门提供融资。

27. 资产管理计划接受其他资产管理产品参与，不得进行转委托，不得再投资除公募基金以外的其他资产管理产品。（　　）

【参考答案】A

【答案解析】见《证券期货经营机构私募资产管理业务管理办法》第四十四条规定。

28. 资产管理计划投资于其他资产管理产品的，可以再投资除公募基金以外的其他资产管理产品。（　　）

【参考答案】B

【答案解析】资产管理计划投资于其他资产管理产品的，应当明确约定所投资的资产管理产品不再投资除公募基金以外的其他资产管理产品。

29. 清算后的剩余财产，集合资产管理计划应当按照投资者持有份额占总份额的比例或者资产管理合同的约定，以货币资金形式或其他资产方式分配给投资者。（　　）

【参考答案】B

【答案解析】只能以货币资金形式分配给投资者。

（四）综合题（以下各小题给出的四个选项中，至少有一项符合题目要求，请将符合题目要求选项的代码填入括号内）

根据以下案例，回答1～4题。

某期货公司获得资产管理业务试点资格后，便投入重金在当地报纸、电台大做广告宣传，公开宣传资产管理业务的预期收益超出银行一年定期存款至少 1 倍以上，还编造以往没有的操盘业绩，大肆吹嘘，吸引了不少投资者。对客户委托资产来源及用途的合法性不闻不问，导致有不少客户以向公众集资的方式筹得资金后交给期货公司做资产管理业务。针对有的客户怕亏的担忧，期货公司与不少客户签订了风险共担、收益分成的合同，并向有的客户承诺资金保底。期货公司包括总经理在内的高管人员和从业员工也纷纷成为本公司资产管理业务的客户，有的员工甚至以配偶和子女的名义与公司签署资产管理合同。最终期货公司募集了 2 亿元的资产管理资金。

在向监控中心开户备案前，期货公司就已经开始资产管理交易活动。资产管理部经理既是操盘手，又兼任风控岗。资产管理部经理经常在自己亲戚的账户与其他客户的账户之间来回进行同日反向交易，确保自己亲戚账户保持盈利状态。

1 个月后，资产管理业务出现巨大亏损，导致客户与期货公司之间出现多起纠纷。为了平息纠纷，期货公司将客户资产的一部分用于偿还债务。不久，中国证监会派出机构对期货公司资产管理业务进行不定期检查时发现了该公司涉嫌违法违规的严重问题，撤销了其资产管理业务试点资格。

1. 该期货公司涉嫌违反《证券期货经营机构私募资产管理业务管理办法》有（　　）处。

A. 10　　B. 12

C. 14　　D. 16

【参考答案】B

【答案解析】涉嫌违反《期货公司资产管理业务试点办法》之处有：（1）大做广告宣传；（2）公开宣传预期收益；（3）编造业绩；（4）对客户委托资产来源及用途的合法性不闻不问；（5）客户以向公众集资的方式筹得资金；（6）签订了风险共担、收益分成的合同；（7）承诺资金保底；（8）公司员工、配偶和子女也纷纷成为本公司资产管理业务的客户；（9）备案前就已经开始资管交易活动；（10）资产管理部经理既是操盘手，又兼任风控岗；（11）资产管理部经理经常在自己亲戚的账户与其他客户的账户之间来回进行同日反向交易，确保自己亲戚账户保持盈利状态；（12）将客户资产部分用于偿还债务。

2. 证券期货经营机构从事私募资产管理业务，应当履行（　　）管理人职责。

A. 依法办理资产管理计划的销售、登记、备案事宜

B. 对所管理的不同资产管理计划的受托财产分别管理、分别记账，进行

投资

C. 按照资产管理合同的约定确定收益分配方案，及时向投资者分配收益

D. 进行资产管理计划会计核算并编制资产管理计划财务会计报告

【参考答案】ABCD

【答案解析】见《证券期货经营机构私募资产管理业务管理办法》第十一条规定。

3. 依据《证券期货经营机构私募资产管理业务管理办法》，资产管理业务（ ）等岗位必须相互独立，并配备专职业务人员，不得相互兼任。

A. 投资经理　　B. 交易执行

C. 风险控制　　D. 综合文秘

【参考答案】ABC

【答案解析】见《证券期货经营机构私募资产管理业务管理办法》第五条规定。

4. 资产管理合同应当明确约定，（ ）。

A. 由客户自行独立承担投资风险

B. 由期货公司自行独立承担投资风险

C. 由客户和期货公司共同独立承担投资风险

D. 由期货公司向客户承诺分担部分损失

【参考答案】A

【答案解析】见《证券期货经营机构私募资产管理业务管理办法》第四条规定。

十三、《证券期货经营机构私募资产管理计划运作管理规定》通关练习

(一) 单项选择题（在以下各小题所给出的四个选项中，只有一个选项符合题目要求，请将正确选项的代码填入括号中）

1. 投资于单只资产管理计划的自然人、法人或者其他组织，应具有（　　）年以上投资经历。

A. 1　　B. 2

C. 3　　D. 4

【参考答案】B

【答案解析】见《证券期货经营机构私募资产管理计划运作管理规定》第三条规定。

2. 投资于单只资产管理计划的法人单位，（　　）万元。

A. 最近 1 年末净资产不低于 1 000　　B. 最近 1 年末总资产不低于 1 000

C. 最近 2 年末净资产不低于 1 000　　D. 最近 2 年末总资产不低于 1 000

【参考答案】A

【答案解析】见《证券期货经营机构私募资产管理计划运作管理规定》第三条规定。

3. 合格投资者投资于单只固定收益类资产管理计划的金额不低于（　　）万元。

A. 30　　B. 40

C. 100　　D. 1 000

【参考答案】A

【答案解析】见《证券期货经营机构私募资产管理计划运作管理规定》第三条规定。

4. 合格投资者投资于单只混合类资产管理计划的金额不低于（　　）万元。

A. 30　　B. 40

C. 100　　D. 1 000

【参考答案】B

【答案解析】见《证券期货经营机构私募资产管理计划运作管理规定》第三条规定。

5. 合格投资者单只权益类、商品及金融衍生品类资产管理计划的金额不低于（　　）万元。

A. 30　　B. 40

C. 100　　D. 1 000

【参考答案】C

【答案解析】见《证券期货经营机构私募资产管理计划运作管理规定》第三条规定。

6. 资产管理计划投资于规定的非标准化资产的，接受单个合格投资者委托资金的金额不低于（　　）万元。

A. 30　　B. 40

C. 100　　D. 1 000

【参考答案】C

【答案解析】见《证券期货经营机构私募资产管理计划运作管理规定》第三条规定。

7. 资产管理计划的初始募集规模不得低于（　　）元。

A. 1 000 万　　B. 5 000 万

C. 1 亿　　D. 5 亿

【参考答案】A

【答案解析】见《证券期货经营机构私募资产管理计划运作管理规定》第五条规定。

8. 集合资产管理计划的初始募集期自资产管理计划份额发售之日起不得超过（　　）天。

A. 30　　B. 60

C. 90　　D. 120

【参考答案】B

【答案解析】见《证券期货经营机构私募资产管理计划运作管理规定》第五条规定。

9. 专门投资于未上市企业股权的集合资产管理计划的初始募集期自资产管

理计划份额发售之日起不得超过（　　）个月。

A. 3　　B. 6

C. 9　　D. 12

【参考答案】D

【答案解析】见《证券期货经营机构私募资产管理计划运作管理规定》第五条规定。

10. 证券期货经营机构自有资金参与集合资产管理计划的持有期限不得少于（　　）个月。参与、退出时，应当提前5个工作日告知投资者和托管人。

A. 3　　B. 6

C. 9　　D. 12

【参考答案】B

【答案解析】见《证券期货经营机构私募资产管理计划运作管理规定》第九条规定。

11. 证券期货经营机构以自有资金参与单个集合资产管理计划的份额不得超过该计划总份额的（　　）。

A. 10%　　B. 20%

C. 30%　　D. 50%

【参考答案】B

【答案解析】见《证券期货经营机构私募资产管理计划运作管理规定》第九条规定。

12. 证券期货经营机构及其附属机构以自有资金参与单个集合资产管理计划的份额合计不得超过该计划总份额的（　　）。

A. 10%　　B. 20%

C. 30%　　D. 50%

【参考答案】D

【答案解析】见《证券期货经营机构私募资产管理计划运作管理规定》第九条规定。

13. 份额登记机构应当妥善保存登记数据。其保存期限自集合资产管理计划账户销户之日起不得少于（　　）年。

A. 3　　B. 5

C. 10　　D. 20

【参考答案】D

【答案解析】见《证券期货经营机构私募资产管理计划运作管理规定》第十

条规定。

14. 集合资产管理计划的建仓期自产品成立之日起不得超过（　　）个月，专门投资于未上市企业股权的集合资产管理计划除外。

A. 3　　B. 6

C. 9　　D. 12

【参考答案】B

【答案解析】见《证券期货经营机构私募资产管理计划运作管理规定》第十三条规定。

15. 同一证券期货经营机构管理的全部集合资产管理计划投资于同一资产的资金，不得超过该资产的（　　）。

A. 10%　　B. 15%

C. 20%　　D. 25%

【参考答案】D

【答案解析】见《证券期货经营机构私募资产管理计划运作管理规定》第十五条规定。

16. 同一证券期货经营机构管理的全部资产管理计划及公开募集证券投资基金合计持有单一上市公司发行的股票不得超过该上市公司可流通股票的（　　）。

A. 10%　　B. 20%

C. 30%　　D. 50%

【参考答案】C

【答案解析】见《证券期货经营机构私募资产管理计划运作管理规定》第十五条规定。

17. 同一证券期货经营机构管理的全部资产管理计划投资于非标准化债权类资产的资金不得超过其管理的全部资产管理计划净资产的（　　）。

A. 15%　　B. 25%

C. 35%　　D. 45%

【参考答案】C

【答案解析】见《证券期货经营机构私募资产管理计划运作管理规定》第十六条规定。

18. 同一证券期货经营机构管理的全部资产管理计划投资于同一非标准化债权类资产的资金合计不得超过（　　）亿元。

A. 100　　B. 200

C. 300　　D. 500

【参考答案】C

【答案解析】见《证券期货经营机构私募资产管理计划运作管理规定》第十六条规定。

19. 封闭式资产管理计划的期限不得低于（　　）天。

A. 30　　B. 60

C. 90　　D. 120

【参考答案】C

【答案解析】见《证券期货经营机构私募资产管理计划运作管理规定》第二十条规定。

20. 全部资产投资于标准化资产的集合资产管理计划，可以按照合同约定每季度多次开放，其主动投资于流动性受限资产的市值在开放退出期内合计不得超过该资产管理计划资产净值的（　　）。

A. 10%　　B. 20%

C. 30%　　D. 50%

【参考答案】B

【答案解析】见《证券期货经营机构私募资产管理计划运作管理规定》第二十一条规定。

21. 证券期货经营机构应当确保集合资产管理计划开放退出期内，其资产组合中 7 个工作日可变现资产的价值，不低于该计划资产净值的（　　）。

A. 10%　　B. 20%

C. 30%　　D. 50%

【参考答案】A

【答案解析】见《证券期货经营机构私募资产管理计划运作管理规定》第二十二条规定。

22. 资产管理计划直接或者间接投资于非标准化股权类资产的，应当为（　　）资产管理计划，并明确非标准化股权类资产的退出安排。

A. 封闭式　　B. 开放式

C. 封闭式和开放式　　D. 混合式

【参考答案】A

【答案解析】见《证券期货经营机构私募资产管理计划运作管理规定》第二十三条规定。

23. 固定收益类、权益类、商品及金融衍生品类资产管理计划存续期间，投资于对应类别资产的比例可以低于计划总资产 80%，但不得持续（　　）个月低于计划总资产80%。

A. 3　　B. 6

C. 9　　D. 12

【参考答案】B

【答案解析】见《证券期货经营机构私募资产管理计划运作管理规定》第二十八条规定。

24. 固定收益类产品优先级与劣后级的比例不得超过（　　）。

A. 3:1　　B. 2:1

C. 1:2　　D. 1:3

【参考答案】A

【答案解析】见《证券期货经营机构私募资产管理计划运作管理规定》第三十条规定。

25. 权益类产品优先级与劣后级的比例不得超过（　　）。

A. 1:1　　B. 2:1

C. 3:1　　D. 1:2

【参考答案】A

【答案解析】见《证券期货经营机构私募资产管理计划运作管理规定》第三十条规定。

26. 商品及金融衍生品类、混合类产品优先级与劣后级的比例不得超过（　　）。

A. 1:1　　B. 2:1

C. 3:1　　D. 1:2

【参考答案】B

【答案解析】见《证券期货经营机构私募资产管理计划运作管理规定》第三十条规定。

27. 分级资产管理计划若存在中间级份额，中间级份额应当（　　）优先级份额。

A. 计入　　B. 不计入

C. 小于　　D. 等于

【参考答案】A

【答案解析】见《证券期货经营机构私募资产管理计划运作管理规定》第三十条规定。

28. （　　），可以按照资产管理合同的约定，在计划资产中列支。

A. 资产管理计划成立前发生的费用

B. 资产管理计划存续期间发生的与募集有关的费用

C. 资产管理计划运营期间发生的费用

D. 资产管理计划所有费用

【参考答案】C

【答案解析】见《证券期货经营机构私募资产管理计划运作管理规定》第三十六条规定。

29. 证券期货经营机构可以与投资者在资产管理合同中约定提取业绩报酬。提取频率不得超过每（　　）个月一次。

A. 3　　B. 6

C. 9　　D. 12

【参考答案】B

【答案解析】见《证券期货经营机构私募资产管理计划运作管理规定》第三十七条规定。

30. 证券期货经营机构可以与投资者在资产管理合同中约定提取业绩报酬。提取比例不得超过业绩报酬计提基准以上投资收益的（　　）。

A. 30%　　B. 60%

C. 90%　　D. 120%

【参考答案】B

【答案解析】见《证券期货经营机构私募资产管理计划运作管理规定》第三十七条规定。

31. 证券期货经营机构应当按照资产管理合同的约定向投资者提供资产管理计划（　　）报告，披露报告期内资产管理计划运作情况。

A. 月度　　B. 季度

C. 半年度　　D. 年度

【参考答案】D

【答案解析】见《证券期货经营机构私募资产管理计划运作管理规定》第三十八条规定。

32. 证券期货经营机构应当按照《指导意见》的规定，向（　　）报送资产管理计划信息，并接受其对资产管理计划统计工作的监督检查。

A. 中国证监会　　B. 证券基金业协会

C. 中国期货业协会　　D. 中国人民银行

【参考答案】D

【答案解析】见《证券期货经营机构私募资产管理计划运作管理规定》第三十九条规定。

33. 证券期货经营机构应当针对私募资产管理业务的主要业务人员和相关管理人员建立收入递延支付机制，递延支付年限原则上不少于（ ）年。

A. 1　　B. 2

C. 3　　D. 5

【参考答案】C

【答案解析】见《证券期货经营机构私募资产管理计划运作管理规定》第四十一条规定。

34. 证券期货经营机构应当针对私募资产管理业务的主要业务人员和相关管理人员建立收入递延支付机制，递延支付的收入金额原则上不少于（ ）。

A. 20%　　B. 30%

C. 40%　　D. 50%

【参考答案】C

【答案解析】见《证券期货经营机构私募资产管理计划运作管理规定》第四十一条规定。

35. 证券期货经营机构董事、监事、从业人员及其配偶可以参与本公司管理的（ ）资产管理计划。

A. 单一　　B. 集合

C. 各种形式的　　D. 私募

【参考答案】B

【答案解析】见《证券期货经营机构私募资产管理计划运作管理规定》第二十七条、第二十八条规定。

（二）多项选择题（以下各小题给出的四个选项中，至少有两项符合题目要求，请将符合题目要求选项的代码填入括号内）

1. 为规范证券期货经营机构私募资产管理业务，保护投资者及相关当事人的合法权益，维护证券期货市场秩序，根据（ ）及相关法律法规，制定《证券期货经营机构私募资产管理业务管理办法》。

A.《中华人民共和国证券法》　　B.《中华人民共和国证券投资基金法》

C.《证券公司监督管理条例》　　D.《期货交易管理条例》

【参考答案】ABCD

【答案解析】见《证券期货经营机构私募资产管理计划运作管理规定》第一

条规定。

2. 投资于单只资产管理计划的自然人，应具有 2 年以上投资经历，且满足下列（　　）条件之一。

A. 家庭金融净资产不低于 300 万元

B. 家庭金融资产不低于 500 万元

C. 近 3 年本人年均收入不低于 40 万元

D. 每月收入不低于 5 000 元

【参考答案】ABC

【答案解析】见《证券期货经营机构私募资产管理计划运作管理规定》第三条规定。

3. 资产管理计划应当向合格投资者非公开募集。合格投资者包括（　　）。

A. 社会保障基金等养老基金　　B. 慈善基金等社会公益基金

C. QFII　　D. RQFII

【参考答案】ABCD

【答案解析】见《证券期货经营机构私募资产管理计划运作管理规定》第三条规定。

4. 封闭式单一资产管理计划的投资者可以分期缴付委托资金，但应当在资产管理合同中事先明确约定分期缴付资金的数额、期限，且（　　）。

A. 首期缴付资金不得少于 1 000 万元

B. 首期缴付资金不得少于 3 000 万元

C. 全部资金缴付期限自资产管理计划成立之日起不得超过 2 年

D. 全部资金缴付期限自资产管理计划成立之日起不得超过 3 年

【参考答案】AD

【答案解析】见《证券期货经营机构私募资产管理计划运作管理规定》第五条规定。

5. 证券期货经营机构募集资产管理计划，应当制作风险揭示书。风险揭示书应充分揭示资产管理计划的（　　）等各类风险。

A. 市场风险　　B. 信用风险元

C. 操作风险　　D. 聘请投资顾问的特定风险

【参考答案】ABCD

【答案解析】见《证券期货经营机构私募资产管理计划运作管理规定》第七条规定。

6. 基金中基金资产管理计划、管理人中管理人资产管理计划应当按照规定分别在其名称中标明（ ），或者其他能够反映该资产管理计划类别的字样。

A. “FOF”
B. “MOM”
C. “DOD”
D. “POP”

【参考答案】AB

【答案解析】见《证券期货经营机构私募资产管理计划运作管理规定》第八条规定。

7. 资产管理计划投资于（ ）等基础资产的收（受）益权的，应当以基础资产产生的独立、持续、可预测的现金流实现收（受）益权。

A. 不动产
B. 特许收费权
C. 经营权
D. 信托计划

【参考答案】ABC

【答案解析】见《证券期货经营机构私募资产管理计划运作管理规定》第十八条规定。

8. 资产管理计划不得（ ）。

A. 投资于法律依据不充分的收（受）益权
B. 投资于不动产
C. 接受特殊目的机构股权作为抵押、质押标的资产
D. 经营权等基础资产

【参考答案】AC

【答案解析】见《证券期货经营机构私募资产管理计划运作管理规定》第十八条、第十九条规定。

9. 证券期货经营机构（ ）不得参与本公司管理的单一资产管理计划。

A. 董事
B. 监事
C. 从业人员
D. 从业人员及其配偶

【参考答案】ABCD

【答案解析】见《证券期货经营机构私募资产管理计划运作管理规定》第二十七条规定。

10. 资产管理计划的投资顾问应当为依法可以从事资产管理业务的（ ）。

A. 证券期货经营机构
B. 商业银行资产管理机构
C. 保险资产管理机构
D. 经营丰富的投资者个人

【参考答案】ABC

【答案解析】见《证券期货经营机构私募资产管理计划运作管理规定》第三十二条规定。

11. 资产管理计划的投资顾问可以是同时符合以下（　　）条件的私募证券投资基金管理人。

A. 在证券投资基金业协会登记满 1 年、无重大违法违规记录的会员

B. 具备 3 年以上连续可追溯证券、期货投资管理业绩

C. 无不良从业记录的投资管理人员不少于 3 人

D. 具备 1 年以上连续可追溯证券、期货投资管理业绩

【参考答案】ABC

【答案解析】见《证券期货经营机构私募资产管理计划运作管理规定》第三十二条规定。

12. 证券期货经营机构不得（　　）。

A. 允许投资顾问及其关联方以其自有资金投资于分级资产管理计划的劣后级份额

B. 允许投资顾问及其关联方以募集资金投资于分级资产管理计划的劣后级份额

C. 不得向未提供实质服务的投资顾问支付费用

D. 不得向投资顾问支付与其提供的服务不相匹配的费用

【参考答案】ABCD

【答案解析】见《证券期货经营机构私募资产管理计划运作管理规定》第三十二条规定。

13. 以下属于证券期货经营机构禁止行为的有（　　）。

A. 对每个资产管理计划单独管理、单独建账、单独核算

B. 将不同资产管理计划进行混同运作，或者出现资金与资产无法明确对应的其他情形

C. 未产生实际投资收益，仅以后期投资者的投资资金向前期投资者进行兑付

D. 资产管理计划发生兑付风险时通过开放参与或者滚动发行等方式由后期投资者承担风险

【参考答案】BCD

【答案解析】见《证券期货经营机构私募资产管理计划运作管理规定》第三十五条规定。

14. 流动性受限资产，指由于法律法规、监管、合同或者操作障碍等原因无法以合理价格予以变现的资产，包括（　　）、因发行人债务违约无法进行转让或交易的债券和非金融企业债务融资工具等资产。

A. 到期日在10个交易日以上的逆回购与银行定期存款（含协议约定有条件提前支取的银行存款）

B. 资产支持证券（票据）

C. 流动受限的新股以及非公开发行股票

D. 停牌股票

【参考答案】ABCD

【答案解析】见《证券期货经营机构私募资产管理计划运作管理规定》第四十三条规定。

（三）判断题（判断以下各小题的正误，正确的填写A，错误的填写B）

1. 资产管理计划应当向合格投资者公开募集。（　）

【参考答案】B

【答案解析】资产管理计划应当向合格投资者非公开募集。

2. 资产管理计划接受其他资产管理产品参与的，合并计算其他资产管理产品的投资者人数。（　）

【参考答案】B

【答案解析】不合并计算其他资产管理产品的投资者人数，但应当有效识别资产管理计划的实际投资者与最终资金来源。

3. 封闭式单一资产管理计划的投资者不得分期缴付委托资金，应一次性缴足。（　）

【参考答案】B

【答案解析】可以分期缴付委托资金，但应当在资产管理合同中事先明确约定分期缴付资金的数额、期限，且首期缴付资金不得少于1 000万元，全部资金缴付期限自资产管理计划成立之日起不得超过3年。

4. 单一资产管理计划可以约定不聘请托管机构进行托管，但应当在资产管理合同中明确保障资产管理计划资产安全的制度措施和纠纷解决机制。（　）

【参考答案】A

【答案解析】见《证券期货经营机构私募资产管理计划运作管理规定》第十一条规定。

5. 资产管理计划参与股票、债券、可转换公司债券、可交换公司债券等证券发行申购时，单个资产管理计划所申报的金额不得超过该资产管理计划的净资产。（　）

【参考答案】B

【答案解析】单个资产管理计划所申报的金额不得超过该资产管理计划的总资产。

6. 资产管理计划不得接受收（受）益权、特殊目的机构股权作为抵押、质押标的资产。（　）

【参考答案】A

【答案解析】见《证券期货经营机构私募资产管理计划运作管理规定》第十九条规定。

7. 证券期货经营机构应当加强资产管理计划的久期管理，可以设立不设存续期限的资产管理计划。（　）

【参考答案】B

【答案解析】不得设立不设存续期限的资产管理计划。

8. 资产管理计划直接或者间接投资于非标准化债权类资产的，非标准化债权类资产的终止日不得晚于封闭式资产管理计划的到期日或者开放式资产管理计划的最近一次开放日。（　）

【参考答案】A

【答案解析】见《证券期货经营机构私募资产管理计划运作管理规定》第二十三条规定。

9. 非标准化股权类资产无法按照约定退出的，资产管理计划可以延期清算，也可以按照投资者持有份额占总份额的比例或者资产管理合同的约定，将其持有的非标准化股权类资产分配给投资者。（　）

【参考答案】A

【答案解析】见《证券期货经营机构私募资产管理计划运作管理规定》第二十三条规定。

10. 封闭式资产管理计划存续期间，不得允许投资者提前退出或者变相提前退出。（　）

【参考答案】A

【答案解析】见《证券期货经营机构私募资产管理计划运作管理规定》第二十四条规定。

11. 证券期货经营机构董事、监事、从业人员及其配偶可以参与本公司管理的单一资产管理计划。（　）

【参考答案】B

【答案解析】不得参与本公司管理的单一资产管理计划，但可以参与本公司管理的集合资产管理计划。

12. 分级资产管理计划可投资其他分级或者结构化金融产品，但不得直接或者间接对优先级份额认购者提供保本保收益安排。（　）

【参考答案】B

【答案解析】不得投资其他分级或者结构化金融产品。

13. 资产管理计划的投资顾问可直接执行投资指令。（　）

【参考答案】B

【答案解析】证券期货经营机构应当对投资顾问的投资建议进行审查，不得由投资顾问直接执行投资指令。

14. 资产管理计划的投资顾问及其关联方可以以其自有资金或者募集资金投资于分级资产管理计划的劣后级份额。（　）

【参考答案】B

【答案解析】证券期货经营机构不得允许投资顾问及其关联方以其自有资金或者募集资金投资于分级资产管理计划的劣后级份额。

15. 证券期货经营机构可以与投资者在资产管理合同中约定提取业绩报酬。（　）

【参考答案】A

【答案解析】见《证券期货经营机构私募资产管理计划运作管理规定》第三十七条规定。

16. 证券期货经营机构应当在本公司及相关行业协会网站对其私募资产管理业务资格及从业人员信息等基本情况进行公示。（　）

【参考答案】A

【答案解析】见《证券期货经营机构私募资产管理计划运作管理规定》第四十条规定。

（四）综合题（以下各小题给出的四个选项中，至少有一项符合题目要求，请将符合题目要求选项的代码填入括号内）

根据以下案例，回答 1～4 题。

某期货公司资产管理部拟募集发行一款集合资产管理计划。于是该部门通过公司网站发布了该资管计划产品的募集信息，初始募集规模为 1 000 万元，得到三位投资者的青睐，但这三位投资者能够出资的金额分别为 30 万元、35 万元和 35 万元。于是期货公司让这三位投资者另外开立了一个个人银行账户，将资金聚集在该账户上，凑足了 100 万元。并承诺与三位投资者签署“抽屉协议”，保其本金。剩余 900 万元资金由该期货公司的员工及家属凑足。

1. 通过公司网站发布该资管计划产品的募集信息做法（　　）。

A. 正确　　B. 错误

C. 只是一种营销手段　　D. 可以理解

【参考答案】B

【答案解析】资产管理计划应当向合格投资者非公开募集。

2. 根据三位投资者的出资能力，只能投资于单只（　　）资产管理计划。

A. 固定收益类　　B. 混合类

C. 权益类、商品及金融衍生品类　　D. 集合

【参考答案】A

【答案解析】见《证券期货经营机构私募资产管理计划运作管理规定》第三条规定。

3. 对该期货公司违规做法，中国证监会及相关派出机构可以对其采取（　　）等行政监管措施。

A. 责令改正　　B. 监管谈话

C. 出具警示函　　D. 责令定期报告

【参考答案】ABCD

【答案解析】见《证券期货经营机构私募资产管理计划运作管理规定》第七十八条规定。

4. 对负有直接责任的该公司主管资产管理部的副总经理和资产管理部总经理，中国证监会及相关派出机构可以采取（　　）等行政监管措施。

A. 认定为不适当人选　　B. 监管谈话

C. 出具警示函　　D. 责令参加培训

【参考答案】ABCD

【答案解析】见《证券期货经营机构私募资产管理计划运作管理规定》第七十八条规定。

十四、《期货公司风险监管指标管理办法》通关练习

（一）单项选择题（以下各小题所给出的四个选项中，只有一项最符合题目要求，请将正确选项的代码填入括号内）

1.《期货公司风险监管指标管理办法》所称净资本是在期货公司（　　）的基础上，按照变现能力对资产负债项目及其他项目进行风险调整后得出的综合性风险监管指标。

A. 总资本　　　　B. 净负债

C. 净资产　　　　D. 流动资产

【参考答案】C

【答案解析】见《期货公司风险监管指标管理办法》第十条规定。

2. 净资本的计算公式为：净资本 =（　　）。

A. 净资产 - 资产调整值 + 负债调整值 -／+ 其他调整项年度

B. 资产调整值 + 负债调整值 - 净资产 -／+ 其他调整项年度

C. 净资产 - 资产调整值 + 负债调整值

D. 净资产 - 资产调整值 + 其他调整项年度 -／+ 负债调整值

【参考答案】A

【答案解析】见《期货公司风险监管指标管理办法》第十条规定。

3.《期货公司风险监管指标管理办法》所称的重大业务，是指可能导致期货公司净资本等风险监管指标发生（　　）以上变化的业务。

A. 5%　　　　B. 10%

C. 15%　　　　D. 20%

【参考答案】B

【答案解析】见《期货公司风险监管指标管理办法》第三十三条规定。

4. 根据《期货公司风险监管指标管理办法》，期货公司应当持续符合以下风

险监管指标标准（　　）。

A. 净资本不得低于人民币 150 万元

B. 净资本与公司的风险资本准备的比例不得低于 150%

C. 净资本与净资产的比例不得低于 20%

D. 负债与净资产的比例不得高于 100%

【参考答案】C

【答案解析】见《期货公司风险监管指标管理办法》第八条规定。

5. 期货公司计算净资本时，应当按照企业会计准则的规定对相关项目充分计提（　　）。

A. 资产减值准备　　B. 净资产减值准备

C. 期货风险准备金　　D. 期货保证金减值准备

【参考答案】A

【答案解析】见《期货公司风险监管指标管理办法》第十三条规定。

6. 有证据表明期货公司未能准确确认预计负债的，中国证监会派出机构应当要求期货公司相应（　　）。

A. 核减资本金额　　B. 核减净资本金额

C. 增加净负债金额　　D. 增加负债金额

【参考答案】B

【答案解析】见《期货公司风险监管指标管理办法》第十三条规定。

7. 期货公司借入次级债务的，可以按照规定计入（　　）。

A. 净资产　　B. 净资本

C. 负债　　D. 流动负债

【参考答案】B

【答案解析】见《期货公司风险监管指标管理办法》第十五条规定。

8. 期货公司应当聘请具备证券、期货相关业务资格的会计师事务所对期货公司（　　）风险监管报表进行审计。

A. 年度　　B. 季度

C. 月度　　D. 全部

【参考答案】A

【答案解析】见《期货公司风险监管指标管理办法》第六条规定。

9. 期货公司应当及时根据监管要求、市场变化情况等对公司风险监管指标进行（　　）。

A. 流动性测试　　B. 压力测试

C. 可行性测试　　D. 实用性测试

【参考答案】B

【答案解析】见《期货公司风险监管指标管理办法》第五条规定。

10. 期货公司净资本与公司的风险资本准备的比例不得（　　）。

A. 高于100%　　B. 低于100%

C. 高于120%　　D. 低于120%

【参考答案】B

【答案解析】见《期货公司风险监管指标管理办法》第八条规定。

11. 期货公司的流动资产与流动负债的比例不得低于（　　）。

A. 30%　　B. 50%

C. 100%　　D. 150%

【参考答案】C

【答案解析】见《期货公司风险监管指标管理办法》第八条规定。

12. 期货公司应当按照（　　）的有关规定，计算风险监管指标。

A. 中国期货业协会　　B. 期货交易所

C. 中国证监会　　D. 财政部

【参考答案】C

【答案解析】见《期货公司风险监管指标管理办法》第二条规定。

13. 最低限额结算准备金（　　）设预警标准。

A. 不　　B. 由期货交易所

C. 由期货公司自己　　D. 需要

【参考答案】A

【答案解析】见《期货公司风险监管指标管理办法》第九条规定。

14. 期货公司净资本与净资产的比例不得低于（　　）。

A. 30%　　B. 20%

C. 50%　　D. 60%

【参考答案】B

【答案解析】见《期货公司风险监管指标管理办法》第八条规定。

15. 期货公司的负债与净资产的比例不得高于（　　）。

A. 60%　　B. 80%

C. 100%　　D. 150%

【参考答案】D

【答案解析】见《期货公司风险监管指标管理办法》第八条规定。

16. 期货公司（　　）次级债务。

A. 不得互相持有　　B. 可以互相持有

C. 不得持有　　D. 不得发行

【参考答案】A

【答案解析】见《期货公司风险监管指标管理办法》第十五条规定。

17. 中国证监会及其派出机构认为期货公司开展某项业务存在未预期风险特征的，可以根据潜在风险状况确定所需资本规模，并要求期货公司补充计提（　　）。

A. 坏账　　B. 最低限额结算准备金

C. 客户保证金　　D. 风险资本准备

【参考答案】D

【答案解析】见《期货公司风险监管指标管理办法》第十六条规定。

18. 中国证监会规定“不得低于”一定标准的风险监管指标，其预警标准是规定标准的（　　）。

A. 120%　　B. 130%

C. 150%　　D. 160%

【参考答案】A

【答案解析】见《期货公司风险监管指标管理办法》第九条规定。

19. 不需要在风险监管报表上签字确认的是（　　）。

A. 期货公司法定代表人　　B. 经营管理主要负责人

C. 财务负责人　　D. 报表填写人员

【参考答案】D

【答案解析】见《期货公司风险监管指标管理办法》第十八条规定。

20. 期货公司风险监管报表的保存期限应当不少于（　　）年。

A. 1　　B. 3

C. 5　　D. 7

【参考答案】C

【答案解析】见《期货公司风险监管指标管理办法》第十九条规定。

21. 期货公司应当每半年向公司董事会提交书面报告。该报告经董事会审议通过后，应当向期货公司全体（　　）提交或进行信息披露。

A. 股东　　B. 员工

C. 监事　　D. 客户

【参考答案】A

【答案解析】见《期货公司风险监管指标管理办法》第二十条规定。

22. 期货公司应当每（　　）向公司董事会提交书面报告，说明各项风险监管指标的具体情况，该报告应当经期货公司法定代表人签字确认。

A. 周　　B. 月

C. 半年　　D. 一年

【参考答案】C

【答案解析】见《期货公司风险监管指标管理办法》第二十条规定。

23. 期货公司风险监管指标不符合规定标准的，应当及时向全体（　　）报告或进行信息披露。

A. 股东　　B. 员工

C. 监事　　D. 客户

【参考答案】A

【答案解析】见《期货公司风险监管指标管理办法》第二十二条规定。

24. 净资本与风险资本准备的比例与上月相比向不利方向变动超过（　　）的，期货公司应当向公司住所地中国证监会派出机构书面报告，说明原因，并在5个工作日内向全体董事和全体股东书面报告。

A. 5%　　B. 10%

C. 15%　　D. 20%

【参考答案】D

【答案解析】见《期货公司风险监管指标管理办法》第二十一条规定。

25. 期货公司风险监管指标优于预警标准并连续保持（　　）个月的，风险预警期结束。

A. 1　　B. 2

C. 3　　D. 4

【参考答案】C

【答案解析】见《期货公司风险监管指标管理办法》第二十八条规定。

26. 期货公司应当每半年向公司董事会提交书面报告，说明各项风险监管指标的具体情况。该报告经董事会审议通过后，应当向（　　）。

A. 公司管理层提交　　B. 期货交易所提交

C. 中国证监会提交　　D. 公司全体股东提交或进行信息披露

【参考答案】D

【答案解析】见《期货公司风险监管指标管理办法》第二十条规定。

27. 经过整改，风险监管指标符合规定标准的，期货公司应当向（　　）

报告。

A. 公司所在地中国证监会派出机构　B. 中国证监会

C. 期货交易所　D. 期货业协会

【参考答案】A

【答案解析】见《期货公司风险监管指标管理办法》第三十条规定。

28. 期货公司风险监管标准不符合规定标准的，中国证监会派出机构应当在（　）个工作日内对公司进行不符合规定标准的情况和原因进行核实。

A. 2　B. 3

C. 5　D. 10

【参考答案】A

【答案解析】见《期货公司风险监管指标管理办法》第二十九条规定。

29. 期货公司风险监管指标符合规定标准的，中国证监会派出机构应当自验收合格之日起（　）个工作日内解除对期货公司采取的有关措施。

A. 1　B. 3

C. 5　D. 7

【参考答案】B

【答案解析】见《期货公司风险监管指标管理办法》第三十条规定。

30. 期货公司风险监管指标不符合规定标准的，中国证监会派出机构应当在2个工作日内对公司进行现场检查，对不符合规定标准的情况和原因进行核实，并责令期货公司限期整改，整改期限不得超过（　）个工作日。

A. 10　B. 15

C. 20　D. 30

【参考答案】C

【答案解析】见《期货公司风险监管指标管理办法》第二十九条规定。

31. 期货公司未在限期内报送或者补充更正风险监管报表的，公司住所地中国证监会派出机构应当（　）。

A. 对公司进行现场检查　B. 上报中国证监会

C. 通报期货交易所　D. 通报期货业协会

【参考答案】A

【答案解析】见《期货公司风险监管指标管理办法》第二十五条规定。

32. 中国证监会规定“不得高于”一定标准的风险监管指标，其预警标准是规定标准的（　）。

A. 50%　B. 60%

C. 70%　　D. 80%

【参考答案】D

【答案解析】见《期货公司风险监管指标管理办法》第九条规定。

33. 期货公司应当根据期末未决诉讼、未决仲裁等或有事项的性质、涉及金额、形成原因、进展情况、可能发生的损失和预计损失进行会计处理，在计算（　）时按照一定比例扣减。

A. 净资本　　B. 净资产

C. 流动资产　　D. 流动负债

【参考答案】A

【答案解析】见《期货公司风险监管指标管理办法》第十四条规定。

34. 期货公司应当按照（　）的规定确认预计负债。

A. 企业会计准则　　B. 期货交易管理条例

C. 期货交易所管理办法　　D. 期货经纪公司管理办法

【参考答案】A

【答案解析】见《期货公司风险监管指标管理办法》第十三条规定。

（二）多项选择题（以下各小题给出的四个选项中，至少有两个选项符合题目要求，请将符合题目要求选项的代码填入括号内）

1. 中国证监会及其派出机构认为期货公司开展某项业务存在未预期风险特征的，可以根据潜在风险状况（　）。

A. 确定期货公司所需资本规模

B. 确定期货公司所需负债规模

C. 要求期货公司补充计提风险资本准备

D. 要求期货公司增加最低限额结算准备金

【参考答案】AC

【答案解析】见《期货公司风险监管指标管理办法》第十六条规定。

2. 期货公司应当持续符合的风险监管指标标准为（　）。

A. 净资本不得低于人民币 3 000 万元

B. 净资本与公司的风险资本准备的比例不得低于 100%

C. 净资本与净资产的比例不得低于 20%

D. 流动资产与流动负债的比例不得低于 100%

【参考答案】ABCD

【答案解析】见《期货公司风险监管指标管理办法》第八条规定。

3. 期货公司应当按照《期货公司风险监管指标管理办法》的规定（　　）风险监管报表。

A. 编制　　B. 报送

C. 审核　　D. 批示

【参考答案】AB

【答案解析】见《期货公司风险监管指标管理办法》第十七条规定。

4. 计算期货公司净资本包含的项目有（　　）。

A. 流动负债　　B. 负债调整值

C. 资产调整值　　D. 其他调整项

【参考答案】BCD

【答案解析】净资本的计算公式为：净资本 = 净资产 - 资产调整值 + 负债调整值 -/+其他调整项。

5. 下列说法正确的有（　　）。

A. 期货公司应当建立与风险监管指标相适应的内部控制制度

B. 期货公司应该规定计算风险监管指标

C. 期货公司应当聘请具备证券、期货相关业务资格的会计师事务所对期货公司年度风险监管报表进行审计

D. 期货公司应当及时根据监管要求、市场变化情况等对公司风险监管指标进行压力测试

【参考答案】ABCD

【答案解析】见《期货公司风险监管指标管理办法》第二条、第四条、第二十三条、第五条规定。

6. 中国证监会派出机构可以根据审慎监管原则，要求期货公司（　　）。

A. 不定期编制并报送风险监管报表　B. 提高风险监管报表的报送频率

C. 降低风险监管报表的报送频率　　D. 不定期编制并报送财务报表

【参考答案】AB

【答案解析】见《期货公司风险监管指标管理办法》第十七条规定。

7. 期货公司进入风险预警期内，中国证监会派出机构应视情况采取（　　）措施。

A. 向公司出具关注函

B. 对公司高级管理人员进行监管谈话

C. 要求公司进行重大业务决策时，应当至少提前5个工作日向公司住所地中国证监会派出机构报送临时报告

D. 要求公司增加内部合规检查的频率，并提交合规检查报告

【参考答案】ABCD

【答案解析】见《期货公司风险监管指标管理办法》第二十七条规定。

8. 下列说法正确的有（　　）。

A. 期货公司计算净资本时，应当按照企业会计准则规定对相关项目充分计提资产减值准备

B. 中国证监会派出机构可以要求期货公司对资产减值准备计提的充足性和合理性进行专项说明

C. 有证据表明期货公司未能充分计提资产减值准备的，中国证监会派出机构应当要求期货公司相应核减净资本金额

D. 期货公司应当按照账龄及其核算的具体内容，采取不同比例对应收项目进行风险调整，分类中同时符合两个或者两个以上标准的，应当采用最低的比例进行风险调整

【参考答案】ABC

【答案解析】见《期货公司风险监管指标管理办法》第十三条规定。

9.（　　），中国证监会派出机构可以认定期货公司风险监管指标不符合规定标准。

A. 期货公司的风险监管报表被相关会计师事务所出具了无法表示意见或者否定意见的

B. 期货公司未在限期内报送风险监管报表的

C. 期货公司住所地中国证监会派出机构现场检查发现公司违反企业会计准则和本办法有关规定的

D. 期货公司的风险监管报表被相关会计师事务所出具了保留意见、带强调事项段或其他事项段无保留意见，且未限期改正的

【参考答案】ABCD

【答案解析】见《期货公司风险监管指标管理办法》第二十四条、第二十五条规定。

10. 期货公司应当在净资本计算表的附注中，应充分披露期末未决诉讼、未决仲裁等或有事项的（　　）。

A. 性质　　B. 涉及金额

C. 进展情况　　D. 形成原因

【参考答案】ABCD

【答案解析】见《期货公司风险监管指标管理办法》第十四条规定。

11. 期货公司应当持续符合的风险监管指标标准包括（　　）。

A. 净资本不得低于人民币 3 000 万元

B. 净资本与净资产的比例不得低于 40%

C. 流动资产与流动负债的比例不得低于 100%

D. 负债与净资产的比例不得高于 150%

【参考答案】ACD

【答案解析】见《期货公司风险监管指标管理办法》第八条规定。

12. 关于期货公司的次级债务的说法错误的有（　　）。

A. 期货公司借入次级债务的，可以将所借入的次级债务按照规定计入净资本

B. 期货公司借入次级债务的，不可以将所借入的次级债务按照规定计入净资本

C. 期货公司向股东或者其关联企业借入的具有次级债务性质的长期借款，可以按照规定计入净资本

D. 期货公司可以互相持有次级债务

【参考答案】BD

【答案解析】见《期货公司风险监管指标管理办法》第十五条规定。

13. 期货公司在风险预警期内，中国证监会派出机构可视情况要求期货公司采取（　　）等措施。

A. 制定风险监管指标改善方案

B. 定期对监管指标的改善情况进行书面报告

C. 进行重大业务决策时，应当至少提前 5 个工作日向住所地中国证监会派出机构报送临时报告，说明有关业务对风险监管指标的影响

D. 增加内部合规检查的频率，并提交合规检查报告

【参考答案】ABCD

【答案解析】见《期货公司风险监管指标管理办法》第二十七条规定。

14. 期货公司风险监管指标不符合规定标准的，中国证监会派出机构应当视情况对期货公司（　　）采取谈话、提示、记入信用记录等监管措施。

A. 股东　　B. 董事

C. 监事　　D. 高级管理人员

【参考答案】BCD

【答案解析】见《期货公司风险监管指标管理办法》第二十九条规定。

15. 期货公司应当保留（　　）风险监管报表。

A. 月度　　B. 季度
C. 半年度　　D. 年度

【参考答案】AD

【答案解析】见《期货公司风险监管指标管理办法》第十九条规定。

16. 下列说法正确的有（　　）。

A. 期货公司风险监管指标包括净资本与公司风险资本准备的比例

B. 期货公司开展各项业务、设立分支机构等存在可能导致净资本损失的风险，应当按一定标准计算风险资本准备

C. 中国证监会派出机构可以根据审慎监管原则，要求期货公司不定期编制并报送风险监管报表

D. 首席风险官应当在风险监管报表上签字确认

【参考答案】ABCD

【答案解析】见《期货公司风险监管指标管理办法》第六条、第十一条、第十八条、第十七条规定。

17. 中国证监会对期货公司的风险监管指标设置预警标准有（　　）。

A. 规定“不得低于”一定标准的风险监管指标，其预警标准是规定标准的80%

B. 规定“不得低于”一定标准的风险监管指标，其预警标准是规定标准的120%

C. 规定“不得高于”一定标准的风险监管指标，其预警标准是规定标准的80%

D. 规定“不得高于”一定标准的风险监管指标，其预警标准是规定标准的120%

【参考答案】BC

【答案解析】见《期货公司风险监管指标管理办法》第九条规定。

18. 期货公司计算净资本时，中国证监会派出机构可以要求期货公司对资产减值准备计提的（　　）进行专项说明。

A. 充足性　　B. 准确性
C. 合理性　　D. 及时性

【参考答案】AC

【答案解析】见《期货公司风险监管指标管理办法》第十三条规定。

19. 以下说法正确的有（　　）。

A. 期货公司应当按照企业会计准则的规定确认预计负债

B. 中国证监会派出机构可以要求期货公司对预计负债进行专项说明

C. 有证据表明期货公司未能准确确认预计负债的，中国证监会派出机构应当要求期货公司相应核减净资本金额

D. 有证据表明期货公司未能准确确认预计负债的，中国证监会派出机构应当要求期货公司相应核减注册资本金额

【参考答案】ABC

【答案解析】见《期货公司风险监管指标管理办法》第十三条规定。

20. 应当在风险监管报表上签字确认的有（　　）。

A. 期货公司法定代表人　　B. 经营管理主要负责人

C. 财务负责人　　D. 结算负责人

【参考答案】ABCD

【答案解析】见《期货公司风险监管指标管理办法》第十八条规定。

21. 关于期货公司风险监管报表正确的做法有（　　）。

A. 期货公司应当保留书面风险监管报表

B. 相应责任人员应当在书面报表上签字，并加盖公司印章

C. 期货公司应当按照中国证监会规定的方式报送风险监管报表

D. 报表的保存期限应当不少于 5 年

【参考答案】ABCD

【答案解析】见《期货公司风险监管指标管理办法》第十九条规定。

22. 期货公司风险监管指标达到预警标准的，期货公司应当于当日向公司住所地中国证监会派出机构抄送书面报告，详细说明（　　）。

A. 原因　　B. 对公司的影响

C. 解决问题的具体措施和期限　　D. 豁免请求

【参考答案】ABC

【答案解析】见《期货公司风险监管指标管理办法》第二十二条规定。

23. 下列说法正确的有（　　）。

A. 期货公司风险监管指标优于预警标准并连续保持 3 个月的，风险预警期结束

B. 期货公司风险监管指标优于预警标准并连续保持 1 个月的，风险预警期结束

C. 经过整改，风险监管指标符合规定标准的，期货公司应中国证监会报告，中国证监会应当进行验收

D. 经过整改，风险监管指标符合规定标准的，期货公司应当向公司住所地

中国证监会派出机构报告，中国证监会派出机构应当进行验收

【参考答案】AD

【答案解析】见《期货公司风险监管指标管理办法》第二十八条、第三十条规定。

24. 下列用语的含义正确的有（　　）。

A. 资产、流动资产，是指期货公司的自身资产，不含客户保证金

B. 资产、流动资产，是指期货公司的自身资产，含客户保证金

C. 负债、流动负债，是指期货公司的对外负债，不含客户权益

D. 负债、流动负债，是指期货公司的对外负债，含客户权益

【参考答案】AC

【答案解析】见《期货公司风险监管指标管理办法》第三十三条规定。

25. 期货公司风险监管指标包括（　　）。

A. 期货公司净资本

B. 期货公司净资产

C. 净资本与公司风险资本准备的比例

D. 流动资产与流动负债的比例

【参考答案】ACD

【答案解析】见《期货公司风险监管指标管理办法》第八条规定。

（三）判断题（请判断以下各小题的正误，正确的填写 A，错误的填写 B）

1. 期货公司应当建立与风险监管指标相适应的内部控制制度及风险管理制度，建立动态的风险监控和资本补充机制，确保净资本等风险监管指标每年年底符合标准。（　　）

【参考答案】B

【答案解析】确保净资本等风险监管指标持续符合标准。

2. 即时压力测试结果显示潜在风险没有超过期货公司承受能力的，期货公司也应当采取有效措施，及时补充资本或控制业务规模。（　　）

【参考答案】B

【答案解析】可以扩大业务规模。

3. 期货公司风险资本准备是指期货公司在开展各项业务过程中，为应对可能发生的风险损失所需要的资本。（　　）

【参考答案】A

【答案解析】见《期货公司风险监管指标管理办法》第十一条规定。

4. 最低限额结算准备金是指期货公司按照交易所及登记结算机构的有关要求以自有资金缴存用于履约担保的最低金额。最低限额结算准备金不设预警标准。（ ）

【参考答案】A

【答案解析】见《期货公司风险监管指标管理办法》第九条、第十二条规定。

5. 期货公司计算净资本时，应当按照企业会计准则的规定对相关项目充分计提资产减值准备。（ ）

【参考答案】A

【答案解析】见《期货公司风险监管指标管理办法》第十三条规定。

6. 有证据表明期货公司未能充分计提资产减值准备的，中国证监会派出机构应当要求期货公司相应增加负债金额。（ ）

【参考答案】B

【答案解析】应当要求期货公司相应核减净资本金额。

7. 期货公司应当按照《期货交易管理条例》的规定确认预计负债。（ ）

【参考答案】B

【答案解析】期货公司应当按照企业会计准则的规定确认预计负债。

8. 期货公司借入次级债务、向股东或者其关联企业借入具有次级债务性质的长期借款以及其他清偿顺序在普通债之后的债务，不得按照规定计入净资本。（ ）

【参考答案】B

【答案解析】可以按照规定计入净资本。见《期货公司风险监管指标管理办法》第十五条规定。

9. 期货公司向股东或者其关联企业借入的具有次级债务性质的长期借款，可以在计算净资本时按照规定计入净资本。（ ）

【参考答案】A

【答案解析】见《期货公司风险监管指标管理办法》第十五条规定。

10. 期货公司应当符合净资本与净资产的比例不得低于60%。（ ）

【参考答案】B

【答案解析】净资本与净资产的比例不得低于20%。

11. 期货公司应当符合流动资产与流动负债的比例不得低于90%。（ ）

【参考答案】B

【答案解析】流动资产与流动负债的比例不得低于100%。

12. 期货公司应当符合负债与净资产的比例不得高于 100%。（ ）

【参考答案】B

【答案解析】负债与净资产的比例不得高于 150%。

13. 期货公司应当及时根据监管要求、市场变化情况等对公司风险监管指标进行压力测试。（ ）

【参考答案】A

【答案解析】见《期货公司风险监管指标管理办法》第五条规定。

14. 中国证监会及其派出机构认为期货公司开展某项业务存在未预期风险特征的，可以根据潜在风险状况确定所需资本规模，但不要求期货公司补充计提风险资本准备。（ ）

【参考答案】B

【答案解析】也要求期货公司补充计提风险资本准备。见《期货公司风险监管指标管理办法》第十六条规定。

15. 中国证监会规定的风险监管指标设置预警标准。规定“不得低于”一定标准的风险监管指标，其预警标准是规定标准的 80%，规定“不得高于”一定标准的风险监管指标，其预警标准是规定标准的 120%。（ ）

【参考答案】B

【答案解析】见《期货公司风险监管指标管理办法》第九条规定。

16. 净资本与风险资本准备的比例与上月相比变动超过 10% 的，期货公司应当向公司住所地中国证监会派出机构提交书面报告，说明原因，并在 10 个工作日内向全体董事提交书面报告。（ ）

【参考答案】B

【答案解析】见《期货公司风险监管指标管理办法》第二十一条规定。

17. 期货公司应当保留书面风险监管报表，相应责任人员应当在书面报表上签字，并加盖公司印章。该报表的保存期限应当不少于 3 年。（ ）

【参考答案】B

【答案解析】该报表的保存期限应当不少于 5 年。

18. 期货公司应当每半年向公司全体董事会提交书面报告，说明净资本等各项风险监管指标的具体情况，该书面报告应当经期货公司全体董事签字确认。（ ）

【参考答案】B

【答案解析】见《期货公司风险监管指标管理办法》第二十条规定，经法定代表人签字确认。

19. 期货公司风险监管指标优于预警标准并连续保持 3 个月的，风险预警期结束。（ ）

【参考答案】A

【答案解析】见《期货公司风险监管指标管理办法》第二十八条规定。

20. 期货公司的资产和流动资产包含客户保证金。（ ）

【参考答案】B

【答案解析】资产、流动资产，是指期货公司的自身资产，不含客户保证金。

（四）综合题（以下各小题给出的 4 个选项中，至少有 1 项符合题目要求，请将符合题目要求选项的代码填入括号内）

阅读材料，回答 1 ~ 2 题。

某期货公司期末财务报表显示，该公司总资产为 7 000 万元，净资产为 5 000 万元，在计算期末净资本时，假定公司的资产调整值为 500 万元，负债调整值为 300 万元，客户因可用资金为负（尚未穿仓）而应追加的保证金为 100 万元。

1. 该公司期末净资本为（ ）万元。

A. 4 900　　B. 4 100

C. 4 700　　D. 4 800

【参考答案】C

【答案解析】见《期货公司风险监管指标管理办法》第十条规定。

2. 该期货公司的风险资本金为 500 万元，则下列风险监管指标中符合规定标准的是（ ）。

A. 净资本/净资产　　B. 净资本/公司的风险资本

C. 负债/净资产　　D. 净资本

【参考答案】ABCD

【答案解析】见《期货公司风险监管指标管理办法》第八条规定。

阅读材料，回答 3 ~ 4 题。

某期货公司的期末财务报表和风险监管报表显示，其净资产为 8 000 万元，负债为 3 000 万元，净资本为 6 000 万元。公司在计算净资本时，未对下列两项进行风险调整。一是公司使用部分闲置自有资金用于购买企业债券，在期末时仍有 2 000 万元处于冻结状态，公司未对这部分资金进行风险调整（风险调整比例为 1%）；二是公司资产负债表中的“期货风险准备金”为 400 万元。

3. 针对上述问题进行调整后，该公司的期末净资本为（ ）万元。

A. 5 900　　B. 5 500

C. 6 380　　　　　　　　　　　　D. 6 100

【参考答案】C

【答案解析】期末净资本 = 6 000 − 2 000 × 1% + 400 = 6 380（万元）。

4. 根据《期货公司风险监管指标管理办法》，下列说法正确的是（　　）。

A. 该期货公司的净资本与净资产的比例不符合规定

B. 该期货公司负债与净资产的比例符合该规定

C. 该期货公司净资本指标符合规定

D. 该期货公司流动资产与流动负债的比例符合该规定

【参考答案】BC

【答案解析】净资本/净资产 = 6 380/8 000 × 100% = 79.75% > 20%

负债/净资产 = 3 000/8 000 × 100% = 37.5% < 150%

流动资产/流动负债因缺乏数据无法判断。

阅读材料，回答 5 ~ 6 题。

某期货公司的期末财务报表和风险监管报表显示，其净资产为 1 亿元，净资本为 8 000 万元，中国证券会派出机构在对该公司报表进行非现场检查时发现存在以下问题：第一，公司未充分计提资产减值准备，按照规定应补提 500 万元；第二，公司未准确计提预计负债，按照规定应补提 100 万元。

5. 在针对上述问题进行调整后，该公司的期末净资本为（　　）万元。

A. 7 500　　　　　　　　　　　　B. 7 400

C. 9 500　　　　　　　　　　　　D. 9 400

【参考答案】B

【答案解析】8 000 − 500 − 100 = 7 400（万元）。

6. 根据《期货公司风险监管指标管理办法》，期货公司应当持续符合的风险监管指标标准有（　　）。

A. 净资本不得低于人民币 3 000 万元

B. 净资本与净资产的比例不得低于 20%

C. 流动资产与流动负债的比例不得低于 100%

D. 负债与净资产的比例不得高于 150%

【参考答案】ABCD

【答案解析】见《期货公司风险监管指标管理办法》第八条有关风险监管指标标准。注意：最低净资本不要跟最低注册资本搞混淆了。

阅读材料，回答 7 ~ 8 题。

某期货公司的期末财务报表显示，净资产为 6 000 万元，负债为 1 000 万元，客户权益总额（公司风险资本准备）为 68 000 万元。在计算期末净资本时，假定期净资产调整值为 1 400 万元，无负债调整值，客户因可用资金为负（尚未穿仓）而应追加的保证金为 500 万元（按照期货交易所规定的保证金标准计算）。

7. 该公司期末净资本为（　　）万元。

A. 6 000　　B. 5 500

C. 4 600　　D. 4 100

【参考答案】D

【答案解析】见《期货公司风险监管指标管理办法》第十条规定。

8. 该公司下列风险监管指标中低于预警标准的是（　　）。

A. 净资本　　B. 净资本/客户权益总额

C. 净资本/净资产　　D. 负债/净资产

【参考答案】B

【答案解析】见《期货公司风险监管指标管理办法》第八条有关风险监管指标标准。

十五、《期货投资者保障基金管理暂行办法》通关练习

（一）单项选择题（在以下各小题所给出的四个选项中，只有一个选项符合题目要求，请将正确选项的代码填入括号中）

1. 保障基金的启动资金由期货交易所从其积累的风险准备金中按照截至2006年12月31日风险准备金账户总额的（　　）缴纳形成。

A. 10%　　　　B. 15%

C. 20%　　　　D. 25%

【参考答案】B

【答案解析】见《期货投资者保障基金管理暂行办法》第九条规定。

2. 对于因财务状况恶化、风险控制不力等存在较高风险的期货公司，应当按照（　　）缴纳保障基金。

A. 较高比例　　　　B. 较低比例

C. 相同比例　　　　D. 浮动比例

【参考答案】A

【答案解析】见《期货投资者保障基金管理暂行办法》第九条规定。

3. 期货交易所、期货公司缴纳的保障基金在其（　　）中列支。

A. 生产成本　　　　B. 营业成本

C. 产品成本　　　　D. 可变成本

【参考答案】B

【答案解析】见《期货投资者保障基金管理暂行办法》第九条规定。

4. 期货交易所应当按（　　）缴纳保障基金。

A. 年度　　　　B. 季度

C. 月度　　　　D. 每周

【参考答案】A

【答案解析】见《期货投资者保障基金管理暂行办法》第十条规定。

5. 期货交易所应当在每年度结束后（　　）个工作日内，缴纳前一年度应当缴纳的保障基金。

A. 10　　B. 30

C. 20　　D. 25

【参考答案】B

【答案解析】见《期货投资者保障基金管理暂行办法》第十条规定。

6. 期货公司因严重违法违规或者风险控制不力等导致保证金出现缺口的，中国证监会可以按照本办法规定决定使用保障基金，对不能清偿的投资者保证金损失（　　）。

A. 少量予以补偿　　B. 酌情予以补偿

C. 予以补偿　　D. 按亏损大小顺序予以补偿

【参考答案】C

【答案解析】见《期货投资者保障基金管理暂行办法》第二十条规定。

7. 对投资者因参与非法期货交易而遭受的保证金损失，保障基金（　　）。

A. 予以补偿　　B. 不予补偿

C. 酌情处理　　D. 少量补偿

【参考答案】B

【答案解析】见《期货投资者保障基金管理暂行办法》第二十三条规定。

8. 对机构投资者以个人名义参与期货交易的，（　　）。

A. 按照机构投资者补偿规则进行补偿

B. 按照普通投资者补偿规则进行补偿

C. 不予补偿

D. 少量补偿

【参考答案】A

【答案解析】见《期货投资者保障基金管理暂行办法》第二十三条规定。

9. 保障基金的使用遵循保障投资者合法权益和公平救助原则，实行（　　）补偿。

A. 全额　　B. 少量

C. 酌情　　D. 比例

【参考答案】D

【答案解析】见《期货投资者保障基金管理暂行办法》第七条规定。

10. 对于新设立的期货公司，应当自其（　　）纳入保障基金缴纳范围。

A. 注册之日起　　B. 产生经纪业务收入后

C. 产生经营费用后　　D. 停止经营后

【参考答案】B

【答案解析】见《期货投资者保障基金管理暂行办法》第十二条规定。

11. 保障基金产生的利息以及运用所产生的各种收益等孳息归属（　　）。

A. 期货交易所　　B. 期货公司

C. 保障基金　　D. 财政部

【参考答案】C

【答案解析】见《期货投资者保障基金管理暂行办法》第十三条规定。

12.（　　）可以指定相关机构作为保障基金管理机构，代为管理保障基金。

A. 国务院　　B. 中国证监会、财政部

C. 期货交易所　　D. 保证金监控中心

【参考答案】B

【答案解析】见《期货投资者保障基金管理暂行办法》第十四条规定。

13.（　　）负责保障基金财务监管，保障基金的年度收支计划和决算报其批准。

A. 财政部　　B. 期货交易所

C. 保证金监控中心　　D. 中国证监会

【参考答案】A

【答案解析】见《期货投资者保障基金管理暂行办法》第十八条规定。

14.（　　）负责保障基金业务监管，对保障基金的筹集、管理和使用等情况进行定期核查。

A. 中国期货业协会　　B. 中国证监会

C. 财政部　　D. 期货交易所

【参考答案】B

【答案解析】见《期货投资者保障基金管理暂行办法》第十九条规定。

（二）多项选择题（以下各小题给出的四个选项中，至少有两项符合题目要求，请将符合题目要求选项的代码填入括号内）

1. 期货投资者保障基金是在期货公司（　　）等导致保证金出现缺口，可能严重危及社会稳定和期货市场安全时，补偿投资者保证金损失的专项基金。

A. 严重违法违规　　B. 风险控制不力

C. 人员操作不当　　D. 管理人员的寻租行为

【参考答案】AB

【答案解析】见《期货投资者保障基金管理暂行办法》第二条规定。

2. 期货交易活动实行的原则是（　　）。

A. 公开、公平、公正　　B. 投资者投资决策共担

C. 投资者投资决策自主　　D. 投资风险自担

【参考答案】ACD

【答案解析】见《期货投资者保障基金管理暂行办法》第三条规定。

3. 期货投资者保障基金按照（　　）的原则筹集。

A. 取之于财政　　B. 取之于市场

C. 用之于财政　　D. 用之于市场

【参考答案】BD

【答案解析】见《期货投资者保障基金管理暂行办法》第四条规定。

4. 期货投资者保障基金的管理和运用遵循（　　）的原则。

A. 公开　　B. 合理

C. 有效　　D. 协商

【参考答案】ABC

【答案解析】见《期货投资者保障基金管理暂行办法》第六条规定。

5. 期货投资者保障基金的使用遵循（　　），实行比例补偿。

A. 保障投资者合法权益　　B. 公平救助原则

C. 依次补偿　　D. 少量补偿

【参考答案】AB

【答案解析】见《期货投资者保障基金管理暂行办法》第七条规定。

6. 保障基金的后续资金来源包括（　　）。

A. 期货交易所按其向期货公司会员收取的交易手续费的一定比例缴纳

B. 期货公司从其收取的交易手续费中按照代理交易额的一定比例缴纳

C. 期货公司从其收取的交易手续费中按照代理交易额的 10% ~15% 的比例缴纳

D. 保障基金管理机构追偿或者接受的其他合法财产

【参考答案】ABD

【答案解析】见《期货投资者保障基金管理暂行办法》第九条规定。

7. 有（　　）情形之一的，经中国证监会、财政部批准，期货交易所、期货公司可以暂停缴纳保障基金。

A. 保障基金总额达到 9 亿元人民币

B. 保障基金总额足以覆盖市场风险

C. 期货交易所、期货公司遭受重大突发市场风险或者不可抗力

D. 期货交易所、期货公司遭受各种形式市场风险

【参考答案】BC

【答案解析】见《期货投资者保障基金管理暂行办法》第十一条规定。

8. 对保障基金的管理应当遵循（　　）的原则，保证保障基金的安全。

A. 安全　　B. 稳健

C. 公平　　D. 公正

【参考答案】AB

【答案解析】见《期货投资者保障基金管理暂行办法》第十五条规定。

9. 保障基金的资金运用限于（　　），以及中国证监会和财政部批准的其他资金运用方式。

A. 银行存款　　B. 购买国债

C. 中央银行债券　　D. 中央级金融机构发行的金融债券

【参考答案】ABCD

【答案解析】见《期货投资者保障基金管理暂行办法》第十五条规定。

10．对期货投资者的保证金损失，保障基金按照（　　）原则予以补偿。

A. 对每位个人投资者的保证金损失在10万元以下（含10万元）的部分全额补偿，超过10万元的部分按90%补偿

B. 对每位个人投资者的保证金损失在15万元以下（含15万元）的部分全额补偿，超过10万元的部分按90%补偿

C. 对每位机构投资者的保证金损失在10万元以下（含10万元）的部分全额补偿，超过10万元的部分按80%补偿。现有保障基金不足补偿的，由后续缴纳的保障基金补偿

D. 对每位机构投资者的保证金损失在15万元以下（含15万元）的部分全额补偿，超过10万元的部分按80%补偿。现有保障基金不足补偿的，由后续缴纳的保障基金补偿

【参考答案】AC

【答案解析】见《期货投资者保障基金管理暂行办法》第二十一条规定。

11. 期货公司因严重违法违规或者风险控制不力等导致保证金出现缺口的，中国证监会可对其进行（　　）等处罚。涉嫌犯罪的，依法移送司法机关。

A. 吊销期货业务许可证

B. 罚款

C. 对直接负责的主管人员和其他直接责任人员暂停或者撤销期货从业人员资格

D. 对直接负责的主管人员和其他直接责任人员给予警告

【参考答案】ABCD

【答案解析】见《期货投资者保障基金管理暂行办法》第二十六条、《期货交易管理条例》第六十六条和第六十七条规定。

12. 期货交易所、期货公司延期缴纳或者拒不缴纳保障基金以及不按规定保存、报送有关信息和资料的，中国证监会可对其进行（　　）等处罚。

A. 责令改正　　B. 给予警告

C. 没收违法所得　　D. 罚款

【参考答案】ABCD

【答案解析】见《期货投资者保障基金管理暂行办法》第二十七条、《期货交易管理条例》第六十四条和第六十六条规定。

（三）判断题（判断以下各小题的正误，正确的填写A，错误的填写B）

1. 投资者在期货投资活动中因期货市场波动或者投资品种价值本身发生变化所导致的损失，由投资者自行负担。（　　）

【参考答案】A

【答案解析】见《期货投资者保障基金管理暂行办法》第三条规定。

2. 期货投资者保障基金由中国基金业协会集中管理、统筹使用。（　　）

【参考答案】B

【答案解析】期货投资者保障基金由中国证监会集中管理、统筹使用。

3. 保障基金的后续资金缴纳比例，由中国证监会和财政部根据期货市场发展状况、市场风险水平等情况调整确定。（　　）

【参考答案】A

【答案解析】见《期货投资者保障基金管理暂行办法》第九条规定。

4. 保障基金应当实行独立核算，分别管理，并与保障基金管理机构管理的其他资产有效隔离。（　　）

【参考答案】A

【答案解析】见《期货投资者保障基金管理暂行办法》第十六条规定。

5. 保障基金管理机构应当定期编报保障基金的筹集、管理、使用报告，经会计师事务所审计后，报送中国证监会和财政部。（　　）

【参考答案】A

【答案解析】见《期货投资者保障基金管理暂行办法》第十六条规定。

6. 保障基金管理机构、期货交易所及期货公司，应当妥善保存有关保障基金的财务凭证、账簿和报表等资料，确保财务记录和档案完整、真实。（ ）

【参考答案】A

【答案解析】见《期货投资者保障基金管理暂行办法》第十七条规定。

7. 中国证监会负责保障基金业务监管，对保障基金的筹集、管理和使用等情况进行定期核查。（ ）

【参考答案】A

【答案解析】见《期货投资者保障基金管理暂行办法》第十九条规定。

8. 动用保障基金对期货投资者的保证金损失进行补偿后，保障基金管理机构依法取得相应的受偿权，但不可以参与期货公司清算。（ ）

【参考答案】B

【答案解析】保障基金管理机构可以依法参与期货公司清算。

9. 使用保障基金前，中国证监会和保障基金管理机构应当监督期货公司核实投资者保证金权益及损失，积极清理资产并变现处置，应当先以自有资金和变现资产弥补保证金缺口。不足弥补或者情况危急的，方能决定使用保障基金。（ ）

【参考答案】A

【答案解析】见《期货投资者保障基金管理暂行办法》第二十二条规定。

（四）综合题（以下各小题给出的四个选项中，至少有一项符合题目要求，请将符合题目要求选项的代码填入括号内）

阅读材料，回答 1 ~3 题。

截至当年第 4 季度末，某经营正常的期货公司已缴纳的期货投资者保障基金为 3 000 万元。该期货公司当年第 4 季度的代理交易额为 35 亿元。

1. 假如期货公司从其收取的手续费中按照代理交易额的千万分之十至千万分之十五的比例缴纳，该期货公司当年第 4 季度应缴纳期货投资者保障基金后续资金的金额在（ ）元之间。

A. 3 500 ~5 250　　B. 17 500 ~30 000

C. 3 000 ~7 000　　D. 5 250 ~9 000

【参考答案】A

【答案解析】见《期货投资者保障基金管理暂行办法》第九条规定。

2. 该期货公司缴纳的期货投资者保障基金在其公司的（ ）中列支。

A. 管理费用　　B. 财务费用
C. 投资收益　　D. 营业成本

【参考答案】D

【答案解析】见《期货投资者保障基金管理暂行办法》第九条规定。

3. 该期货公司缴纳的期货投资者保障基金（　　）。

A. 由期货交易所代扣代缴
B. 由期货交易所在来年1月15日前缴纳给保障基金管理机构
C. 由期货公司直接缴纳给保障基金管理机构
D. 所产生的利息归期货公司所有

【参考答案】A

【答案解析】见《期货投资者保障基金管理暂行办法》第十条规定。

阅读材料，回答4～6题。

某期货公司因严重违法导致保证金出现缺口，中国证监会决定使用保障基金，对不能清偿的投资者保证金损失予以补偿。甲个人投资者的保证金损失了5万元，乙个人投资者的保证金损失了10万元，丙机构投资者的保证金损失了300万元。

4. 甲投资者可得到（　　）万元的保障基金补偿。

A. 4　　B. 5
C. 10　　D. 15

【参考答案】B

【答案解析】见《期货投资者保障基金管理暂行办法》第二十一条规定。

5. 乙投资者可得到（　　）万元的保障基金补偿。

A. 6　　B. 8
C. 10　　D. 20

【参考答案】C

【答案解析】见《期货投资者保障基金管理暂行办法》第二十一条规定。

6. 丙投资者可得到（　　）万元的保障基金补偿。

A. 210　　B. 240
C. 270　　D. 300

【参考答案】B

【答案解析】见《期货投资者保障基金管理暂行办法》第二十一条规定。

十六、《证券期货投资者适当性管理办法》通关练习

（一）单项选择题（在以下各小题所给出的四个选项中，只有一个选项符合题目要求，请将正确选项的代码填入括号中）

1. 投资者参与资产管理计划，（　　）。

A. 应当独立承担投资风险　　B. 可以与期货公司风险共担

C. 可以与证券公司按比例分成　　D. 可以要求保本

【参考答案】A

【答案解析】见《证券期货投资者适当性管理办法》第四条规定。

2. （　　）在信息告知、风险警示、适当性匹配等方面享有特别保护。

A. 普通投资者　　B. 专业投资者

C. 老年投资者　　D. 青年投资者

【参考答案】A

【答案解析】见《证券期货投资者适当性管理办法》第七条规定。

3. 经营机构应当每（　　）开展一次适当性自查，形成自查报告。发现违反本办法规定的问题，应当及时处理并主动报告住所地中国证监会派出机构。

A. 3个月　　B. 半年

C. 9个月　　D. 一年

【参考答案】B

【答案解析】见《证券期货投资者适当性管理办法》第三十条规定。

4. 经营机构应当按照相关规定妥善保存其履行适当性义务的相关信息资料。对匹配方案、告知警示资料、录音录像资料、自查报告等的保存期限不得少于（　　）年。

A. 5　　B. 7

C. 10　　D. 20

【参考答案】D

【答案解析】见《证券期货投资者适当性管理办法》第三十二条规定。

5. 经营机构与普通投资者发生纠纷的，（　　）应当提供相关资料，证明其已向投资者履行相应义务。

A. 经营机构　　B. 普通投资者

C. 两者都　　D. 第三方

【参考答案】A

【答案解析】见《证券期货投资者适当性管理办法》第三十四条规定。

（二）多项选择题（以下各小题给出的四个选项中，至少有两项符合题目要求，请将符合题目要求选项的代码填入括号内）

1. 为了规范证券期货投资者适当性管理，维护投资者合法权益，根据（　　）及其他相关法律、行政法规，制定《证券期货投资者适当性管理办法》。

A.《中华人民共和国证券法》　　B.《中华人民共和国证券投资基金法》

C.《证券公司监督管理条例》　　D.《期货交易管理条例》

【参考答案】ABCD

【答案解析】见《证券期货投资者适当性管理办法》第一条规定。

2. （　　）对经营机构履行适当性义务进行自律管理。

A. 证券期货交易场所　　B. 登记结算机构及中国证券业协会

C. 中国期货业协会　　D. 中国证券投资基金业协会

【参考答案】ABCD

【答案解析】见《证券期货投资者适当性管理办法》第五条规定。

3. 经营机构向投资者销售产品或者提供服务时，应当了解投资者的有关信息包括（　　）。

A. 收入来源和数额、资产、债务等财务状况

B. 投资相关的学习、工作经历及投资经验

C. 投资期限、品种、期望收益等投资目标

D. 诚信记录

【参考答案】ABCD

【答案解析】见《证券期货投资者适当性管理办法》第六条规定。

4. 投资者分为（　　）。

A. 普通投资者　　B. 专业投资者

C. 老年投资者　　D. 青年投资者

【参考答案】AB

【答案解析】见《证券期货投资者适当性管理办法》第七条规定。

5. 专业投资者包括（　　）。

A. 金融机构　　B. QFII

C. RQFII　　D. 养老基金

【参考答案】ABCD

【答案解析】见《证券期货投资者适当性管理办法》第八条规定。

6. 同时符合（　　）条件的法人或者其他组织属于专业投资者。

A. 最近1年末净资产不低于2 000万元

B. 最近1年末金融资产不低于1 000万元

C. 具有2年以上证券、基金、期货、黄金、外汇等投资经历

D. 具有1年以上证券、基金、期货、黄金、外汇等投资经历

【参考答案】ABC

【答案解析】见《证券期货投资者适当性管理办法》第八条规定。

7. 同时符合（　　）条件的自然人属于专业投资者。

A. 金融资产不低于500万元

B. 最近3年个人年均收入不低于50万元

C. 具有2年以上证券、基金、期货、黄金、外汇等投资经历

D. 具有2年以上金融产品设计、投资、风险管理及相关工作经历

【参考答案】ABCD

【答案解析】见《证券期货投资者适当性管理办法》第八条规定。

8. 经营机构对销售的产品或者提供的服务划分风险等级。划分产品或者服务风险等级时应当综合考虑的因素包括（　　）。

A. 杠杆情况

B. 结构复杂性

C. 投资单位产品或者相关服务的最低金额

D. 募集方式

【参考答案】ABCD

【答案解析】见《证券期货投资者适当性管理办法》第十六条规定。

9. 产品或者服务存在（　　）因素的，应当审慎评估其风险等级。

A. 存在本金损失的可能性

B. 因结构复杂、不易估值等因素导致普通人难以理解其条款和特征的产品或者服务

C. 存在市场差异、适用境外法律等情形的跨境发行或者交易的产品或者服务

D. 法律组织认定的高风险产品或者服务

【参考答案】ABCD

【答案解析】见《证券期货投资者适当性管理办法》第十七条规定。

10. 经营机构向普通投资者销售产品或者提供服务前，应当告知的信息包括（　）。

A. 可能直接导致本金亏损的事项

B. 可能直接导致超过原始本金损失的事项

C. 因经营机构的业务或者财产状况变化，影响客户判断的重要事由

D. 限制销售对象权利行使期限或者可解除合同期限等全部限制内容

【参考答案】ABCD

【答案解析】见《证券期货投资者适当性管理办法》第二十三条规定。

11. 鼓励经营机构将（　）在公司网站或者指定网站进行披露。

A. 投资者分类政策　　B. 自查报告

C. 产品或者服务分级政策　　D. 销售业绩

【参考答案】ABC

【答案解析】见《证券期货投资者适当性管理办法》第三十一条规定。

（三）判断题（判断以下各小题的正误，正确的填写A，错误的填写B）

1. 经营机构的适当性匹配意见表明其对产品或者服务的风险和收益做出实质性判断或者保证。（　）

【参考答案】B

【答案解析】不能表明其对产品或者服务的风险和收益做出实质性判断或者保证。

2. 普通投资者在信息告知、风险警示、适当性匹配等方面享有特别保护。（　）

【参考答案】A

【答案解析】见《证券期货投资者适当性管理办法》第七条规定。

3. 专业投资者之外的投资者为普通投资者。（　）

【参考答案】A

【答案解析】见《证券期货投资者适当性管理办法》第十条规定。

4. 经营机构有权自主决定是否同意普通投资者申请转化成为专业投资者。（　）

【参考答案】A

【答案解析】见《证券期货投资者适当性管理办法》第十一条规定。

（四）综合题（以下各小题给出的四个选项中，至少有一项符合题目要求，请将符合题目要求选项的代码填入括号内）

根据以下案例，回答1～2题。

某期货公司在为客户开立股指期货账户时，因客户账户资金不足50万元，期货公司为该客户出主意，让他先借钱到账户中，等开完户再把资金撤走。而且当该客户测试无法通过时，期货公司派人帮助客户做试题，最终为客户开户成功。

1. 期货公司的做法违反了（　　）。

A. 将适当的产品销售给适当的投资者的核心原则

B. 理性选择客户，不得为不符合投资者适当性标准的投资者申请金融期货交易编码

C. 不得协助投资者采取虚假申报等手段规避投资者适当性标准要求

D. 应当向投资者充分揭示金融期货风险，全面客观介绍金融期货业务规则和产品特征

【参考答案】AC

【答案解析】见《证券期货投资者适当性管理办法》第三条、第四条规定。

2. 对该公司的做法，中国证监会及其派出机构对其直接负责的主管人员和其他直接责任人员，给予的纪律惩戒是（　　）。

A. 责令改正　　B. 监管谈话

C. 出具警示函　　D. 责令参加培训

【参考答案】ABCD

【答案解析】见《证券期货投资者适当性管理办法》第三十七条规定。

十七、《境外交易者和境外经纪机构从事境内特定品种期货交易管理暂行办法》通关练习

（一）单项选择题（在以下各小题所给出的四个选项中，只有一个选项符合题目要求，请将正确选项的代码填入括号中）

1.（　　）依法对境内特定品种期货交易及相关业务活动实施监测监控。

A. 中国证监会

B. 中国期货市场监控中心有限责任公司

C. 期货交易所

D. 中国期货业协会

【参考答案】B

【答案解析】见《境外交易者和境外经纪机构从事境内特定品种期货交易管理暂行办法》第三条规定。

2. 境外经纪机构不得接受（　　）的委托，为其进行境内期货交易。

A. 境内交易者　　B. 境外交易者

C. 第三国交易者　　D. 外籍华人

【参考答案】A

【答案解析】见《境外交易者和境外经纪机构从事境内特定品种期货交易管理暂行办法》第七条规定。

3. 直接入场交易的境外交易者和境外经纪机构，以及委托期货公司进行境内特定品种期货交易的境外交易者和境外经纪机构，应当在（　　）开立符合条件的银行账户，并将其设定为期货结算账户。

A. 境内　　B. 境外

C. 境内或境外　　D. 中立国

【参考答案】A

【答案解析】见《境外交易者和境外经纪机构从事境内特定品种期货交易管

理暂行办法》第十六条规定。

4. 境内期货公司（　　）应当负责对本公司境内特定品种期货交易相关业务活动进行监督和检查，并履行督促整改和报告等义务。

A. 董事长　　B. 总经理

C. 财务负责人　　D. 首席风险官

【参考答案】D

【答案解析】见《境外交易者和境外经纪机构从事境内特定品种期货交易管理暂行办法》第二十二条规定。

（二）多项选择题（以下各小题给出的四个选项中，至少有两项符合题目要求，请将符合题目要求选项的代码填入括号内）

1. 境外交易者，是指从事期货交易并承担交易结果，在中华人民共和国境外依法（　　）。

A. 成立的法人　　B. 成立的其他经济组织

C. 拥有境外公民身份的自然人　　D. 居住在国外的中国公民

【参考答案】ABC

【答案解析】见《境外交易者和境外经纪机构从事境内特定品种期货交易管理暂行办法》第二条规定。

2. 境外经纪机构，是指（　　）的金融机构。

A. 在中华人民共和国境外依法设立

B. 具有所在国（地区）期货监管机构认可的可以接受交易者资金和交易指令

C. 以自己名义为交易者进行期货交易

D. 必须在中国境内设有代表处的外国

【参考答案】ABC

【答案解析】见《境外交易者和境外经纪机构从事境内特定品种期货交易管理暂行办法》第二条规定。

3.（　　）依据自律规则对境内特定品种期货交易及相关业务活动实行自律管理。

A. 中国证监会　　B. 中国期货市场监控中心有限责任公司

C. 期货交易所　　D. 中国期货业协会

【参考答案】CD

【答案解析】见《境外交易者和境外经纪机构从事境内特定品种期货交易管

理暂行办法》第三条规定。

4. 境外交易者可以委托（　　）参与境内特定品种期货交易。

A. 境内期货公司　　B. 境外经纪机构

C. QFII　　D. RQFII

【参考答案】AB

【答案解析】见《境外交易者和境外经纪机构从事境内特定品种期货交易管理暂行办法》第五条规定。

5. 符合条件的境外交易者可以直接在期货交易所从事境内特定品种期货交易。直接入场交易的境外交易者应当具备的条件包括（　　）。

A. 所在国（地区）具有完善的法律和监管制度

B. 财务稳健，资信良好，具备充足的流动资本

C. 具有健全的治理结构和完善的内部控制制度，经营行为规范

D. 经期货交易所批准

【参考答案】ABCD

【答案解析】见《境外交易者和境外经纪机构从事境内特定品种期货交易管理暂行办法》第五条规定。

6. 境外交易者从事境内特定品种期货交易，应当遵守（　　）的原则，承担期货交易的履约责任和交易结果。

A. 买卖自愿　　B. 风险自担

C. 盈亏自负　　D. 按时纳税

【参考答案】ABC

【答案解析】见《境外交易者和境外经纪机构从事境内特定品种期货交易管理暂行办法》第九条规定。

7. 境外交易者应当以真实合法身份办理开户，如实提供（　　）。

A. 境外公民身份证明文件

B. 境外法人资格有效证明文件

C. 其他经济组织资格的合法有效证明文件

D. 护照

【参考答案】ABC

【答案解析】见《境外交易者和境外经纪机构从事境内特定品种期货交易管理暂行办法》第十条规定。

8. 境内期货公司与境外交易者或者境外经纪机构发生期货业务纠纷的，可以提请（　　）以及其他调解组织调解处理。

A. 中国证监会　　B. 中国证监会地方派出机构
C. 期货交易所　　D. 中国期货业协会
【参考答案】CD
【答案解析】见《境外交易者和境外经纪机构从事境内特定品种期货交易管理暂行办法》第二十一条规定。

9.（　　）违法经营或者出现重大经营风险，严重危害中国期货市场秩序、损害交易者合法权益，依法应予以行政处罚的，依照《期货交易管理条例》进行处罚；涉嫌犯罪的，依法移送司法机关，追究刑事责任。
A. 境外交易者　　B. 境外经纪机构
C. 境内期货交易所　　D. 境内期货公司
【参考答案】ABCD
【答案解析】见《境外交易者和境外经纪机构从事境内特定品种期货交易管理暂行办法》第三十一条规定。

（三）判断题（判断以下各小题的正误，正确的填写 A，错误的填写 B）

1. 境内特定品种由境内期货交易所确定并公布。（　　）
【参考答案】B
【答案解析】境内特定品种由中国证监会确定并公布。

2. 任何境外交易者既可以委托境内期货公司或者境外经纪机构参与境内特定品种期货交易，也可以直接在期货交易所从事境内特定品种期货交易。（　　）
【参考答案】B
【答案解析】经期货交易所批准，符合条件的境外交易者才可以直接在期货交易所从事境内特定品种期货交易。

3. 直接入场交易的境外经纪机构其所在国（地区）期货监管机构应当已与中国证监会签署了监管合作谅解备忘录。（　　）
【参考答案】A
【答案解析】见《境外交易者和境外经纪机构从事境内特定品种期货交易管理暂行办法》第六条规定。

4. 境外经纪机构既可以接受境内交易者，也可以接受境外交易者为其进行境内期货交易。（　　）
【参考答案】B
【答案解析】境外经纪机构不得接受境内交易者为其进行境内期货交易。

5. 直接入场交易的境外交易者应当向期货交易所办理账户开立等手续并申

请交易编码。 （ ）

【参考答案】A

【答案解析】见《境外交易者和境外经纪机构从事境内特定品种期货交易管理暂行办法》第十一条规定。

6. 境外交易者或者境外经纪机构所在国家或地区监管机构之所以需要与中国证监会签署双边或者多边监管合作谅解备忘录，目的就在于一旦境外交易者或者境外经纪机构违反《期货交易管理条例》和中国证监会有关规定的而需要境外交易者或者境外经纪机构所在地监管机构协助的，中国证监会可以根据与其签署的双边或者多边监管合作谅解备忘录等跨境监管合作机制进行跨境监管合作。 （ ）

【参考答案】A

【答案解析】见《境外交易者和境外经纪机构从事境内特定品种期货交易管理暂行办法》第三十二条规定。

（四）综合题（以下各小题给出的四个选项中，至少有一项符合题目要求，请将符合题目要求选项的代码填入括号内）

根据以下案例，回答1~3题。

自从某国家监管机构与中国证监会签署了双边或者多边监管合作谅解备忘录后，该国一家期货经营机构申请从事中国境内期货交易所特定品种的期货交易。采取的交易手段是境外投资者可通过该境外期货经营机构直接在大连商品交易所下单交易而无须通过国内期货公司代理交易。

1. 目前境外交易者或者境外经纪机构可以从事的境内特定期货品种包括（ ）。

A. 铁矿石　　B. 原油

C. PTA　　D. 豆油

【参考答案】ABC

【答案解析】铁矿石、原油和PTA均属于境外交易者或者境外经纪机构可以从事的境内特定期货品。

2. 境内特定品种由（ ）确定并公布。

A. 中国证监会　　B. 中国证监会地方派出机构

C. 期货交易所　　D. 中国期货业协会

【参考答案】A

【答案解析】见《境外交易者和境外经纪机构从事境内特定品种期货交易管理

理暂行办法》第二条规定。

3. 该境外经纪机构直接在期货交易所以自己的名义为境外交易者进行境内特定品种期货交易，应该符合的条件包括（　　）。

A. 其所在国（地区）期货监管机构已与中国证监会签署监管合作谅解备忘录

B. 在中国境内设有期货经营机构

C. 具有健全的治理结构和完善的内部控制制度，经营行为规范

D. 经期货交易所批准

【参考答案】ACD

【答案解析】见《境外交易者和境外经纪机构从事境内特定品种期货交易管理暂行办法》第六条规定。

十八、《证券期货市场诚信监督管理办法》通关练习

（一）单项选择题（在以下各小题所给出的四个选项中，只有一个选项符合题目要求，请将正确选项的代码填入括号中）

1.（　　）建立全国统一的证券期货市场诚信档案数据库，记录证券期货市场诚信信息。

A. 中国证监会

B. 中国期货市场监控中心有限责任公司

C. 期货交易所

D. 中国期货业协会

【参考答案】A

【答案解析】见《证券期货市场诚信监督管理办法》第二条规定。

2.《证券期货市场诚信监督管理办法》规定的违法失信信息，在诚信档案中的效力期限为（　　）年，但因证券期货违法行为被行政处罚、市场禁入、刑事处罚和判决承担较大侵权、违约民事赔偿责任的信息，其效力期限为5年。

A. 1　　　　B. 2

C. 3　　　　D. 4

【参考答案】C

【答案解析】见《证券期货市场诚信监督管理办法》第十三条规定。

3.（　　）在其网站建立证券期货市场违法失信信息公开查询平台，社会公众可通过该平台查询行政处罚、市场禁入决定信息等违法失信信息。

A. 中国证监会

B. 中国期货市场监控中心有限责任公司

C. 期货交易所

D. 中国期货业协会

【参考答案】A

【答案解析】见《证券期货市场诚信监督管理办法》第十四条规定。

4. 严重违法失信主体的专项公示期为（　　）年，自公示之日起算。

A. 1　　B. 2

C. 3　　D. 5

【参考答案】A

【答案解析】见《证券期货市场诚信监督管理办法》第十五条规定。

5. 中国证监会及其派出机构审查行政许可，可以在同等条件下对诚信积分（　　）的申请人优先审查。

A. 较高　　B. 较低

C. 垫底　　D. 为零

【参考答案】A

【答案解析】见《证券期货市场诚信监督管理办法》第三十一条规定。

6. 中国证监会及其派出机构在对公民、法人或者其他组织进行行政处罚、实施市场禁入和采取监督管理措施中，应当查阅当事人的（　　），在综合考虑当事人违法行为的性质、情节、损害投资者合法权益程度和当事人诚信状况等因素的基础上，依法做出处理。

A. 历史档案　　B. 诚信档案

C. 家庭关系　　D. 社会关系

【参考答案】B

【答案解析】见《证券期货市场诚信监督管理办法》第三十三条规定。

7. 中国证监会及其派出机构在开展监督检查等日常监管工作中，应当查阅（　　）的诚信档案，有针对性地进行现场检查和非现场检查，或者适当调整、安排现场检查的对象、频率和内容。

A. 被监管机构

B. 投资者、客户

C. 拟聘任董事、监事、高级管理人员

D. 从业人员

【参考答案】A

【答案解析】见《证券期货市场诚信监督管理办法》第三十四条规定。

8. 证券登记结算机构、证券公司、期货公司等机构在为投资者、客户开立证券、期货相关账户时，应当查询（　　）的诚信档案，按照规定办理相关账户开立事宜。

A. 被监管机构　　B. 投资者、客户

C. 证券公司、期货公司　　D. 从业人员

【参考答案】B

【答案解析】见《证券期货市场诚信监督管理办法》第三十五条规定。

9. 证券公司在办理客户证券质押式回购、约定式购回以及融资融券业务申请时，可以查阅（　　）的诚信档案，根据申请人的诚信状况，决定是否予以办理，或者确定和调整授信额度。

A. 被监管机构　　B. 客户

C. 证券公司　　D. 从业人员

【参考答案】B

【答案解析】见《证券期货市场诚信监督管理办法》第三十六条规定。

10. 证券金融公司在开展转融通业务时，可以查阅（　　）的诚信档案，并根据其诚信状况，决定是否对其进行转融通，或者确定和调整授信额度。

A. 被监管机构　　B. 客户

C. 证券公司　　D. 从业人员

【参考答案】C

【答案解析】见《证券期货市场诚信监督管理办法》第三十六条规定。

11. 发行人、上市公司、全国中小企业股份转让系统挂牌公司、证券公司、期货公司、基金管理人、证券期货服务机构拟聘任董事、监事、高级管理人员以及从业人员的，应当查询（　　）的诚信档案，并将其诚信状况作为决定是否聘任的依据。

A. 被监管机构　　B. 客户

C. 挂牌公司　　D. 拟聘任人员

【参考答案】D

【答案解析】见《证券期货市场诚信监督管理办法》第三十七条规定。

12. 证券公司、证券服务机构受托为发行人、上市公司、全国中小企业股份转让系统挂牌公司等提供证券服务的，应当查询（　　）的诚信档案，并将其诚信状况作为决定是否接受委托、确定收费标准的依据。

A. 证券公司　　B. 证券服务机构

C. 挂牌公司　　D. 委托人

【参考答案】D

【答案解析】见《证券期货市场诚信监督管理办法》第三十八条规定。

13. 中国证监会及其派出机构办理诚信信息查询，不得收取（　　）费用。

A. 打印　　B. 装订

C. 邮寄成本　　D. 查询

【参考答案】D

【答案解析】见《证券期货市场诚信监督管理办法》第四十八条规定。

（二）多项选择题（以下各小题给出的四个选项中，至少有两项符合题目要求，请将符合题目要求选项的代码填入括号内）

1. 不诚实信用行为包括（　　）。

A. 欺诈　　B. 内幕交易

C. 操纵市场　　D. 接受客户吃请

【参考答案】ABC

【答案解析】见《证券期货市场诚信监督管理办法》第四条规定。

2. 中国证监会可以和（　　）等机构建立诚信监管合作机制，实施诚信信息共享，推动健全社会信用体系。

A. 地方人民政府　　B. 国家司法机关

C. 行业组织　　D. 境外证券期货监管机构

【参考答案】ABCD

【答案解析】见《证券期货市场诚信监督管理办法》第六条规定。

3.（　　）的诚信信息，记入诚信档案。

A. 证券业从业人员　　B. 期货从业人员

C. 基金从业人员　　D. 证券期货投资者、交易者

【参考答案】ABCD

【答案解析】见《证券期货市场诚信监督管理办法》第七条规定。

4.（　　）的诚信信息，记入诚信档案。

A. 证券发行人

B. 区域性股权市场挂牌转让证券的企业及其董事、监事、高级管理人员、主要股东、实际控制人

C. 上市公司及其董事、监事、高级管理人员、主要股东、实际控制人

D. 全国中小企业股份转让系统挂牌公司及其董事、监事、高级管理人员、主要股东、实际控制人

【参考答案】ABCD

【答案解析】见《证券期货市场诚信监督管理办法》第七条规定。

5.（　　）的诚信信息，记入诚信档案。

A. 为区域性股权市场办理账户开立、资金存放、登记结算等业务的机构
B. 区域性股权市场的运营机构及其董事、监事和高级管理人员
C. 合格境外机构投资者
D. 合格境内机构投资者及其主要投资管理人员
【参考答案】ABCD
【答案解析】见《证券期货市场诚信监督管理办法》第七条规定。
6.（　　）的诚信信息，记入诚信档案。
A. 境外证券类机构驻华代表机构及其总代表、首席代表
B. 投资咨询机构
C. 信用评级机构
D. 期货合约交割仓库以及期货合约标的物质量检验检疫机构
【参考答案】ABCD
【答案解析】见《证券期货市场诚信监督管理办法》第七条规定。
7.（　　）的诚信信息，记入诚信档案。
A. 保荐机构　　B. 财务顾问机构
C. 资产评估机构　　D. 律师事务所
【参考答案】ABCD
【答案解析】见《证券期货市场诚信监督管理办法》第七条规定。
8.（　　）的诚信信息，记入诚信档案。
A. 为证券期货业务提供存管、托管业务的商业银行
B. 为证券期货业提供信息技术服务或者软硬件产品的供应商
C. 为发行人、上市公司、全国中小企业股份转让系统挂牌公司提供投资者关系管理及其他公关服务的服务机构及其人
D. 证券期货传播媒介机构、人员
【参考答案】ABCD
【答案解析】见《证券期货市场诚信监督管理办法》第七条规定。
9.（　　）的诚信信息，记入诚信档案。
A. 以不正当手段干扰中国证监会及其派出机构监管执法工作的人员
B. 在证券、期货营业部打架斗殴的人员
C. 在证券、期货营业部偷窃的人员
D. 其他有与证券期货市场活动相关的违法失信行为的公民、法人或者其他组织
【参考答案】AD

【答案解析】见《证券期货市场诚信监督管理办法》第七条规定。

10. 所称诚信信息包括（　）做出的表彰、奖励、评比，以及信用评级机构、诚信评估机构做出的信用评级、诚信评估。

A. 中国证监会、国务院其他主管部门

B. 县级及以上单位

C. 证券期货交易场所

D. 证券期货市场行业协会

【参考答案】ACD

【答案解析】见《证券期货市场诚信监督管理办法》第八条规定。

11. 所称诚信信息包括（　）。

A. 中国证监会及其派出机构做出的行政许可决定

B. 到期拒不执行中国证监会及其派出机构生效行政处罚决定及监督管理措施

C. 拒不履行已达成的证券期货纠纷调解协议

D. 债券发行人未按期兑付本息等违约行为

【参考答案】ABCD

【答案解析】见《证券期货市场诚信监督管理办法》第八条规定。

12. 所称诚信信息包括（　）。

A. 担保人未按约定履行担保责任

B. 因非法开设证券期货交易场所或者组织证券期货交易被地方政府行政处罚或者采取清理整顿措施

C. 因证券期货侵权、违约行为被人民法院判决承担较大民事赔偿责任

D. 以不正当手段干扰中国证监会及其派出机构监管执法工作，因情节较轻，未受到处罚处理，但被纪律检查或者行政监察机构认定的信息

【参考答案】ABCD

【答案解析】见《证券期货市场诚信监督管理办法》第八条规定。

13. 诚信档案不得采集公民的（　），以及法律、行政法规规定禁止采集的其他信息。

A. 宗教信仰　　B. 基因

C. 指纹　　D. 病史信息

【参考答案】ABCD

【答案解析】见《证券期货市场诚信监督管理办法》第九条规定。

14. 记入诚信档案的诚信信息所对应的决定或者行为经法定程序撤销、变更

的，中国证监会及其派出机构应（　　）该诚信信息。

A. 相应删除　　B. 相应修改

C. 继续保留　　D. 永久保留

【参考答案】AB

【答案解析】见《证券期货市场诚信监督管理办法》第十二条规定。

15. 超过效力期限的违法失信信息（　　）。

A. 不再进行诚信信息公开　　B. 不再接受诚信信息申请查询

C. 继续公开　　D. 继续接受诚信信息申请查询

【参考答案】AB

【答案解析】见《证券期货市场诚信监督管理办法》第十三条规定。

16. 中国证监会对有（　　）等严重违法失信情形的市场主体，在证券期货市场违法失信信息公开查询平台进行专项公示。

A. 被中国证监会及其派出机构采取市场禁入措施

B. 因证券期货犯罪被人民法院判处刑罚

C. 到期拒不执行中国证监会及其派出机构生效行政处罚决定

D. 因拒不配合中国证监会及其派出机构监督检查、调查被有关机关做出行政处罚或者处理决定

【参考答案】ABCD

【答案解析】见《证券期货市场诚信监督管理办法》第十五条规定。

17. 公民、法人或者其他组织提出诚信信息查询申请，符合以下（　　）等条件之一的，中国证监会及其派出机构予以办理。

A. 公民、法人或者其他组织申请查询自己的诚信信息

B. 发行人、上市公司申请查询拟任董事、监事、高级管理人员的诚信信息

C. 发行人、上市公司申请查询拟委托的证券公司、证券服务机构及其相关从业人员的诚信信息

D. 证券公司、期货公司、基金管理人、证券期货服务机构申请查询已聘任或者拟聘任的董事、监事、高级管理人员或者其他从业人员的诚信信息

【参考答案】ABCD

【答案解析】见《证券期货市场诚信监督管理办法》第十七条规定。

18.（　　）建立年度诚信会员制度。

A. 中国证券业协会　　B. 中国期货业协会

C. 中国上市公司协会　　D. 中国证券投资基金业协会

【参考答案】ABCD

【答案解析】见《证券期货市场诚信监督管理办法》第四十条规定。

19. 对违法失信信息的公民，中国证监会及其派出机构、证券期货市场行业组织可以不聘任其担任下列（　　）等职务。

A. 中国证监会股票发行审核委员会委员

B. 中国证监会上市公司并购重组审核委员会委员

C. 中国证监会及其派出机构负有审核、监督、核查、咨询职责的其他组织的成员

D. 证券期货市场行业组织成立的负有审核、监督、核查、咨询职责的其他组织的成员

【参考答案】ABCD

【答案解析】见《证券期货市场诚信监督管理办法》第四十二条规定。

（三）判断题（判断以下各小题的正误，正确的填写 A，错误的填写 B）

1. 因证券期货违法行为被行政处罚、市场禁入、刑事处罚和判决承担较大侵权、违约民事赔偿责任的信息，在诚信档案中的效力期限为 3 年。（　　）

【参考答案】B

【答案解析】效力期限为 5 年。

2. 诚信档案中的效力期限，自对违法失信行为的发生之日起算。（　　）

【参考答案】B

【答案解析】自对违法失信行为的处理决定执行完毕之日起算。

3. 公民、法人或者其他组织提出的诚信档案查询申请，符合条件，材料齐备的，中国证监会及其派出机构自收到查询申请之日起 3 个工作日内反馈。（　　）

【参考答案】B

【答案解析】自收到查询申请之日起 5 个工作日内反馈。

4. 申请人以及申请事项所涉及的有关当事人的诚信信息虽不属于法定不予许可条件范围，但有关法律、行政法规和规章对行政许可法定条件提出诚实信用要求、做出原则性规定或者设定授权性条款的，中国证监会及其派出机构应当依法做出不予许可的决定。（　　）

【参考答案】B

【答案解析】中国证监会及其派出机构可以综合考虑诚信状况等相关因素，审慎审查申请人提出的行政许可申请事项。

5. 中国证监会各派出机构负责接收、办理公民、法人或者其他组织根据《证券期货市场诚信监督管理办法》规定提出的诚信信息记入申报、诚信信息查

询申请、诚信信息更正申请等事项。（ ）

【参考答案】A

【答案解析】见《证券期货市场诚信监督管理办法》第四十五条规定。

6. 中国证监会及其派出机构办理诚信信息查询，不得收取任何费用。（ ）

【参考答案】B

【答案解析】除可以收取打印、复制、装订、邮寄成本费用外，不得收取其他费用。

（四）综合题（以下各小题给出的四个选项中，至少有一项符合题目要求，请将符合题目要求选项的代码填入括号内）

根据以下案例，回答1~4题。

2013年至2015年上半年，某材料股份有限公司累计发生向关联方提供资金的关联交易8.9亿元、30.4亿元、14.9亿元，关联方资金占用余额达13.3亿元。为掩盖关联方长期占用资金的事实，上市公司实际控制人王涛等人先后通过虚构采购合同、虚构代付业务、凭空进行票据背书等违法手段，将37.8亿元无效票据入账充当还款。

同时，某证券公司作为该上市公司2013年、2014年重大资产重组财务顾问和恢复上市的保荐机构，在执业过程中未勤勉尽责。某会计师事务所在2013年、2014年年度财务报表审计过程中未勤勉尽责，出具了存在虚假记载的审计报告。

2018年1月，证监会依法对该上市公司做出行政处罚。同年8月，将相关人员涉嫌证券犯罪移送公安机关，依法追究其刑事责任。2018年6月，证监会依法对某证券公司及其相关从业人员做出行政处罚。2018年12月，证监会依法对某会计师事务所及相关从业人员做出行政处罚。

证监会表示，本案的查处表明，部分上市公司法人治理缺位、内控管理混乱，违法行为损害上市公司和投资者的合法权益，必将受到法律严惩。

1. 本案中，某材料股份有限公司、证券公司、会计师事务所存在（ ）等不诚实信用行为。

A. 内幕交易

B. 欺诈

C. 操纵市场

D. 其他损害投资者合法权益

【参考答案】ABD

【答案解析】见《证券期货市场诚信监督管理办法》第四条规定。

2. 案例中的上市公司、证券公司及会计师事务所违法失信信息，在诚信档案中的效力期限为（ ）年。

A. 1　　B. 2

C. 3　　D. 5

【参考答案】D

【答案解析】见《证券期货市场诚信监督管理办法》第十三条规定。违法失信信息，在诚信档案中的效力期限为 3 年，但因证券期货违法行为被行政处罚、市场禁入、刑事处罚和判决承担较大侵权、违约民事赔偿责任的信息，其效力期限为 5 年。

3. 中国证监会在其网站建立了证券期货市场违法失信信息公开查询平台，社会公众可通过该平台查询行政处罚、市场禁入等违法失信信息。严重违法失信主体的专项公示期为（　　）年，自公示之日起算。

A. 1　　B. 2

C. 3　　D. 5

【参考答案】A

【答案解析】见《证券期货市场诚信监督管理办法》第十五条规定。

4. 该事件对案件中的证券公司和会计师事务所的业务影响包括（　　）。

A. 该证券公司和会计师事务所受托为发行人、上市公司、全国中小企业股份转让系统挂牌公司等提供证券服务的，将会被查询其诚信档案，并将其诚信状况作为决定是否接受委托、确定收费标准的依据

B. 该证券公司在开展转融通业务时，可能会被查阅该证券公司的诚信档案，根据证券公司的诚信状况，决定是否对其进行转融通，或者确定和调整授信额度

C. 发行人、上市公司、全国中小企业股份转让系统挂牌公司、证券公司、期货公司、基金管理人、证券期货服务机构拟聘任该证券公司和会计师事务所人员为董事、监事、高级管理人员以及从业人员的，会被查询拟聘任人员的诚信档案，并将其诚信状况作为决定是否聘任的依据

D. 中国证监会及其派出机构在开展监督检查等日常监管工作中，会查阅该证券公司和会计师事务所的诚信档案，根据被监管机构的诚信状况，有针对性地进行现场检查和非现场检查，或者适当调整、安排现场检查的对象、频率和内容

【参考答案】ABCD

【答案解析】见《证券期货市场诚信监督管理办法》第三十四条、第三十六条、第三十七条、第三十八条规定。

十九、《期货从业人员执业行为准则（修订）》通关练习

（一）单项选择题（在以下各小题所给出的四个选项中，只有一个选项符合题目要求，请将正确选项的代码填入括号中）

1.《期货从业人员执业行为准则（修订）》，是（　　）对期货从业人员进行纪律惩戒的依据。

A. 中国证监会　　B. 中国证监会及其派出机构

C. 中国期货业协会　　D. 从事期货经营业务的机构

【参考答案】C

【答案解析】见《期货从业人员执业行为准则（修订）》第二条规定。

2.《期货从业人员执业行为准则（修订）》中所称机构不包括（　　）。

A. 为期货公司提供中间介绍业务的机构

B. 期货投资咨询机构

C. 期货公司

D. 期货交易所

【参考答案】D

【答案解析】见《期货从业人员执业行为准则（修订）》第三条规定。

3. 期货从业人员在执业过程中应当以专业的技能，以小心谨慎、勤勉尽责和独立客观的态度为投资者提供服务，并（　　）。

A. 保证投资者满意　　B. 最大限度维护投资者利益

C. 维护投资者的合法权益　　D. 为投资者创造最大权益

【参考答案】C

【答案解析】见《期货从业人员执业行为准则（修订）》第七条规定。

4. 期货投资咨询机构的期货从业人员可以从事的行为有（　　）。

A. 为客户设计投资方案，并对客户账户盈亏做出承诺或保证

B. 代理客户从事期货交易

C. 以本人或者他人名义从事期货交易

D. 向客户提供专业服务时，充分揭示期货交易风险

【参考答案】D

【答案解析】见《期货从业人员执业行为准则（修订）》第十一条规定。

5. 根据《期货从业人员执业行为准则（修订）》，除（　　）同意外，从业人员不得兼任导致或者可能导致与现任职务产生实际或潜在利益冲突的其他组织的职务。

A. 所在地中国证监会派出机构　　B. 所在期货经营机构

C. 中国期货业协会　　D. 中国证监会

【参考答案】B

【答案解析】见《期货从业人员执业行为准则（修订）》第三十条规定。

6. 根据《期货从业人员执业行为准则（修订）》，当期货从业人员发现投资者有不诚信行为时应当（　　）。

A. 报告期货交易所

B. 报告中国证监会派出机构

C. 及时向所在期货经营机构报告，并注意防范投资者的信用风险

D. 报告中国期货业协会

【参考答案】C

【答案解析】见《期货从业人员执业行为准则（修订）》第三十一条规定。

7. 当期货从业人员与投资者存在利益冲突，无法继续提供期货业服务时，应当通过（　　）与投资者协商，采取办法妥善予以解决。

A. 所在地中国证监会派出机构　　B. 所在期货经营机构

C. 中国期货业协会　　D. 期货交易所

【参考答案】B

【答案解析】见《期货从业人员执业行为准则（修订）》第三十二条规定。

8. 期货从业人员因执业过错给期货经营机构造成损失的，下列表述正确的是（　　）。

A. 应当承担相应责任

B. 是否承担责任，由中国期货业协会决定

C. 是否承担责任，由中国证监会决定

D. 如损失较小，可不承担责任

【参考答案】A

【答案解析】见《期货从业人员执业行为准则（修订）》第三十三条规定。

9. 聘用期货从业人员的期货经营机构处分从业人员的，应当在做出处分决定之日起（ ）个工作日内向协会报告。

A. 10　　B. 15

C. 20　　D. 30

【参考答案】A

【答案解析】见《期货从业人员执业行为准则（修订）》第三十五条规定。

10. 从业人员违反《期货从业人员执业行为准则（修订）》，情节严重，并造成严重后果的，予以（ ）。

A. 警告　　B. 公开谴责

C. 罚款　　D. 批评

【参考答案】B

【答案解析】见《期货从业人员执业行为准则（修订）》第三十八条规定。

11. 期货从业人员为了争取客户，违反有关法律、法规、规章和政策规定向客户承诺或者保证收益的，情节严重，该期货从业人员（ ）不能再次申请从业资格。

A. 在1年内　　B. 在6个月内

C. 在3年内或永久性　　D. 永久性

【参考答案】C

【答案解析】见《期货从业人员执业行为准则（修订）》第四十条规定。

12. 从业人员与投资者或所在机构发生纠纷而无法自行合理解决的，可以按照规定的程序，提请（ ）进行调解。

A. 中国证监会　　B. 仲裁委员会

C. 中国期货业协会　　D. 法院

【参考答案】C

【答案解析】见《期货从业人员执业行为准则（修订）》第四十五条规定。

（二）多项选择题（以下各小题给出的四个选项中，至少有两项符合题目要求，请将符合题目要求选项的代码填入括号内）

1. 制定《期货从业人员执业行为准则（修订）》的目的有（ ）。

A. 保障期货从业人员执业安全

B. 规范期货从业人员执业行为

C. 促使期货从业人员提高职业道德和业务素质

D. 维护期货市场秩序

【参考答案】BCD

【答案解析】见《期货从业人员执业行为准则（修订）》第一条规定。

2.《期货从业人员执业行为准则（修订）》是对期货从业人员（　　）等方面的基本要求和规定。

A. 职业品德　　　　　　　　　　B. 执业纪律

C. 专业胜任能力　　　　　　　　D. 职业责任

【参考答案】ABCD

【答案解析】见《期货从业人员执业行为准则（修订）》第二条规定。

3. 发生以下情况时，期货从业人员不承担保密义务的有（　　）。

A. 期货法律法规要求提供的

B. 中国期货业协会依法调查取证时要求提供的

C. 在执业过程中，为保护自己的合法权益而必须公开的

D. 地方税务局依法调查取证时要求提供的

【参考答案】ABC

【答案解析】见《期货从业人员执业行为准则（修订）》第八条规定。

4. 下列关于从业人员在执业过程中避免利益冲突原则的表述，正确的有（　　）。

A. 遇到相关方利益与投资者的利益发生冲突时，应当以交易量大的客户利益优先

B. 遇到自身利益与投资者的利益可能发生冲突时，以自身利益优先

C. 遇到相关方利益与投资者的利益可能发生冲突，且无法避免时，应当确保投资者的利益得到公平的对待

D. 遇到自身利益与投资者的利益发生冲突时，必须及时向投资者披露

【参考答案】CD

【答案解析】见《期货从业人员执业行为准则（修订）》第九条规定。

5. 以下机构不得代理客户从事期货交易的有（　　）。

A. 期货交易所的非期货公司结算会员

B. 期货投资咨询机构

C. 期货公司

D. 为期货公司提供中间介绍业务的机构

【参考答案】ABD

【答案解析】见《期货从业人员执业行为准则（修订）》第十三条、第十四

条、第十五条规定。

6. 为期货公司提供中间介绍业务的机构的从业人员不得从事的行为有（　　）。

A. 划转期货保证金　　B. 存取期货保证金

C. 代理客户从事期货交易　　D. 收付期货保证金

【参考答案】ABCD

【答案解析】见《期货从业人员执业行为准则（修订)》第十五条规定。

7. 期货从业人员应具备、保持并不断提高专业胜任能力，包括（　　）。

A. 亲自做期货交易

B. 加强业务知识更新，接受后续职业培训

C. 机构的管理人员应当对下属从业人员的工作进行指导、监督和支持

D. 从业人员在从事期货业务前，应当参加岗前培训并通过考核

【参考答案】BCD

【答案解析】见《期货从业人员执业行为准则（修订)》第十六条规定。

8. 期货从业人员在执业过程中应当（　　）。

A. 如实向投资者告知在期货投资中可能出现的各种风险

B. 确保股东利益最大化

C. 以个人名义接受投资者委托

D. 如实向投资者申明其所具有的执业能力

【参考答案】AD

【答案解析】见《期货从业人员执业行为准则（修订)》第十九条、第二十一条、第十二条规定。

9. 期货从业人员在进行投资分析或者提出投资建议时，应当（　　）。

A. 勤勉尽责、独立客观

B. 投资分析及投资建议要有合理、充足的依据

C. 严格区分客观事实与主观判断

D. 对重要事实予以明示

【参考答案】ABCD

【答案解析】见《期货从业人员执业行为准则（修订)》第二十条规定。

10. 期货从业人员在执业过程中，应当（　　）。

A. 保护投资者的合法利益

B. 以投资利益最大化为原则

C. 对投资者了解交易情况等合理的要求，应当在其职责范围内尽快给予

答复

D. 公平地对待投资者

【参考答案】ACD

【答案解析】见《期货从业人员执业行为准则（修订）》第二十一条、第二十二条、第二十四条规定。

11.《期货从业人员执业行为准则（修订）》，严禁从业人员从事不正当竞争行为有（　　）。

A. 采用明示或暗示与有关机构或者个人具有特殊关系的手段招徕投资者

B. 以排挤竞争对手为目的，低于经营成本或行业自律标准收取手续费

C. 采用虚假或容易引起误解的宣传方式进行自我夸大

D. 给予长期合作客户手续费优惠

【参考答案】ABC

【答案解析】见《期货从业人员执业行为准则（修订）》第二十六条规定。

12. 从业人员有违反有关法律、法规、规章或《期货从业人员执业行为准则（修订）》规定的，（　　）人员可以向中国期货业协会进行举报。

A. 投资者　　B. 聘用该人员期货经营机构

C. 其他期货从业人员　　D. 其他期货机构

【参考答案】ABCD

【答案解析】见《期货从业人员执业行为准则（修订）》第三十五条规定，从业人员有违反有关法律、法规、规章或本准则行为的，任何人都可以向协会进行举报。

13. 从业人员有（　　）情形的，暂停其从业资格 6 个月至 12 个月；情节严重的，撤销其从业资格并在 3 年内拒绝受理其从业资格申请。

A. 拒绝协会调查或检查的

B. 获取不正当利益的

C. 向投资者隐瞒重要事项的

D. 违反保密义务，泄露、传递他人未公开重要信息的

【参考答案】ABCD

【答案解析】见《期货从业人员执业行为准则（修订）》第三十九条规定。

14. 从业人员违反《期货从业人员执业行为准则（修订）》，情节显著轻微，且没有造成后果的，（　　）。

A. 由中国证监会予以警告

B. 由中国期货业协会责成从业人员所在期货经营机构予以批评教育

C. 由期货业协会予以谴责

D. 可免于纪律惩戒

【参考答案】BD

【答案解析】见《期货从业人员执业行为准则（修订）》第四十一条规定。

15. 期货从业人员受到（　）的，应当参加协会组织的专项后续职业培训。

A. 公开谴责　　　　B. 训诫

C. 暂停从业资格　　　　D. 撤销从业资格

【参考答案】ABC

【答案解析】见《期货从业人员执业行为准则（修订）》第四十三条规定。

（三）判断题（判断以下各小题的正误，正确的填写 A，错误的填写 B）

1. 期货从业人员在执业过程中仅对投资者负责。（　）

【参考答案】B

【答案解析】从业人员在执业过程中应当对期货交易各方高度负责，诚实守信，恪尽职守，珍惜、维护期货业和从业人员的职业声誉，保障期货市场稳健运行。

2. 期货从业人员对投资者服务结束或者离开所在机构后，可以公开投资者或者原所在机构的秘密。（　）

【参考答案】B

【答案解析】见《期货从业人员执业行为准则（修订）》第八条规定。

3. 期货从业人员可以代理客户从事期货交易。（　）

【参考答案】B

【答案解析】不得代理客户从事期货交易。

4. 期货从业人员在进行投资分析或者提出投资建议时，要严格区分客观事实与主观判断，并对重要事实予以明示。（　）

【参考答案】A

【答案解析】见《期货从业人员执业行为准则（修订）》第二十条规定。

5. 对投资者了解交易情况的要求，期货从业人员应根据重要程度，有选择的给予答复。（　）

【参考答案】B

【答案解析】对投资者了解交易情况等合理的要求，应当在其职责范围内尽快给予答复。

6. 期货从业人员可以为了投资利益最大化，满足投资者要求。（ ）

【参考答案】B

【答案解析】从业人员不得迎合投资者的不合理要求，不得为了投资者利益而损害社会公共利益、所在机构的合法利益或者他人的合法权益。

7. 期货从业人员不得阻挠或者拒绝投资者另外委托其他机构或者从业人员提供服务。（ ）

【参考答案】A

【答案解析】见《期货从业人员执业行为准则（修订）》第二十七条规定。

8. 期货从业人员违反《期货从业人员执业行为准则（修订）》，情节轻微，且没有造成严重后果的，予以训诫，训诫向其所在机构发出。（ ）

【参考答案】B

【答案解析】训诫以训诫信的形式向个人发出。

9. 从业人员受到纪律惩戒的，协会将纪律惩戒信息录入协会从业资格数据库。（ ）

【参考答案】A

【答案解析】见《期货从业人员执业行为准则（修订）》第四十二条规定。

10. 期货从业人员的纪律惩戒由协会纪律委员会做出，从业人员必须服从。（ ）

【参考答案】B

【答案解析】从业人员对纪律惩戒不服的，可向协会申诉委员会申诉，申诉委员会做出的审议决定为最终决定。

（四）综合题（以下各小题给出的四个选项中，至少有一项符合题目要求，请将符合题目要求选项的代码填入括号内）

阅读材料，回答1~3题。

某期货公司从业人员王某在从业过程中，对其客户谎称本公司另一位李姓期货从业人员曾在从业中触犯刑律而被判过刑，故请客户不要找李某做经纪人。为了拉拢客户，王某允诺其可以收取更低的手续费。

1. 王某的行为违反了下列规定中的（ ）项。

A. 贬低或诋毁其他期货经营机构期货从业人员

B. 采用虚假或容易引起误解的宣传方式进行自我夸大或者损害其他同业者的名誉

C. 在投资者不知情的情况下给投资者代理人或介绍人返还佣金

D. 以排挤竞争对手为目的，低于经营成本或行业自律标准收取手续费

【参考答案】AD

【答案解析】见《期货从业人员执业行为准则（修订）》第二十六条规定。

2. 针对王某的行为，期货业协会可以给予其下列纪律处分中的（　　）。

A. 训诫

B. 公开谴责

C. 暂停期货从业人员资格 10 个月

D. 撤销期货从业人员资格并在 2 年内拒绝受理其从业资格申请

【参考答案】C

【答案解析】见《期货从业人员执业行为准则（修订）》第三十九条规定。

3. 如果王某对该处分不服，可以采取的措施是（　　）。

A. 可向协会申诉委员会申诉

B. 向仲裁机构提起仲裁申诉

C. 可以向人民法院申诉

D. 可以向证监会申诉或反映

【参考答案】A

【答案解析】见《期货从业人员执业行为准则（修订）》第四十四条规定。

根据以下材料，回答 4 ~5 题。

刘某为甲期货公司的从业人员，在得知乙期货公司给居间人较高的返佣后，私下将新开发的客户介绍给乙期货公司。

4. 刘某违反的期货从业人员执业行为准则是（　　）。

A. 除所在机构同意外，从业人员不得兼任导致与现任职务产生实际或潜在利益冲突的其他组织的职务

B. 不得进行虚假宣传，诱骗客户参与期货交易

C. 不得以他人名义参与期货交易

D. 不得在投资者不知情的情况下给介绍人返还佣金

【参考答案】A

【答案解析】见《期货从业人员执业行为准则（修订）》第三十条规定。

5. 刘某可能受到的法律惩戒是（　　）。

A. 训诫

B. 暂停从业资格

C. 公开谴责

D. 罚款

【参考答案】ABC

【答案解析】见《期货从业人员执业行为准则（修订）》第三十七条、第三十八条、第三十九条规定。

二十、《期货经营机构投资者适当性管理实施指引（试行）》通关练习

（一）单项选择题（在以下各小题所给出的四个选项中，只有一个选项符合题目要求，请将正确选项的代码填入括号中）

1.《期货经营机构投资者适当性管理实施指引（试行）》由（　　）制定。

A. 中国证监会　　B. 中国期货业协会

C. 期货交易所　　D. 国务院

【参考答案】B

【答案解析】见《期货经营机构投资者适当性管理实施指引（试行）》第一条规定。

2.（　　）对经营机构履行适当性义务进行自律管理。

A. 期货公司　　B. 期货公司子公司

C. 期货经营机构　　D. 中国期货业协会

【参考答案】D

【答案解析】见《期货经营机构投资者适当性管理实施指引（试行）》第四条规定。

3. 投资者提供的信息发生重要变化，可能影响其投资者分类的，应当及时告知（　　）。

A. 中国证监会　　B. 中国期货业协会

C. 期货交易所　　D. 经营机构

【参考答案】D

【答案解析】见《期货经营机构投资者适当性管理实施指引（试行）》第六条规定。

4. 经营机构应当按照《证券期货投资者适当性管理办法》要求，将投资者分类，并实施（　　）管理。

A. 专门化　　B. 信息化

C. 差异化适当性　　D. 区别

【参考答案】C

【答案解析】见《期货经营机构投资者适当性管理实施指引（试行）》第七条规定。

5. 经营机构可以制作投资者风险承受能力评估问卷以了解投资者风险承受能力情况，问卷问题应不少于（　　）个。

A. 5　　B. 10

C. 15　　D. 20

【参考答案】B

【答案解析】见《期货经营机构投资者适当性管理实施指引（试行）》第十一条规定。

6. 普通投资者按其风险承受能力至少划分为五类，风险承受能力最低的类别是（　　）。

A. C1　　B. C2

C. C3　　D. C4

【参考答案】A

【答案解析】见《期货经营机构投资者适当性管理实施指引（试行）》第十条规定。

7. 经营机构建立的投资者适当性评估数据库一般不会收集以下（　　）等信息。

A. 风险偏好及可承受的损失

B. 投资者历次风险承受能力评估问卷内容、评级时间、评级结果等

C. 收入来源和数额、资产、债务等财务状况

D. 自然人投资者的婚姻家庭状况

【参考答案】D

【答案解析】见《期货经营机构投资者适当性管理实施指引（试行）》第十五条规定。

8. 经营机构应当利用投资者评估数据库及交易行为记录等信息，持续跟踪和评估投资者风险承受能力，必要时调整其（　　）。

A. 投入资金额度　　B. 风险承受能力等级

C. 企业法人　　D. 投资者分类

【参考答案】B

【答案解析】见《期货经营机构投资者适当性管理实施指引（试行）》第十七条规定。

9.（　　）负责制定期货行业的产品或服务风险等级名录。

A. 中国证监会　　B. 中国期货业协会

C. 期货交易所　　D. 国务院

【参考答案】B

【答案解析】见《期货经营机构投资者适当性管理实施指引（试行）》第十八条规定。

10. 如果期货公司等的产品或服务发生变化，（　　）应根据情况及时更新名录。

A. 中国证监会　　B. 期货交易所

C. 中国期货业协会　　D. 期货公司上午子公司

【参考答案】C

【答案解析】见《期货经营机构投资者适当性管理实施指引（试行）》第十八条规定。

11. 期货行业产品或服务的风险等级原则上由低到高划分为（　　）级。

A. 3　　B. 4

C. 5　　D. 6

【参考答案】C

【答案解析】见《期货经营机构投资者适当性管理实施指引（试行）》第十九条规定。

12. 高风险等级的产品或服务可以由经营机构自主确定，但应当至少包含（　　）风险等级的产品或服务。

A. C2　　B. C5

C. R2　　D. R5

【参考答案】D

【答案解析】见《期货经营机构投资者适当性管理实施指引（试行）》第十九条规定。

13. 涉及投资组合的产品或服务，经营机构应当按照产品或服务（　　）等级进行评估。

A. 价值　　B. 各自风险

C. 整体风险　　D. 适合投资者的

【参考答案】C

【答案解析】见《期货经营机构投资者适当性管理实施指引（试行）》第二十条规定。

14. 经营机构应当制作产品或服务风险等级评估表，根据产品或服务的（　　），确定各项评估因素的分值和权重。

A. 价值

B. 评估因素与风险等级的相关性

C. 投资方向和投资范围

D. 投资单位产品或者相关服务的最低金额

【参考答案】B

【答案解析】见《期货经营机构投资者适当性管理实施指引（试行）》第二十条规定。

15. 产品或服务对投资者有准入条件要求的，经营机构应当加强（　　）审核，审慎向符合准入条件的投资者销售产品或者提供服务。

A. 要件　　B. 账户

C. 投资者等级　　D. 产品

【参考答案】A

【答案解析】见《期货经营机构投资者适当性管理实施指引（试行）》第二十一条规定。

16. 普通投资者和专业投资者风险承受能力等级与产品或服务风险等级的匹配，应当按照（　　）标准确定。

A. C2 类投资者只可购买或接受 R1 风险等级的产品或服务

B. C3 类投资者可购买或接受 R4 风险等级的产品或服务

C. C4 类投资者只可购买或接受 R1、R2、R3 风险等级的产品或服务

D. 风险承受能力最低类别的投资者可购买或接受 R1 风险等级的产品或服务

【参考答案】D

【答案解析】见《期货经营机构投资者适当性管理实施指引（试行）》第二十四条规定。

17. 投资者主动要求购买风险等级高于其风险承受能力的产品或者接受相关服务的，经营机构在确认其不属于风险承受能力最低类别投资者后，应当要求投资者（　　）。

A. 交付押金　　B. 缴纳风险结算准备金

C. 签署不得反悔确认书　　D. 签署特别风险警示书

【参考答案】D

【答案解析】见《期货经营机构投资者适当性管理实施指引（试行）》第二十五条规定。

18. 经营机构应当每（　　）至少开展一次适当性培训，提高相关岗位从业人员的适当性管理知识与技能，不断提升适当性执业规范水平。

A. 周　　B. 月

C. 季　　D. 年

【参考答案】D

【答案解析】见《期货经营机构投资者适当性管理实施指引（试行）》第三十五条规定。

19. 经营机构应当明确专门部门对适当性管理工作开展情况进行监督检查，至少每（　　）开展一次适当性自查。

A. 周　　B. 月

C. 半年　　D. 年

【参考答案】C

【答案解析】见《期货经营机构投资者适当性管理实施指引（试行）》第三十六条规定。

20. 经营机构应当妥善保存与履行投资者适当性管理职责有关的信息和资料，包括但不限于匹配方案、告知警示资料、录音录像资料、自查报告等，保存期限不得少于（　　）年。

A. 3　　B. 5

C. 10　　D. 20

【参考答案】D

【答案解析】见《期货经营机构投资者适当性管理实施指引（试行）》第三十九条规定。

（二）多项选择题（以下各小题给出的四个选项中，至少有两项符合题目要求，请将符合题目要求选项的代码填入括号内）

1.《期货经营机构投资者适当性管理实施指引（试行）》规定，（　　）可以向投资者公开销售或者非公开转让期货及其他衍生产品，或者为投资者提供证券期货相关业务服务。

A. 期货公司　　B. 期货公司子公司

C. 期货经营机构　　D. 期货交易所

【参考答案】ABC

【答案解析】见《期货经营机构投资者适当性管理实施指引（试行）》第二条规定。

2. 经营机构向投资者销售产品或者提供服务时，可以采用（　　）方式了解投资者信息。

A. 查询、收集投资者资料　　B. 问卷调查

C. 知识测试　　D. 非现场沟通

【参考答案】ABCD

【答案解析】见《期货经营机构投资者适当性管理实施指引（试行）》第五条规定。

3. 投资者提供的信息和证明材料应该具备（　　）。

A. 真实性　　B. 准确性

C. 可公开性　　D. 完整性

【参考答案】ABD

【答案解析】见《期货经营机构投资者适当性管理实施指引（试行）》第六条规定。

4. 投资者应提供真实、准确、完整的信息和证明材料，并配合经营机构进行（　　）管理。

A. 适当性评估　　B. 账务

C. 适当性分类　　D. 适当性匹配

【参考答案】ACD

【答案解析】见《期货经营机构投资者适当性管理实施指引（试行）》第六条规定。

5. 按照《证券期货投资者适当性管理办法》要求，经营机构应将投资者分为（　　）。

A. 普通投资者　　B. 个人投资者

C. 机构投资者　　D. 专业投资者

【参考答案】AD

【答案解析】见《期货经营机构投资者适当性管理实施指引（试行）》第七条规定。

6. 经过经营机构审核通过，可将（　　）直接认定为专业投资者。

A. 证券公司　　B. 商业银行

C. 期货公司　　D. QFII

【参考答案】ABCD

【答案解析】见《期货经营机构投资者适当性管理实施指引（试行）》第八条规定。

7. 投资者想通过经营机构审核而直接认定成为专业投资者，则该投资者应提交（　　）证明材料。

A. 营业执照　　　　　　　　B. 经营业务许可证

C. 登记或备案证明　　　　　D. 开户类型证明

【参考答案】ABCD

【答案解析】见《期货经营机构投资者适当性管理实施指引（试行）》第八条规定。

8. 甲是某期货公司高管，他向经营机构申请直接认定其为专业投资者，那么他需要提供（　　）资料。

A. 近一个月的金融资产证明文件或近三年收入证明

B. 投资经历

C. 工作证明

D. 职业资格证书

【参考答案】ABCD

【答案解析】见《期货经营机构投资者适当性管理实施指引（试行）》第九条规定。

9. 某商业银行向经营机构申请直接认定其为专业投资者，那么其需要提供如下（　　）资料。

A. 最近一年的财务报表　　　B. 本机构的投资经历

C. 金融资产证明文件　　　　D. 其高管的职业资格证书

【参考答案】ABC

【答案解析】见《期货经营机构投资者适当性管理实施指引（试行）》第九条规定。

10. 经营机构可以制作投资者风险承受能力评估问卷以了解投资者风险承受能力情况，问卷内容应当至少包括（　　）。

A. 收入来源和数额　　　　　B. 资产状况

C. 债务　　　　　　　　　　D. 风险偏好

【参考答案】ABCD

【答案解析】见《期货经营机构投资者适当性管理实施指引（试行）》第十一条规定。

11. 经营机构可以认定（　　）的 C1 类自然人为风险承受能力最低类别的

投资者。

A. 不具有完全民事行为能力　　　　B. 没有风险容忍度

C. 不愿承受任何投资损失　　　　　D. 个人财产在 100 万元以下

【参考答案】ABC

【答案解析】见《期货经营机构投资者适当性管理实施指引（试行）》第十二条规定。

12. 普通投资者申请转化成为专业投资者需要满足的条件有（　　）。

A. 投资者必须填写转化申请书，确认自主承担可能产生的风险和后果，提交符合转化条件的证明材料

B. 经营机构对投资者提供的资料进行审核，但不需要再进行测试

C. 法人的最近 1 年末净资产不低于 1 000 万元

D. 自然人金融资产不低于 300 万元或者最近 3 年个人年均收入不低于 30 万元

【参考答案】ACD

【答案解析】见《期货经营机构投资者适当性管理实施指引（试行）》第十三条规定。

13. 普通投资者申请转化为专业投资者，申请转化流程有（　　）。

A. 投资者填写转化申请书，确认自主承担可能产生的风险和后果，提交符合转化条件的证明材料

B. 经营机构对投资者提供的资料进行审核，通过追加了解投资者信息、开展投资知识测试或者模拟交易等方式对投资者进行审慎评估，确认其符合转化要求

C. 经营机构同意投资者转化的，应当向其说明对普通投资者和专业投资者履行适当性义务的差别，警示可能承担的投资风险

D. 经营机构不同意投资者转化的，应当告知其评估结果及理由

【参考答案】ABCD

【答案解析】见《期货经营机构投资者适当性管理实施指引（试行）》第十三条规定。

14. 经营机构应当建立投资者适当性评估数据库，收录投资者信息并及时更新。数据库中的信息应包括（　　）。

A. 自然人的姓名、住址、职业、年龄、联系方式，法人或者其他组织的名称、注册地址、办公地址、性质、资质及经营范围等基本信息

B. 收入来源和数额、资产、债务等财务状况

C. 投资者历次风险承受能力评估问卷内容、评级时间、评级结果等

D. 投资者在本经营机构从事投资活动所产生的失信行为记录

【参考答案】ABCD

【答案解析】见《期货经营机构投资者适当性管理实施指引（试行）》第十五条规定。

15. 经营机构应当综合考虑（　　）等因素，根据风险特征和程度审慎评估、划分风险等级。

A. 流动性　　B. 结构复杂性

C. 募集方式　　D. 同类产品或服务过往业绩

【参考答案】ABCD

【答案解析】见《期货经营机构投资者适当性管理实施指引（试行）》第二十条规定。

16. 经营机构委托其他机构销售本机构发行的产品或者提供服务时，应当确认受托机构是否具备（　　）。

A. 销售相关产品的资格　　B. 大于500万元的金融资产

C. 内控制度　　D. 技术设备

【参考答案】ACD

【答案解析】见《期货经营机构投资者适当性管理实施指引（试行）》第二十二条规定。

17. 经营机构按照适当性管理指引销售产品或者提供服务，应当遵守（　　）。

A. 资金匹配原则

B. 投资期限、投资品种、期望收益等符合投资者的投资目标

C. 产品或服务的风险等级符合投资者的风险承受能力等级

D. 中国证监会、协会和经营机构规定的其他匹配要求

【参考答案】BCD

【答案解析】见《期货经营机构投资者适当性管理实施指引（试行）》第二十三条规定。

18. 普通投资者和专业投资者风险承受能力等级与产品或服务风险等级的匹配，应当按照以下标准（　　）确定。

A. C1类投资者可购买或接受R1风险等级的产品或服务

B. C2类投资者可购买或接受R1、R2风险等级的产品或服务

C. C5类投资者可购买或接受R1、R2、R3、R4、R5风险等级的产品或服务

D. 一般的专业投资者可购买或接受 R1、R2、R3、R4 风险等级的产品或服务

【参考答案】ABC

【答案解析】见《期货经营机构投资者适当性管理实施指引（试行）》第二十四条规定。

19. 投资者主动要求购买风险等级高于其风险承受能力的产品或者接受相关服务的，经营机构应（　　）。

A. 先确认其不属于风险承受能力最低类别投资者

B. 要求投资者签署特别风险警示书

C. 要求投资者先给予一定资金作保

D. 确认投资者其已知悉产品或服务的风险高于投资者承受能力的事实

【参考答案】ABD

【答案解析】见《期货经营机构投资者适当性管理实施指引（试行）》第二十五条规定。

20. 经营机构向普通投资者销售产品或者提供服务前，应当按照《证券期货投资者适当性管理办法》的规定告知（　　）。

A. 可能直接导致本金亏损的事项

B. 可能直接导致超过原始本金损失的事项

C. 因经营机构的业务或者财产状况变化，可能导致本金或者原始本金亏损的事项

D. 因经营机构的业务或者财产状况变化，影响客户判断的重要事由

【参考答案】ABCD

【答案解析】见《期货经营机构投资者适当性管理实施指引（试行）》第二十六条规定。

21. 经营机构销售产品、提供服务时，应当（　　）。

A. 告知投资者综合考虑自身风险承受能力与经营机构的适当性匹配意见，独立做出投资决策并承担投资风险

B. 经营机构提出的适当性匹配意见表明其对产品或服务的风险和收益做出实质性判断或者保证

C. 经营机构履行投资者适当性职责不能取代投资者的投资判断，不会降低产品或服务的固有风险

D. 经营机构履行投资者适当性职责不会影响投资者依法应当承担的投资风险、履约责任以及费用

【参考答案】ACD

【答案解析】见《期货经营机构投资者适当性管理实施指引（试行）》第二十七条规定。

22. 经营机构制定投资者适当性管理的内部制度应该包括（　）。

A. 投资者分类的依据、方法和流程

B. 产品或服务分级的依据、方法和流程

C. 适当性匹配的标准、方法和流程

D. 执行投资者适当性管理内部制度的保障措施

【参考答案】ABCD

【答案解析】见《期货经营机构投资者适当性管理实施指引（试行）》第三十条规定。

23. 期货经营机构的销售人员不得参与（　　）。

A. 投资者的分类评估　　B. 产品与服务的分级评估

C. 投资者与产品的匹配　　D. 投资者与服务的匹配

【参考答案】ABCD

【答案解析】见《期货经营机构投资者适当性管理实施指引（试行）》第三十二条规定。

24. 期货经营机构要求由从事销售推介业务以外的人员，以（　　）适当方式，每年抽取一定比例进行适当性回访。

A. 电话　　B. 电邮

C. 信函　　D. 短信

【参考答案】ABCD

【答案解析】见《期货经营机构投资者适当性管理实施指引（试行）》第三十三条规定。

25. 期货经营机构应当建立健全（　　）制度。

A. 投资者适当性评估与销售隔离机制

B. 回访

C. 投资者教育

D. 投资者培养

【参考答案】AB

【答案解析】见《期货经营机构投资者适当性管理实施指引（试行）》第三十二条、第三十三条规定。

26. 对于（　　）普通投资者，经营机构应当进行回访。

A. 生活来源主要依靠积蓄或社会保障的

B. 购买或接受高风险产品或服务的

C. 工薪阶层

D. 中国证监会、协会和经营机构认为必要的其他投资者

【参考答案】ABD

【答案解析】见《期货经营机构投资者适当性管理实施指引（试行）》第三十三条规定。

27. 经营机构应当建立健全回访制度，回访的内容包括（　　）。

A. 受访人是否亲自填写了相关信息表格、问卷，并按要求签字或者盖章

B. 受访人是否已知晓风险揭示或者警示的内容

C. 受访人是否已知晓风险承受能力应当与所购买的产品或服务相匹配

D. 受访人是否已知晓可能承担的费用及相关投资损失

【参考答案】ABCD

【答案解析】见《期货经营机构投资者适当性管理实施指引（试行）》第三十四条规定。

（三）判断题（判断以下各小题的正误，正确的填写 A，错误的填写 B）

1. 某证券公司上一年的年末净资产是 1 800 万元，其申请直接认定为专业投资者，经营机构审核通过。（　　）

【参考答案】B

【答案解析】《期货经营机构投资者适当性管理实施指引（试行）》第九条规定，符合《证券期货投资者适当性管理办法》第八条（四）、（五）项条件的投资者划分为专业投资者。其中，最近 1 年末净资产不低于 2 000 万元。

2. 经营机构与投资者之间发生适当性纠纷，可以向中国证监会地方派出机构申请调解。（　　）

【参考答案】B

【答案解析】可以向中国期货业协会申请调解。

3. 经营机构应当将普通投资者按其风险承受能力至少划分为 3 类。（　　）

【参考答案】B

【答案解析】经营机构应当将普通投资者按其风险承受能力至少划分为五类，由低至高分别为 C1（含风险承受能力最低类别）、C2、C3、C4、C5 类。

4. 经营机构在投资者填写风险承受能力评估问卷时，不得进行诱导、误导、欺骗投资者，影响填写结果。（　　）

【参考答案】A

【答案解析】见《期货经营机构投资者适当性管理实施指引（试行）》第十一条规定。

5. 风险承受能力最低的普通投资者属于 C5 类投资者。（ ）

【参考答案】B

【答案解析】《期货经营机构投资者适当性管理实施指引（试行）》第十条规定，经营机构应当将普通投资者按其风险承受能力至少划分为五类，由低至高分别为 C1（含风险承受能力最低类别）、C2、C3、C4、C5 类。

6. 普通投资者和专业投资者在一定条件下可以互相转化。（ ）

【参考答案】A

【答案解析】见《期货经营机构投资者适当性管理实施指引（试行）》第十三条规。

7. 如果最近 1 年末净资产不低于 1 000 万元，最近 1 年末金融资产不低于 500 万元，且具有 1 年以上证券、基金、期货、黄金、外汇等投资经历的除专业投资者外的法人或其他组织，申请转化成为专业投资者，则经营机构肯定会同意其转化。（ ）

【参考答案】B

【答案解析】见《期货经营机构投资者适当性管理实施指引（试行）》第十三条规。

8. 按照规定，专业投资者不能再转化为普通投资者。（ ）

【参考答案】B

【答案解析】见《期货经营机构投资者适当性管理实施指引（试行）》第十四条规定。

9. 为了保护投资者信息，投资者评估数据库的运维工作一般只由经营机构的业务人员进行，不纳入经营机构信息技术系统运维管理体系统一管理。（ ）

【参考答案】B

【答案解析】投资者评估数据库应纳入经营机构信息技术系统运维管理体系统一管理。

10. 经营机构必须按规定向中国期货业协会申请确定高风险等级的产品或服务。（ ）

【参考答案】B

【答案解析】高风险等级的产品或服务可以由经营机构自主确定，但应当至少包含本指引规定的 R5 风险等级的产品或服务。

11. 经营机构可依据自己的判断自主评估相关产品或服务风险等级的高低，不必参考名录规定。（ ）

【参考答案】B

【答案解析】经营机构评估相关产品或服务的风险等级，不得低于协会名录规定的风险等级。

12. 涉及投资组合的产品或服务，经营机构应当按照产品或服务整体风险等级进行评估。（ ）

【参考答案】A

【答案解析】见《期货经营机构投资者适当性管理实施指引（试行）》第二十条规定。

13. 经营机构只能自己销售产品或者提供服务，不能委托其他机构销售本机构发行的产品或者提供服务。（ ）

【参考答案】B

【答案解析】可以委托其他机构销售本机构发行的产品或者提供服务。

14. 按照"适当的产品销售给适当的投资者"的原则，为了规避风险，经营机构销售产品时，所销售产品的投资期限、投资品种、期望收益等应比投资者的投资目标略低一个等级。（ ）

【参考答案】B

【答案解析】见《期货经营机构投资者适当性管理实施指引（试行）》第二十三条规定。

15. 专业投资者可购买或接受所有风险等级的产品或服务。（ ）

【参考答案】A

【答案解析】见《期货经营机构投资者适当性管理实施指引（试行）》第二十四条规定。

16. 投资者主动要求购买风险等级高于其风险承受能力的产品或者接受相关服务的，经营机构应坚决抵制。（ ）

【参考答案】B

【答案解析】见《期货经营机构投资者适当性管理实施指引（试行）》第二十五条规定。

17. 经营机构向专业投资者销售产品或者提供服务前，可以不告知可能的风险事项及明确的适当性匹配意见。（ ）

【参考答案】B

【答案解析】应当告知可能的风险事项及明确的适当性匹配意见。

18. 经营机构履行投资者适当性职责，就是要直接告知投资者的投资判断，提出经营机构的适当性匹配意见，投资者按照执行即可。 （ ）

【参考答案】B

【答案解析】经营机构提出的适当性匹配意见不表明其对产品或服务的风险和收益做出实质性判断或者保证，其履行投资者适当性职责不能取代投资者的投资判断，不会降低产品或服务的固有风险，也不会影响其依法应当承担的投资风险、履约责任以及费用。

19. 经营机构向普通投资者销售或者提供高风险等级的产品或服务时，给予投资者至少 24 小时的冷静期，对投资者的回访至少要两次。 （ ）

【参考答案】B

【答案解析】给予投资者至少 24 小时的冷静期或至少增加一次回访告知特别风险。

20. 期货经营机构可通过现场互联网等非现场方式履行告知、警示程序的，经营机构应当完善配套留痕安排，由普通投资者通过符合法律、行政法规要求的电子方式进行确认。 （ ）

【参考答案】A

【答案解析】见《期货经营机构投资者适当性管理实施指引（试行）》第三十一条规定。

（四）综合题（以下各小题给出的 4 个选项中，至少有 1 项符合题目要求，请将符合题目要求选项的代码填入括号内）

阅读材料，回答 1 ~ 3 题。

某投资者去期货公司申请开立股指期货账户。期货公司向其充分揭示股指期货风险，全面客观介绍股指期货法律法规、业务规则和产品特征，随后对该投资者进行股指期货基础知识测试，但该客户测试数次都无法通过，于是期货公司开户人员在旁边代替该投资者测试，最终通过。随后期货公司了解到，该投资者为退休人员，收入来源仅为退休金，因闲来无事，想做股指期货，对期货并不是很了解。考虑到开发客户不容易，期货公司打算今后对该客户加强培训，最终还是为其申请开立了股指期货交易编码。在随后的一个月，该客户参与股指期货交易亏损严重，于是以自己不符合投资者适当性标准为由要求期货公司补偿交易亏损，并天天到期货公司门口堵塞交通。

1. 整个过程中存在的问题有（ ）处。

A. 2　　　　B. 3

C. 4　　　　D. 5

【参考答案】B

【答案解析】见《期货经营机构投资者适当性管理实施指引（试行）》第三十二条（销售人员不得参与投资者的分类评估、产品与服务的分级评估，以及投资者与产品或服务的匹配）、第二十三条（经营机构按照“适当的产品销售给适当的投资者”的原则销售产品或者提供服务）、第四十四条（经营机构与投资者之间发生适当性纠纷，可以向协会申请调解）规定。

2. 对于该投资者主动要求购买风险等级高于其风险承受能力的产品或者接受相关服务的，经营机构在确认其不属于风险承受能力最低类别投资者后，应当要求投资者（　　）。

A. 签署特别风险警示书

B. 确认其已知悉产品或服务的风险特征

C. 认知风险高于投资者承受能力的事实及可能引起的后果

D. 测试生理及心理承受能力

【参考答案】ABC

【答案解析】见《期货经营机构投资者适当性管理实施指引（试行）》第二十五条规定。

3. 该期货公司应该制作投资者风险承受能力评估问卷以了解投资者风险承受能力情况。该投资者的风险承受能力应该为（　　）类。

A. C1　　　　B. C2

C. C3　　　　D. C4

【参考答案】A

【答案解析】见《期货经营机构投资者适当性管理实施指引（试行）》第十条规定。

二十一、《中国期货业协会纪律惩戒程序》通关练习

(一) 单项选择题（在以下各小题所给出的四个选项中，只有一个选项符合题目要求，请将正确选项的代码填入括号中）

1. 协会做出的立案通知、纪律惩戒意见告知书、纪律惩戒决定、审议决定等文书，以邮寄方式送达的，邮件寄出后，北京市辖区内3个工作日，北京市辖区外（　　）个工作日视为送达。

A. 5　　B. 7

C. 14　　D. 30

【参考答案】B

【答案解析】见《中国期货业协会纪律惩戒程序》第六条规定。

2. 协会做出的立案通知、纪律惩戒意见告知书、纪律惩戒决定、审议决定等文书，以协会网站公告方式送达的，自发出公告之日起，经过（　　）日即视为送达。

A. 5　　B. 7

C. 14　　D. 30

【参考答案】D

【答案解析】见《中国期货业协会纪律惩戒程序》第六条规定。

3. 协会自律监察部门应当在（　　）个工作日内对发现的违规线索开展预调查，进行初步核实，提出是否立案的建议，报协会领导决定。

A. 5　　B. 10

C. 20　　D. 30

【参考答案】C

【答案解析】见《中国期货业协会纪律惩戒程序》第九条规定。

4. 当事人应当在接到立案通知后（　　）个工作日内提交书面申辩意见。

A. 5 B. 7

C. 10 D. 20

【参考答案】B

【答案解析】见《中国期货业协会纪律惩戒程序》第十条规定。

5. （　　）在申辩过程中应当承担主要举证责任，就其申辩意见中提出的主张提交相应的证据材料，并在其提供的申辩意见及证据材料上签名或者盖章。

A. 举报人 B. 当事人

C. 协会 D. 经营机构

【参考答案】B

【答案解析】见《中国期货业协会纪律惩戒程序》第十一条规定。

6. 需要进行现场调查的，协会应当成立调查组，调查组由（　　）人以上调查人员组成。

A. 1 B. 2

C. 3 D. 5

【参考答案】B

【答案解析】见《中国期货业协会纪律惩戒程序》第十三条规定。

7. 现场询问应当由（　　）名调查人员在场并制作询问笔录，被询问人和调查人员应当在询问笔录上逐页签字确认。

A. 1 B. 2

C. 3 D. 5

【参考答案】B

【答案解析】见《中国期货业协会纪律惩戒程序》第十三条规定。

8. 协会自律监察部门应当自立案之日起（　　）个工作日内结束调查，确需延长调查期限的，由自律监察部门报协会领导决定。

A. 5 B. 10

C. 20 D. 30

【参考答案】D

【答案解析】见《中国期货业协会纪律惩戒程序》第十四条规定。

9. 自收到调查报告之日起，自律监察委员会应当在（　　）个月内做出决定。

A. 1 B. 2

C. 3 D. 6

【参考答案】B

【答案解析】见《中国期货业协会纪律惩戒程序》第十九条规定。

10. 对于案情复杂的，经自律监察委员会主任委员决定，可以延长（ ）个月。

A. 1　　B. 2

C. 3　　D. 6

【参考答案】B

【答案解析】见《中国期货业协会纪律惩戒程序》第十九条规定。

11. 自律监察委员会集体讨论做出纪律惩戒决定。会议至少应由（ ）以上委员出席。

A. 1/2　　B. 1/3

C. 2/3　　D. 全体

【参考答案】A

【答案解析】见《中国期货业协会纪律惩戒程序》第二十二条规定。

12. 自律监察委员会集体讨论做出纪律惩戒决定。决定应由出席会议委员的（ ）以上通过。

A. 1/2　　B. 1/3

C. 2/3　　D. 全体

【参考答案】C

【答案解析】见《中国期货业协会纪律惩戒程序》第二十二条规定。

13. 会员或从业人员要求听证的，应当自收到纪律惩戒意见告知书之日起（ ）个工作日内，向协会提交听证申请书，说明听证的要求和理由。逾期不提出申请的，视为放弃听证权利。

A. 3　　B. 5

C. 7　　D. 15

【参考答案】C

【答案解析】见《中国期货业协会纪律惩戒程序》第二十八条规定。

14. 会员或从业人员申请听证的，协会应当在听证的（ ）个工作日前，通知当事人举行听证的时间、地点。

A. 3　　B. 5

C. 7　　D. 15

【参考答案】C

【答案解析】见《中国期货业协会纪律惩戒程序》第二十九条规定。

15. 当事人对纪律惩戒决定不服的，可以在接到纪律惩戒决定书之日起

（　　）个工作日内向申诉委员会提出书面申诉申请。

A. 3　　B. 5

C. 7　　D. 15

【参考答案】D

【答案解析】见《中国期货业协会纪律惩戒程序》第三十七条规定。

（二）多项选择题（以下各小题给出的四个选项中，至少有两项符合题目要求，请将符合题目要求选项的代码填入括号内）

1. 中国期货业协会理事会设立（　　），分别由不同人员组成。

A. 自律监察委员会　　B. 申诉委员会

C. 纪律处罚委员会　　D. 错误平反委员会

【参考答案】AB

【答案解析】见《中国期货业协会纪律惩戒程序》第三条规定。

2. 协会实施纪律惩戒，应当（　　）。

A. 遵循公开、公平、公正的原则　　B. 以事实为根据

C. 坚持教育与惩戒相结合　　D. 从严从重从快处罚

【参考答案】ABC

【答案解析】见《中国期货业协会纪律惩戒程序》第五条规定。

3. 协会做出的立案通知、纪律惩戒意见告知书、纪律惩戒决定、审议决定等文书，可以通过（　　）等多种方式送达。

A. 邮寄　　B. 协会网站公告

C. 口头通知　　D. 委托相关会员单位协助

【参考答案】ABD

【答案解析】见《中国期货业协会纪律惩戒程序》第六条规定。

4. 协会通过（　　）渠道发现可能存在违规行为的，经初步核实后予以立案。

A. 书面实名投诉、举报，或匿名投诉、举报且线索清晰的

B. 监管部门转交

C. 自律检查中发现

D. 其他渠道

【参考答案】ABCD

【答案解析】见《中国期货业协会纪律惩戒程序》第七条规定。

5. 协会原则上不再予以受理的举报包括（　　）。

A. 该投诉举报已被行政机关受理的　B. 该投诉举报已被司法机关受理的
C. 该投诉举报行政机关不受理的　D. 该投诉举报司法机关不受理的
【参考答案】AB
【答案解析】见《中国期货业协会纪律惩戒程序》第八条规定。
6. 调查人员在调查过程中，有权采取（　　）措施。
A. 进入违规行为发生场所调查取证
B. 询问当事人和与被调查事件有关的单位和个人
C. 查阅、复制当事人和与被调查事件有关的单位和个人的相关文件和资料
D. 对当事人采取“双规”措施
【参考答案】ABC
【答案解析】见《中国期货业协会纪律惩戒程序》第十二条规定。
7. 在案件调查过程中发现（　　）等事由的，由协会会长办公会批准决定终止调查。
A. 没有违规事实　B. 被调查人死亡或终止
C. 上级领导要求终止调查　D. 其他需要终止调查的情形
【参考答案】ABD
【答案解析】见《中国期货业协会纪律惩戒程序》第十五条规定。
8. 有投诉人的案件，投诉人和被投诉人（　　）。
A. 可以自行和解　B. 可以进行调解
C. 可以进行调解但不可自行和解　D. 可以自行和解但不可进行调解
【参考答案】AB
【答案解析】见《中国期货业协会纪律惩戒程序》第十七条规定。
9. 协会对违反协会章程或自律规则的会员，根据情节轻重，给予纪律惩戒，手段包括（　　）。
A. 训诫　B. 公开谴责
C. 暂停会员部分权利　D. 取消会员资格
【参考答案】ABCD
【答案解析】见《中国期货业协会纪律惩戒程序》第二十条规定。
10. 协会对违反自律规则的期货从业人员，根据情节轻重，给予（　　）纪律惩戒。
A. 训诫
B. 公开谴责
C. 暂停从业资格 6 个月至 12 个月

D. 撤销从业资格并在 3 年内拒绝受理其从业资格申请

【参考答案】ABCD

【答案解析】见《中国期货业协会纪律惩戒程序》第二十一条规定。

11. 会员或从业人员有（　　）等情形之一的，自律监察委员会可以依据协会有关自律规则直接做出纪律惩戒决定。

A. 被中国证监会及其派出机构给予行政处罚或采取监管措施

B. 被司法机关追究法律责任

C. 虽未违反法律、行政法规和行业规范的明文规定，但其行为与期货行业的职业道德明显不相称

D. 与投诉人自行和解

【参考答案】AB

【答案解析】见《中国期货业协会纪律惩戒程序》第二十五条规定。

12. 协会对会员做出（　　）等纪律惩戒之前，应当告知会员有要求举行听证的权利，会员要求听证的，应当组织听证。

A. 公开谴责　　B. 暂停会员资格

C. 暂停会员部分权利　　D. 取消会员资格

【参考答案】BCD

【答案解析】见《中国期货业协会纪律惩戒程序》第二十八条规定。

13. 协会对从业人员依法做出（　　）等纪律惩戒之前，应当告知从业人员有要求举行听证的权利，从业人员要求听证的，应当组织听证。

A. 公开谴责

B. 暂停从业资格 6 个月至 12 个月

C. 撤销从业资格并在 3 年内拒绝受理其从业资格申请

D. 撤销从业资格并永久性拒绝受理其从业资格申请

【参考答案】BCD

【答案解析】见《中国期货业协会纪律惩戒程序》第二十八条规定。

（三）判断题（判断以下各小题的正误，正确的填写 A，错误的填写 B）

1. 投诉举报已被行政机关、司法机关受理的，协会原则上予以受理。（　　）

【参考答案】B

【答案解析】投诉举报已被行政机关、司法机关受理的，协会原则上不再予以受理。

2. 协会自律监察部门应当在20个工作日内对发现的违规线索开展预调查，进行初步核实，提出是否立案的建议，报协会领导决定。（ ）

【参考答案】A

【答案解析】见《中国期货业协会纪律惩戒程序》第九条规定。

3. 如果发生导致调查无法进行的事由，由协会会长批准决定中止调查，待上述事由消失后恢复调查。（ ）

【参考答案】B

【答案解析】由协会会长办公会批准决定中止调查。

4. 在自律监察委员会做出纪律惩戒决定之前，双方达成和解或者调解协议的，对被投诉人可以减轻或免除纪律惩戒。（ ）

【参考答案】A

【答案解析】见《中国期货业协会纪律惩戒程序》第十七条规定。

5. 会员或从业人员有逃避、抵制或阻挠调查的行为的，自律监察委员会可以单独对该行为予以纪律惩戒。（ ）

【参考答案】A

【答案解析】见《中国期货业协会纪律惩戒程序》第二十七条规定。

6. 协会对从业人员依法做出纪律惩戒之前，从业人员要求听证的，应当组织听证。（ ）

【参考答案】B

【答案解析】收到训诫、公开谴责等纪律惩戒意见告知书，不需要组织听证。

7. 自律监察委员会举行听证时，只限由三名委员组成听证会，其中一名委员为听证主持人，其他二名委员为听证员。（ ）

【参考答案】B

【答案解析】自律监察委员会可以根据需要邀请有关部门的人员或专家作为听证员参加听证。

8. 当事人可以亲自参加听证，也可以委托1至2位亲朋好友参加听证。（ ）

【参考答案】A

【答案解析】见《中国期货业协会纪律惩戒程序》第三十二条规定。

9. 协会举行听证，应向当事人收取费用。（ ）

【参考答案】B

【答案解析】不收费。

(四) 综合题（以下各小题给出的四个选项中，至少有一项符合题目要求，请将符合题目要求选项的代码填入括号内）

阅读材料，回答 1 ~ 4 题。

某期货公司员工长期给客户提供投资建议，私下里使用个人银行账户向客户收取咨询服务费，并将收取的服务费分配给他人，该员工所在部门两任负责人均没有及时制止，未能尽职履行部门负责人的管理职责，其中前一任负责人还参与其中。员工违反《期货从业人员执业行为准则（修订）》，员工所在的部门负责人和所在期货公司均未尽到监督职责。中期协对违规员工给予“撤销从业资格并在 3 年内拒绝受理其从业资格申请”的纪律惩戒，对两任部门负责人分别给予“暂停从业资格 12 个月”和“训诫”，对该期货公司给予“公开谴责”。

1. 收到纪律惩戒意见告知书之日起 7 个工作日内，（　　）可以要求组织听证。

A. 该期货公司　　B. 该员工

C. 员工所在部门的两任负责人　　D. 员工所在部门的其中一位负责人

【参考答案】BD

【答案解析】受到训诫、公开谴责等纪律惩戒不需要组织听证。

2. 下列说法正确的是（　　）。

A. 会员或从业人员要求听证的，应向协会提交听证申请书，说明听证的要求和理由。逾期不提出申请的，视为放弃听证权利

B. 协会做出的纪律惩戒意见告知书、纪律惩戒决定等文书，可以通过邮寄、协会网站公告、委托相关会员单位协助等多种方式送达

C. 纪律惩戒决定生效之后，协会将纪律惩戒信息记入证券期货市场诚信档案数据库和协会行业信息管理平台

D. 纪律惩戒决定生效之后，协会可在协会网站或其他相关媒体上公布

【参考答案】ABCD

【答案解析】见《中国期货业协会纪律惩戒程序》第六条、第二十条、第二十八条规定。

3. 协会自律监察委员会决定给予纪律惩戒的，应当以协会的名义制作纪律惩戒决定书。决定书应载明的事项包括（　　）。

A. 当事人是从业人员的，写明姓名、性别、从业资格号码及其所在机构的名称；当事人是会员的，写明机构名称和办公地址

B. 违反自律规则的事实和证据

C. 惩戒结论和依据

D. 提起申诉的权利、期限

【参考答案】ABCD

【答案解析】见《中国期货业协会纪律惩戒程序》第二十四条规定。

4. 当事人对纪律惩戒决定不服的，可以在接到纪律惩戒决定书之日起 15 个工作日内向申诉委员会提出书面申诉申请。申诉委员会应当在受理申诉后的（　）个工作日内做出审议决定。

A. 5　　B. 7

C. 20　　D. 30

【参考答案】D

【答案解析】见《中国期货业协会纪律惩戒程序》第四十条规定。

二十二、《中华人民共和国刑法（节录）》通关练习

（一）单项选择题（在以下各小题所给出的四个选项中，只有一个选项符合题目要求，请将正确选项的代码填入括号中）

1. 隐匿或者故意销毁依法应当保存的会计凭证、会计账簿、财务会计报告，情节严重的，处（　　）年以下有期徒刑或者拘役，并处或者单处 2 万元以上 20 万元以下罚金。

A. 1　　B. 3

C. 5　　D. 10

【参考答案】C

【答案解析】见《中华人民共和国刑法（节录）》第一百六十二条【妨害清算罪；隐匿、故意销毁会计凭证、会计账簿、财务会计报告罪；虚假破产罪】的有关规定。

2. 国有公司、企业的工作人员，由于严重不负责任或者滥用职权，造成国有公司、企业破产或者严重损失，致使国家利益遭受重大损失的，处（　　）。

A. 拘役　　B. 3 年以下有期徒刑或者拘役

C. 3 年以上 7 年以下有期徒刑　　D. 无期徒刑

【参考答案】B

【答案解析】见《中华人民共和国刑法（节录）》第一百六十八条【国有公司、企业、事业单位人员失职罪、国有公司、企业、事业单位人员滥用职权罪】的有关规定。

3. 根据《中华人民共和国刑法（节录）》，擅自设立期货公司，情节严重的，受到的刑罚应为（　　）。

A. 3 年以下有期徒刑或者拘役

B. 3 年以上 10 年以下有期徒刑，并处 5 万元以上 50 万元以下罚金

C. 2 万元以上 20 万元以下罚金

D. 10 年以上有期徒刑

【参考答案】B

【答案解析】见《中华人民共和国刑法（节录）》第一百七十四条【擅自设立金融机构罪；伪造、变造、转让金融机构经营许可证、批准文件罪】的有关规定。

4. 编造并且传播影响证券、期货交易的虚假信息，扰乱证券、期货交易市场，造成严重后果的，处 5 年以下有期徒刑或者拘役，并处或者单处（　　）以下罚金。

A. 1 万元以上 10 万元

B. 2 万元以上 10 万元

C. 2 万元以上 20 万元

D. 5 万元以上 50 万元

【参考答案】A

【答案解析】见《中华人民共和国刑法（节录）》第一百八十一条【编造并传播证券、期货交易虚假信息罪；诱骗投资者买卖证券、期货合约罪】的有关规定。

5. 为谋取不正当利益，给予公司、企业或者其他单位的工作人员以财物，数额巨大的，处（　　）。

A. 3 年以上有期徒刑，并处罚金

B. 5 年以上 10 年以下有期徒刑，并处罚金

C. 3 年以上 10 年以下有期徒刑，并处罚金

D. 3 年以上 5 年以下有期徒刑，并处罚金

【参考答案】C

【答案解析】见《中华人民共和国刑法（节录）》第一百六十四条【对非国家工作人员行贿罪；对外国公职人员、国际公共组织官员行贿罪】的有关规定。

6. 根据《中华人民共和国刑法（节录）》，对金融机构擅自运用客户资金罪，表述正确的是（　　）。

A. 情节特别严重的，处 3 年以上 10 年以下有期徒刑，并处 1 万元以上 10 万元以下罚金

B. 期货经纪公司违背受托义务，擅自运用客户资金构成犯罪

C. 只对直接负责的主管人员处罚，不对其他直接责任人员处罚

D. 期货交易所不属于该主体

【参考答案】B

【答案解析】见《中华人民共和国刑法（节录）》第一百八十五条【挪用资

金罪、挪用公款罪；背信运用受托财产罪；违法运用资金罪】的有关规定。

7. 银行或者其他金融机构的工作人员吸收客户资金不入账，数额巨大或者造成重大损失的，处（　）。

A. 3 年以下有期徒刑

B. 5 年以下有期徒刑或者拘役

C. 3 年以上有期徒刑或者拘役

D. 5 年以上有期徒刑

【参考答案】B

【答案解析】见《中华人民共和国刑法（节录）》第一百八十七条【吸收客户资金不入账罪】的有关规定。

（二）多项选择题（以下各小题给出的四个选项中，至少有两项符合题目要求，请将符合题目要求选项的代码填入括号内）

1. 未经国家有关主管部门批准，擅自设立（　），处 3 年以下有期徒刑或者拘役，并处或者单处 2 万元以上 20 万元以下罚金；情节严重的，处 3 年以上 10 年以下有期徒刑，并处 5 万元以上 50 万元以下罚金。

A. 商业银行

B. 期货交易所

C. 期货经纪公司

D. 证券公司

【参考答案】ABCD

【答案解析】见《中华人民共和国刑法（节录）》第一百七十四条【擅自设立金融机构罪；伪造、变造、转让金融机构经营许可证、批准文件罪】的有关规定。

2. 根据《中华人民共和国刑法（节录）》，下列关于证券、期货交易内幕信息罪表现形式的表述中，正确的有（　）。

A. 非法获取证券、期货交易内幕信息的人员，在涉及期货交易有重大影响的信息尚未公开前从事与该内幕信息有关的期货交易，情节严重的

B. 期货交易内幕信息的人员在涉及期货交易有重大影响的信息尚未公开前泄露该信息，情节严重的

C. 期货交易内幕信息的人员在涉及期货交易有重大影响的信息尚未公开前从事与该内幕信息有关的期货交易，情节严重的

D. 非法获取证券、期货交易内幕信息的人员，在涉及期货交易有重大影响的信息尚未公开前泄露该信息，情节严重的

【参考答案】ABCD

【答案解析】见《中华人民共和国刑法（节录）》第一百八十条【内幕交易、泄露内幕信息罪；利用未公开信息交易罪】的有关规定。

3. 根据《中华人民共和国刑法（节录）》，期货公司的从业人员存在（　　）情形可能会构成诱骗投资者买卖证券、期货合约罪。

A. 变造交易记录　　B. 提供虚假信息

C. 伪造交易记录　　D. 销毁交易记录

【参考答案】ABCD

【答案解析】见《中华人民共和国刑法（节录）》第一百八十一条【编造并传播证券、期货交易虚假信息罪；诱骗投资者买卖证券、期货合约罪】的有关规定。

4. 有（　　）情形，操纵证券、期货交易价格，获取不正当利益或者转嫁风险，情节严重的，处 5 年以下有期徒刑或者拘役，并处或者单处违法所得 1 倍以上 5 倍以下罚金。

A. 以自己为交易对象，进行不转移证券所有权的自买自卖，或者以自己为交易对象，自买自卖期货合约，影响证券、期货交易价格或者证券、期货交易量的

B. 单独或者合谋，集中资金优势、持股或者持仓优势或者利用信息优势联合或者连续买卖，操纵证券、期货交易价格的

C. 与他人串通，以事先约定的时间、价格和方式相互进行证券、期货交易，或者相互买卖并不持有的证券，影响证券、期货交易价格或者证券、期货交易量的

D. 以其他方法操纵证券、期货交易价格的

【参考答案】ABCD

【答案解析】见《中华人民共和国刑法（节录）》第一百八十二条【操纵证券、期货市场罪】的有关规定。

5. 根据我国《刑法》规定，（　　）机构，违背受托义务，擅自运用客户资料或者其他委托、信托的财产，情节严重的，对单位处罚金，并对直接责任人员进行处罚。

A. 商业银行　　B. 期货交易所

C. 证券公司　　D. 保险公司

【参考答案】ABCD

【答案解析】见《中华人民共和国刑法（节录）》第一百八十五条【挪用资金罪、挪用公款罪；背信运用受托财产罪；违法运用资金罪】的有关规定。

6. 银行或者其他金融机构的工作人员违反规定，为他人出具（　　），情节严重的，处 5 年以下有期徒刑或者拘役；情节特别严重的，处 5 年以上有期

徒刑。

A. 信用证　　B. 票据票据

C. 资信证明　　D. 存单

【参考答案】ABCD

【答案解析】见《中华人民共和国刑法（节录）》第一百八十八条【违规出具金融票证罪】的有关规定。

7. 根据我国《刑法》，洗钱罪包括为掩饰、隐瞒犯罪所得及其产生的收益而实施的（　　）行为。

A. 提供资金账户的

B. 协助将资金汇往境外的

C. 协助将财产转换为现金、金融票据、有价证券的

D. 通过转账或者其他结算方式协助资金转移的

【参考答案】ABCD

【答案解析】见《中华人民共和国刑法（节录）》第一百九十一条【洗钱罪】的有关规定。

（三）判断题（判断以下各小题的正误，正确的填写 A，错误的填写 B）

1. 公司、企业的工作人员，由于严重不负责任或者滥用职权，造成国有公司、企业破产或者严重损失，致使国家利益遭受重大损失的，处 3 年以下有期徒刑；致使国家利益遭受特别重大损失的，处 3 年以上有期徒刑，可以并处没收财产。（　　）

【参考答案】B

【答案解析】致使国家利益遭受特别重大损失的，处 3 年以上 7 年以下有期徒刑。

2. 非法获取证券、期货交易内幕信息的人员，期货交易价格有重大影响的信息尚未公开前，从事与该内幕信息有关的期货交易，情节严重的，处 5 年以下有期徒刑或者拘役，并处或者单处一定数额的罚金。（　　）

【参考答案】A

【答案解析】见《中华人民共和国刑法（节录）》第一百八十条【内幕交易、泄露内幕信息罪；利用未公开信息交易罪】的有关规定。

3. 公司、企业或者其他单位的工作人员利用职务上的便利，索取他人财物或者非法收受他人财物，为他人谋取利益，数额巨大的，处 3 年以上有期徒刑，可以并处没收财产。（　　）

【参考答案】B

【答案解析】见《中华人民共和国刑法（节录）》第一百六十三条【非国家工作人员受贿罪】的有关规定。

4. 期货公司违背受托义务，擅自运用客户资金或者其他委托、信托的财产，可能被判处罚金。（　　）

【参考答案】A

【答案解析】见《中华人民共和国刑法（节录）》第一百八十五条【挪用资金罪、挪用公款罪；背信运用受托财产罪；违法运用资金罪】的有关规定。

5. 在自己实际控制的账户之间进行证券交易，或者以自己为交易对象，自买自卖期货合约，影响证券、期货交易价格或者证券、期货交易量的，可能构成操纵证券、期货市场罪。（　　）

【参考答案】A

【答案解析】见《中华人民共和国刑法（节录）》第一百八十二条【操纵证券、期货市场罪】的有关规定。

（四）综合题（以下各小题给出的四个选项中，至少有一项符合题目要求，请将符合题目要求选项的代码填入括号内）

阅读材料，回答 1 ~ 5 题。

甲是某国有期货公司的会计在职期间多次利用职务之便窃取公司公款达 20 余万元；后来甲又故意透漏内幕消息给其朋友乙，指示乙多次进行期货交易，获利达 10 余万元，为了感谢甲为其提供信息，乙给予甲 3 万元“信息费”。后甲又利用自己的地位优势与妻子合谋，集中资金连续买卖期货，致使期货价格受到很大影响，二人从中获取 50 余万元盈利。

1. 甲窃取公司公款的行为构成了（　　）。

A. 盗窃罪　　B. 贪污罪

C. 职务侵占罪　　D. 挪用公款罪

【参考答案】B

【答案解析】甲窃取公司公款的行为不构成盗窃罪，因为甲是利用职务上的便利获得公款的。由于甲是国家工作人员，故不会构成职务侵占罪。挪用公款罪与贪污罪一个重要区别就在于是否据为己有，挪用公款罪只是暂时“借取”公款使用，并没有自己占有的意思，本题中甲明显具有自己占有的意愿，故不构成挪用公款罪。

2. 甲指示乙进行期货交易并收取乙的“信息费”的行为构成（　　）。

A. 泄露内幕信息罪　　B. 受贿罪

C. 贪污罪　　D. 不构成犯罪

【参考答案】AB

【答案解析】甲是国家工作人员，利用自己职务上的便利为乙非法谋取利益，并收受乙的“信息费"，属于受贿行为。此外，甲作为会计人员，属于期货公司的知情人士，他将内幕信息告诉乙并指示乙买卖期货，构成了泄露内幕信息罪。

3. 甲与妻子合谋买卖期货的行为属于（　　）。

A. 合法行为

B. 构成操纵期货交易价格罪

C. 甲构成操纵期货交易价格罪，其妻不构成犯罪

D. 甲构成泄露内幕信息罪，其妻构成操纵期货交易价格罪

【参考答案】B

【答案解析】根据《中华人民共和国刑法（节录)》第六条的规定，甲与妻子之间已经构成了操纵期货交易价格罪，属于共同犯罪。

4. 若甲不是国家工作人员，则甲构成（　　）。

A. 泄露内幕信息罪　　B. 贪污罪

C. 操纵期货交易价格罪　　D. 职务侵占罪

【参考答案】ACD

【答案解析】若甲不是国家工作人员，根据以上几题的分析，可以得出甲构成了 A、C、D 三项罪名。

5. 本题中甲的朋友乙构成（　　）。

A. 操纵期货交易价格罪　　B. 行贿罪

C. 泄露内幕信息罪　　D. 对单位行贿罪

【参考答案】B

【答案解析】很明显，乙构成行贿罪。对单位行贿罪的对象是单位，而本题中对象是甲，不构成对单位行贿罪；乙的行为只是利用甲告诉他的内幕信息获得利益，并没有操纵期货交易价格的行为，也不构成操纵期货交易价格罪。

阅读材料，回答 6 ~ 7 题。

某事业单位委托某信托公司从事债券理财业务。但该信托公司财务部工作人员任某却想办法将该事业单位的委托资金 300 万元为自己进行期货交易，获利 30 万元。

6. 下列关于任某挪用信托资金的刑事责任的表述中，正确的是（　　）。

A. 任某挪用信托资金的行为属职务行为，构成单位犯罪

B. 任某挪用信托资金的行为属个人行为，独立承担刑事责任

C. 任某挪用信托资金的行为不构成犯罪，如挪用本单位资金则构成犯罪

D. 如果信托公司开除任某，任某可以不承担刑事责任

【参考答案】B

【答案解析】见《中华人民共和国刑法（节录）》第一百八十五条【挪用资金罪、挪用公款罪；背信运用受托财产罪；违法运用资金罪】的有关规定。

7. 任某可能获得的处罚为（　　）。

A. 3 年以下有期徒刑或者拘役

B. 3 年以上 10 年以下有期徒刑

C. 3 万元以上 30 万元以下罚金

D. 5 万元以上 50 万元以下罚金

【参考答案】AC

【答案解析】见《中华人民共和国刑法（节录）》第一百八十五条【挪用资金罪、挪用公款罪；背信运用受托财产罪；违法运用资金罪】的有关规定。

二十三、《最高人民法院关于审理期货纠纷案件若干问题的规定》通关练习

（一）单项选择题（在以下各小题所给出的四个选项中，只有一个选项符合题目要求，请将正确选项的代码填入括号中）

1. 人民法院审理期货侵权纠纷和无效的期货交易合同纠纷案件时，确定民事责任的主要原则是当事人是否（　　）。

A. 有损失　　B. 违法

C. 有过错　　D. 提起诉讼

【参考答案】C

【答案解析】见《最高人民法院关于审理期货纠纷案件若干问题的规定》第三条的有关规定。

2. 期货公司的从业人员在本公司经营范围内从事期货交易行为产生的民事责任，由（　　）承担。

A. 从业人员本人　　B. 直接负责的主管人员

C. 期货公司负责人　　D. 期货公司

【参考答案】D

【答案解析】见《最高人民法院关于审理期货纠纷案件若干问题的规定》第八条的有关规定。

3. 下列情形中，应认定期货经纪合同无效的是（　　）。

A. 没有从事期货经纪业务的主体资格而从事期货经纪业务

B. 期货公司与客户签订合同后，未及时向中国期货业协会备案

C. 期货经纪合同约定的手续费低于经营成本

D. 期货经纪合同的格式不符合中国期货业协会的要求

【参考答案】A

【答案解析】见《最高人民法院关于审理期货纠纷案件若干问题的规定》第

十三条的有关规定。

4. 因期货经纪合同无效给客户造成经济损失的，(　　)。

A. 应根据无效行为与损失之间的因果关系，确定责任的承担

B. 客户不承担责任

C. 期货公司与客户各自承担50%的责任

D. 期货公司承担主要赔偿责任

【参考答案】A

【答案解析】见《最高人民法院关于审理期货纠纷案件若干问题的规定》第十四条的有关规定。

5. 不具有主体资格的经营机构因从事期货经纪业务而导致期货经纪合同无效，该机构按客户的交易指令入市交易的，收取佣金应返回客户，交易结果由(　　)承担。

A. 期货公司　　B. 客户

C. 客户与期货公司共同　　D. 经纪人

【参考答案】B

【答案解析】见《最高人民法院关于审理期货纠纷案件若干问题的规定》第十五条的有关规定。

6. 期货公司执行非受托人的交易指令造成客户损失的，以下表述正确的是(　　)。

A. 期货公司承担赔偿责任

B. 非受托人不承担责任

C. 客户承担部分责任

D. 非受托人承担主要赔偿责任，期货公司承担补充赔偿责任

【参考答案】A

【答案解析】见《最高人民法院关于审理期货纠纷案件若干问题的规定》第十九条的有关规定。

7. 期货公司与客户对于交易结算结果的通知方式未作约定或者约定不明确，期货公司未能提供证明已经发出上述通知的，对客户因继续持仓而造成扩大的损失，期货公司(　　)，但法律、行政法规另有规定的除外。

A. 承担50%赔偿

B. 应当承担主要赔偿责任，赔偿额不超过损失的80%

C. 需要承担部分赔偿责任，赔偿额不超过损失的50%

D. 不需要承担赔偿责任

【参考答案】B

【答案解析】见《最高人民法院关于审理期货纠纷案件若干问题的规定》第二十六条的有关规定。

8. 期货公司的保证金不足，期货交易所未按规定通知期货公司追加保证金的，由于行情相持仓不利的方向变化导致期货公司透支发生的扩大损失，（　）。

A. 期货公司承担主要责任　　B. 期货交易所不承担赔偿责任

C. 期货交易所承担主要赔偿责任　　D. 期货公司不承担赔偿责任

【参考答案】C

【答案解析】见《最高人民法院关于审理期货纠纷案件若干问题的规定》第三十二条的有关规定。

9. 客户的交易保证金不足，期货公司履行了通知义务而客户未及时追加保证金，客户要求保留持仓并经书面协商一致的，穿仓造成的损失，由（　）承担。

A. 客户　　B. 期货公司

C. 期货经纪人　　D. 客户和期货公司共同

【参考答案】B

【答案解析】见《最高人民法院关于审理期货纠纷案件若干问题的规定》第三十三条的有关规定。

10. 期货交易所允许期货公司开仓透支交易的，对透支交易造成的损失，（　）。

A. 由期货交易所承担主要赔偿责任，赔偿额不超过损失的60%

B. 由期货交易所承担次要赔偿责任

C. 期货交易所不承担赔偿责任

D. 由期货交易所承担主要赔偿责任，赔偿额不超过损失的80%

【参考答案】A

【答案解析】见《最高人民法院关于审理期货纠纷案件若干问题的规定》第三十四条的有关规定。

11. 期货公司强行平仓数额与客户需追加保证金数额相比，（　）。

A. 前者必须小于后者　　B. 前者必须大于后者

C. 应基本相当　　D. 应完全一致

【参考答案】C

【答案解析】见《最高人民法院关于审理期货纠纷案件若干问题的规定》第

三十九条的有关规定。

12. 期货交易所依据有关规定，对期货市场出现的异常情况，采取合理的紧急措施，造成客户损失的，(　　)。

A. 期货交易所承担部分赔偿责任

B. 期货交易所不承担赔偿责任

C. 以期货交易所风险准备经承担责任

D. 客户不承担责任

【参考答案】B

【答案解析】见《最高人民法院关于审理期货纠纷案件若干问题的规定》第五十一条的有关规定。

13. 期货公司向客户发出追加保证金的通知，客户否认收到通知的，由(　)承担举证责任。

A. 客户代理人　　B. 期货公司经纪人

C. 期货公司　　D. 客户

【参考答案】C

【答案解析】见《最高人民法院关于审理期货纠纷案件若干问题的规定》第五十七条的有关规定。

(二) 多项选择题（以下各小题给出的四个选项中，至少有两项符合题目要求，请将符合题目要求选项的代码填入括号内）

1. 期货纠纷案件由（　　）管辖。

A. 任意基层人民法院

B. 高级人民法院根据需要可以确定部分基层人民法院

C. 中级人民法院

D. 高级人民法院

【参考答案】BC

【答案解析】见《最高人民法院关于审理期货纠纷案件若干问题的规定》第七条的有关规定。

2. 根据《最高人民法院关于审理期货纠纷案件若干问题的规定》，期货市场的居间人（　　）。

A. 只能受期货公司委托

B. 可以接受期货公司支付的报酬

C. 可以是公民，也可以是法人

D. 独立承担基于居间经纪关系所产生的民事责任

【参考答案】BCD

【答案解析】见《最高人民法院关于审理期货纠纷案件若干问题的规定》第十条的有关规定。

3. 期货公司接受客户全权委托进行期货交易的，对交易产生的损失，(　　)。

A. 不承担赔偿责任　　B. 承担不超过20%的赔偿责任

C. 承担主要赔偿责任　　D. 承担不超过80%的赔偿责任

【参考答案】CD

【答案解析】见《最高人民法院关于审理期货纠纷案件若干问题的规定》第十七条的有关规定。

4. 客户下达的交易指令（　　）的，期货公司未予拒绝而进行交易造成客户的损失，由期货公司承担赔偿责任，客户予以追认的除外。

A. 没有品种　　B. 没有买卖方向

C. 没有开平仓方向　　D. 没有数量

【参考答案】ABD

【答案解析】见《最高人民法院关于审理期货纠纷案件若干问题的规定》第二十条的有关规定。

5. 期货公司错误执行客户交易指令，下列关于交易结果的表述，正确的有(　　)。

A. 客户认可的，由客户承担

B. 客户不认可的，由期货公司和客户按照过错大小分担

C. 客户不认可的，多于指令数量的部分由期货公司承担

D. 客户不认可的，交易价格超出客户指令价位范围的，交易结果由客户承担

【参考答案】AC

【答案解析】见《最高人民法院关于审理期货纠纷案件若干问题的规定》第二十二条的有关规定。

6. 客户对期货公司的交易结算结果有异议，下列表述错误的有（　　）。

A. 应当在当日收盘之前提出

B. 应当在期货交易所交易规则规定的时间内提出

C. 应在期货经纪合同约定的时间内提出

D. 应在三个交易日内向期货公司提出

【参考答案】AD

【答案解析】见《最高人民法院关于审理期货纠纷案件若干问题的规定》第二十九条规定。

7. 期货公司进行混码交易，但期货公司能够举证证明其已按照客户交易指令入市交易的，下列说法正确的是（　　）。

A. 期货公司不承担责任　　B. 客户应当承担相应的交易结果

C. 期货公司不承担民事赔偿责任　　D. 期货公司可能受行政处罚

【参考答案】BCD

【答案解析】见《最高人民法院关于审理期货纠纷案件若干问题的规定》第三十条规定。

8. 根据《最高人民法院关于审理期货纠纷案件若干问题的规定》，（　　）情形属于透支交易。

A. 期货交易所在期货公司没有保证金或者保证金不足的情况下，允许期货公司开仓交易

B. 期货公司在客户没有保证金或者保证金不足的情况下，允许客户开仓交易

C. 期货公司在客户没有保证金或者保证金不足的情况下，允许客户继续持仓

D. 期货交易所在期货公司没有保证金或者保证金不足的情况下，允许期货公司继续持仓

【参考答案】ABCD

【答案解析】见《最高人民法院关于审理期货纠纷案件若干问题的规定》第三十一条规定。

9. 期货公司允许客户开仓透支交易，结果发生损失，对透支造成的损失，以下表述正确的是（　　）。

A. 期货公司与客户约定分享利益，共担风险的，属于无效约定

B. 期货公司与客户约定分享利益，共担风险的，对透支交易造成的损失，期货公司承担相应的赔偿责任

C. 由期货公司承担主要赔偿责任，赔偿额不超过损失的80%

D. 由期货公司承担主要赔偿责任，赔偿额不超过损失的60%

【参考答案】BC

【答案解析】见《最高人民法院关于审理期货纠纷案件若干问题的规定》第三十四条规定。

10. 关于交割仓库不能在期货交易所交易规则规定的期限内，向标准仓单持有人交付符合期货合约要求的货物，造成标准仓单持有人损失的情形，说法正确的有（　　）。

A. 期货交易所承担责任后，有权向交割仓库追偿

B. 期货交易所承担一般责任

C. 期货交易所承担连带责任

D. 交割仓库应当承担责任

【参考答案】ACD

【答案解析】见《最高人民法院关于审理期货纠纷案件若干问题的规定》第四十七条规定。

11. 期货公司私下对冲、与客户对赌等不将客户指令入市交易的行为，（　　）。

A. 应当认定为无效

B. 期货公司应当赔偿由此给客户造成的经济损失

C. 客户的交易损失自行承担

D. 期货公司与客户均有过错的，应当根据过错大小，分别承担相应的赔偿责任

【参考答案】ABD

【答案解析】见《最高人民法院关于审理期货纠纷案件若干问题的规定》第五十三条的有关规定。

12. 确认期货公司是否将客户下达的交易指令入市交易，应当以期货交易所的交易记录、期货公司通知的交易结算结果与客户交易指令记录中的（　　）为标准。

A. 交易指令数量是否一致　　B. 价格、交易时间是否相符

C. 买卖方向是否一致　　D. 品种是否一致

【参考答案】BCD

【答案解析】见《最高人民法院关于审理期货纠纷案件若干问题的规定》第五十六条的有关规定。

13. 期货公司为债务人，下列关于人民法院的陈述正确的是（　　）。

A. 可以依法冻结、划拨该账户中属于期货公司的自有资金

B. 期货公司有其他财产的，人民法院应当依法先行冻结、查封、执行期货公司的其他财产

C. 不得冻结、划拨期货公司在期货交易所或者客户在期货公司保证金账户

中的资金

D. 期货公司已经结清所有持仓并清偿客户资金的，人民法院可以对结算准备金依法予以冻结、划拨

【参考答案】ABCD

【答案解析】见《最高人民法院关于审理期货纠纷案件若干问题的规定》第五十九条规定。

（三）判断题（判断以下各小题的正误，正确的填写 A，错误的填写 B）

1. 期货公司可以在合同中与客户约定，将高于客户指令价格卖出或者低于客户指令价格买入后的差价利益归期货公司所有。（ ）

【参考答案】A

【答案解析】见《最高人民法院关于审理期货纠纷案件若干问题的规定》第二十四条的有关规定。

2. 期货公司的交易保证金不足，又未能按期货交易所规定的时间追加保证金的，规定不明确的，期货交易所有权就其未平仓的期货合约强行平仓，强行平仓所造成的损失，由客户承担。（ ）

【参考答案】B

【答案解析】见《最高人民法院关于审理期货纠纷案件若干问题的规定》第三十六条的有关规定。

3. 交割仓库未履行货物验收职责或者因保管不善给仓单持有人造成损失的，无须承担赔偿责任。（ ）

【参考答案】B

【答案解析】见《最高人民法院关于审理期货纠纷案件若干问题的规定》第四十二条的有关规定。

4. 期货交易所代期货公司履行义务或者承担赔偿责任后，无权向不履行义务的一方追偿。（ ）

【参考答案】B

【答案解析】见《最高人民法院关于审理期货纠纷案件若干问题的规定》第四十八条的有关规定。

5. 期货公司擅自以客户的名义进行交易，客户对交易结果不予追认的，所造成的损失由期货公司承担。（ ）

【参考答案】A

【答案解析】见《最高人民法院关于审理期货纠纷案件若干问题的规定》第

五十四条的有关规定。

（四）综合题（以下各小题给出的四个选项中，至少有一项符合题目要求，请将符合题目要求选项的代码填入括号内）

阅读材料，回答1～5题。

某期货公司在当日交易结算时，发现客户甲某交易保证金不足，于是电话通知甲某在第二天交易开始前足额追加保证金。甲某要求期货公司允许其进行透支交易，并许诺待其资金到位立即追加保证金，公司对此予以拒绝。第二天交易开始后甲某没有及时追加保证金，且双方在期货经纪合同中没有对此进行明确约定。

1. 此时期货公司应该（　　）。

A. 允许甲某继续持仓

B. 对甲某没有保证金支持的头寸强行平仓

C. 劝说甲某自行平仓

D. 对甲某持有的头寸进行强行平仓

【参考答案】B

【答案解析】根据《最高人民法院关于审理期货纠纷案件若干问题的规定》第三十六条和第三十九条的规定，题中由于甲某与期货公司的约定不明确，期货公司有权就其未平仓的期货合约强行平仓，强行平仓数额应当与其需追加的保证金数额基本相当。

2. 如果期货公司允许甲某继续持仓，且第二天行情向持仓不利的方向变化导致甲某扩大的损失应（　　）。

A. 全部由客户承担　　B. 全部由期货公司承担

C. 由期货公司和客户各承担一半　　D. 由期货公司承担主要赔偿责任

【参考答案】D

【答案解析】根据《最高人民法院关于审理期货纠纷案件若干问题的规定》第三十四条的规定，期货公司允许客户开仓透支交易的，对透支交易造成的损失，由期货公司承担主要赔偿责任，赔偿额不超过损失的80%。

3. 如果期货公司对甲某没有保证金支持的头寸予以强行平仓，那么强行平仓所造成的损失应（　　）。

A. 全部由客户承担　　B. 全部由期货公司承担

C. 期货公司和客户各承担一半　　D. 由期货公司承担主要赔偿责任

【参考答案】A

【答案解析】《最高人民法院关于审理期货纠纷案件若干问题的规定》第三十六条规定，强行平仓造成的损失，由客户承担。

4. 本案中，假设由于客户没有按时足额追加保证金，期货交易所对其没有保证金支持的头寸予以强行平仓，由此发生的费用由（　　）承担。

A. 期货公司　　B. 客户

C. 期货公司承担后可以向客户追偿　D. 客户承担后可以向期货公司追偿

【参考答案】AC

【答案解析】见《最高人民法院关于审理期货纠纷案件若干问题的规定》第四十一条规定。

5. 如果客户向人民法院起诉，认为期货公司没有向其发出追加保证金的通知，要求期货公司赔偿其因强行平仓受到的损失，而期货公司主张其履行了通知的义务，对此，应当由（　　）承担举证责任。

A. 期货公司

B. 客户

C. 双方各自依据自己的主张承担举证责任

D. 由法院根据双方过错大小决定举证责任的分配

【参考答案】A

【答案解析】《最高人民法院关于审理期货纠纷案件若干问题的规定》第五十七条规定，期货交易所通知期货公司追加保证金，期货公司否认收到上述通知的，由期货交易所承担举证责任。据此规定，应当由期货公司承担举证责任。

二十四、《最高人民法院关于审理期货纠纷案件若干问题的规定（二）》通关练习

（一）单项选择题（在以下各小题所给出的四个选项中，只有一个选项符合题目要求，请将正确选项的代码填入括号中）

1. 以期货交易所为被告或者第三人的因期货交易所履行职责引起的商事案件，由期货交易所所在地的（　　）管辖。

A. 基层或中级　　　　B. 中级

C. 高级　　　　D. 基层

【参考答案】B

【答案解析】根据《最高人民法院关于审理期货纠纷案件若干问题的规定（二）》第一条规定，以期货交易所为被告或者第三人的因期货交易所履行职责引起的商事案件，由期货交易所所在地的中级人民法院管辖。

2. 以下不属于期货交易所履行职责引起的商事案件的是（　　）。

A. 供应商以期货交易所违反采购设备合同约定，要求期货交易所承担违法责任提起的诉讼案件

B. 保证金存管银行，以期货交易所违反法律法规的规定，履行监督管理职责不当，造成其损害为由提起的商事诉讼案件

C. 期货交易所会员以期货交易所违反其章程、交易规则、实施细则的规定以及业务协议的约定，履行监督管理职责不当，造成其损害为由提起的商事诉讼案件

D. 期货公司以期货交易所违反国务院期货监督管理机构的规定，履行监督管理职责不当，造成其损害为由提起的商事诉讼案件

【参考答案】A

【答案解析】见《最高人民法院关于审理期货纠纷案件若干问题的规定（二）》第二条的有关规定。

3. 实行会员分级结算制度的期货交易所的结算会员为债务人，债权人可以请求人民法院冻结、划拨（　　）账户中的资金或者有价证券。

A. 非结算会员在结算会员保证金账户中的资金

B. 非结算会员向结算会员提交的用于充抵保证金的有价证券

C. 期货交易所向其结算会员依法收取的结算担保金

D. 结算会员自有账户中的资金

【参考答案】D

【答案解析】见《最高人民法院关于审理期货纠纷案件若干问题的规定（二）》第五条的有关规定。

（二）多项选择题（以下各小题给出的四个选项中，至少有两项符合题目要求，请将符合题目要求选项的代码填入括号内）

1. 以期货交易所为第三人的因期货交易所履行职责引起的商事案件，不具有管辖权的法院有（　　）。

A. 被告所在地的中级人民法院

B. 被告所在地的高级人民法院

C. 期货交易所所在地的中级人民法院

D. 期货交易所所在地的高级人民法院

【参考答案】ABD

【答案解析】见《最高人民法院关于审理期货纠纷案件若干问题的规定（二）》第一条的有关规定。

2. 期货交易所为债务人，可以请求冻结、划拨以下账户中资金或者有价证券的有（　　）。

A. 期货交易所自有账户中的资金

B. 期货交易所会员在期货交易所保证金账户中的资金

C. 期货交易所会员向期货交易所提交的用于充抵保证金的有价证券

D. 期货交易所自有的有价证券

【参考答案】AD

【答案解析】见《最高人民法院关于审理期货纠纷案件若干问题的规定（二）》第三条的有关规定。

（三）判断题（判断以下各小题的正误，正确的填写A，错误的填写B）

1. 有证据证明结算会员在结算担保金专用账户中有超过交易所要求的结算

担保金数额部分的，结算会员在人民法院指定的合理期限内不能提出相反证据的，人民法院可以依法冻结、划拨超出部分的资金。（ ）

【参考答案】A

【答案解析】见《最高人民法院关于审理期货纠纷案件若干问题的规定(二)》第七条的有关规定。

2. 人民法院在办理案件过程中，依法需要通过期货交易所、期货公司查询、冻结、划拨资金或者有价证券的，期货交易所、期货公司应当予以协助。（ ）

【参考答案】A

【答案解析】见《最高人民法院关于审理期货纠纷案件若干问题的规定(二)》第八条的有关规定。

3. 有证据证明期货交易所、期货公司、期货交易所结算会员自有资金与保证金发生混同，人民法院可以依法冻结、划拨相关账户内的资金或者有价证券。（ ）

【参考答案】B

【答案解析】有证据证明期货交易所、期货公司、期货交易所结算会员自有资金与保证金发生混同，期货交易所、期货公司或者期货交易所结算会员在人民法院指定的合理期限内不能提出相反证据的，人民法院可以依法冻结、划拨相关账户内的资金或者有价证券。

（四）综合题（以下各小题给出的四个选项中，至少有一项符合题目要求，请将符合题目要求选项的代码填入括号内）

阅读材料，回答1～3题。

某期货交易所指定的交割仓库，因经济纠纷案件而被查封，导致期货卖方存储的货物被法院扣押而无法出具交割仓单。为此卖方将期货交易所连带告上法庭。这是一起以期货交易所为第三人的商事案件。

1. 期货交易所履行职责引起的商事案件是指（ ）。

A. 期货市场参与者因期货交易所违反法律法规，造成其损害为由提起的商事诉讼案件

B. 期货市场参与者因期货交易所违反交易规则，造成其损害为由提起的商事诉讼案件

C. 期货市场参与者因期货交易所按照规定强行平仓，造成其损害为由提起的申诉

D. 期货市场参与者因期货交易所按照规定强行平仓，造成其损害为由提起

纠纷调解

【参考答案】AB

【答案解析】见《最高人民法院关于审理期货纠纷案件若干问题的规定(二)》第二条的有关规定。

2. 下列说法正确的有（　　）。

A. 以期货交易所为被告的商事案件，由期货交易所所在地的中级人民法院管辖

B. 以第三人的因期货交易所履行职责引起的商事案件，由期货交易所所在地的中级人民法院管辖

C. 以期货交易所为被告或者第三人的因期货交易所履行职责引起的商事案件，由期货交易所所在地的中级人民法院管辖

D. 以期货交易所为被告或者第三人的因期货交易所履行职责引起的商事案件，由期货交易所所在地的高级人民法院管辖

【参考答案】ABC

【答案解析】见《最高人民法院关于审理期货纠纷案件若干问题的规定(二)》第一条的有关规定。

3. 期货交易所为债务人，以下债权人的请求，人民法院不予支持的是（　　）。

A. 冻结期货交易所会员在期货交易所保证金账户中的资金

B. 冻结期货交易所会员向期货交易所提交的用于充抵保证金的有价证券

C. 划拨期货交易所会员在期货交易所保证金账户中的资金

D. 划拨期货交易所会员向期货交易所提交的用于充抵保证金的有价证券

【参考答案】ABCD

【答案解析】见《最高人民法院关于审理期货纠纷案件若干问题的规定(二)》第三条的有关规定。

二十五、《最高人民法院、最高人民检察院关于办理内幕交易、泄露内幕信息刑事案件具体应用法律若干问题的解释》通关练习

（一）单项选择题（在以下各小题所给出的四个选项中，只有一个选项符合题目要求，请将正确选项的代码填入括号中）

1. 在内幕信息敏感期内从事或者明示、暗示他人从事或者泄露内幕信息导致他人从事与该内幕信息有关的证券、期货交易，证券交易成交额在（　　）万元以上的，应当认定为“情节严重”。

A. 10　　B. 50

C. 100　　D. 500

【参考答案】B

【答案解析】见《最高人民法院、最高人民检察院关于办理内幕交易、泄露内幕信息刑事案件具体应用法律若干问题的解释》第六条的有关规定。

2. 在内幕信息敏感期内从事或者明示、暗示他人从事或者泄露内幕信息导致他人从事与该内幕信息有关的证券、期货交易，期货交易占用保证金数额在（　　）万元以上的，应当认定为“情节严重”。

A. 10　　B. 30

C. 50　　D. 100

【参考答案】B

【答案解析】见《最高人民法院、最高人民检察院关于办理内幕交易、泄露内幕信息刑事案件具体应用法律若干问题的解释》第六条的有关规定。

3. 在内幕信息敏感期内从事或者明示、暗示他人从事或者泄露内幕信息导致他人从事与该内幕信息有关的证券、期货交易，获利或者避免损失数额在（　　）万元以上的，应当认定为“情节严重”。

A. 10　　B. 15

C. 30　　D. 50

【参考答案】B

【答案解析】见《最高人民法院、最高人民检察院关于办理内幕交易、泄露内幕信息刑事案件具体应用法律若干问题的解释》第六条的有关规定。

4. 在内幕信息敏感期内从事或者明示、暗示他人从事或者泄露内幕信息导致他人从事与该内幕信息有关的证券、期货交易（　）次以上的，应当认定为“情节严重”。

A. 1　　B. 2

C. 3　　D. 5

【参考答案】C

【答案解析】见《最高人民法院、最高人民检察院关于办理内幕交易、泄露内幕信息刑事案件具体应用法律若干问题的解释》第六条的有关规定。

5. 在内幕信息敏感期内从事或者明示、暗示他人从事或者泄露内幕信息导致他人从事与该内幕信息有关的证券、期货交易，证券交易成交额在（　）万元以上的，应当认定“情节特别严重”。

A. 100　　B. 250

C. 500　　D. 1 000

【参考答案】B

【答案解析】见《最高人民法院、最高人民检察院关于办理内幕交易、泄露内幕信息刑事案件具体应用法律若干问题的解释》第七条的有关规定。

6. 在内幕信息敏感期内从事或者明示、暗示他人从事或者泄露内幕信息导致他人从事与该内幕信息有关的证券、期货交易，期货交易占用保证金数额在（　）万元以上的应当认定“情节特别严重”。

A. 100　　B. 150

C. 300　　D. 500

【参考答案】B

【答案解析】见《最高人民法院、最高人民检察院关于办理内幕交易、泄露内幕信息刑事案件具体应用法律若干问题的解释》第七条的有关规定。

7. 在内幕信息敏感期内从事或者明示、暗示他人从事或者泄露内幕信息导致他人从事与该内幕信息有关的证券、期货交易，获利或者避免损失数额在（　）万元以上的，应当认定“情节特别严重”。

A. 50　　B. 75

C. 100　　D. 200

【参考答案】B

【答案解析】见《最高人民法院、最高人民检察院关于办理内幕交易、泄露内幕信息刑事案件具体应用法律若干问题的解释》第七条的有关规定。

8. 构成共同犯罪的，按照共同犯罪行为人的成交总额、占用保证金总额、获利或者避免损失总额定罪处罚，但判处各被告人罚金的总额应掌握在获利或者避免损失总额的（　　）。

A. 1倍以上2倍以下　　B. 1倍以上3倍以下

C. 1倍以上5倍以下　　D. 1倍以上10倍以下

【参考答案】C

【答案解析】见《最高人民法院、最高人民检察院关于办理内幕交易、泄露内幕信息刑事案件具体应用法律若干问题的解释》第九条规定。

（二）多项选择题（以下各小题给出的四个选项中，至少有两项符合题目要求，请将符合题目要求选项的代码填入括号内）

1.（　　）应当认定为"证券、期货交易内幕信息的知情人员"。

A. 发行人的董事、监事、高级管理人员

B. 持有公司百分之五以上股份的股东及其董事、监事、高级管理人员

C. 由于所任公司职务可以获取公司有关内幕信息的人员

D. 保荐人、承销的证券公司、证券交易所、证券登记结算机构、证券服务机构的有关人员

【参考答案】ABCD

【答案解析】见《最高人民法院、最高人民检察院关于办理内幕交易、泄露内幕信息刑事案件具体应用法律若干问题的解释》第一条的有关规定。

2.（　　）等行为的人员应当认定为"非法获取证券、期货交易内幕信息的人员"。

A. 利用窃取、骗取、套取、窃听、利诱、刺探或者私下交易等手段获取内幕信息

B. 内幕信息知情人员的近亲属或者其他与内幕信息知情人员关系密切的人员，在内幕信息敏感期内，从事或者明示、暗示他人从事，或者泄露内幕信息导致他人从事与该内幕信息有关的证券、期货交易，相关交易行为明显异常，且无正当理由或者正当信息来源

C. 在内幕信息敏感期内，与内幕信息知情人员联络、接触，从事或者明示、暗示他人从事，或者泄露内幕信息导致他人从事与该内幕信息有关的证券、期货

交易，相关交易行为明显异常，且无正当理由或者正当信息来源的

D. 根据公开信息判断价格走势的投机者

【参考答案】ABC

【答案解析】见《最高人民法院、最高人民检察院关于办理内幕交易、泄露内幕信息刑事案件具体应用法律若干问题的解释》第二条的有关规定。

3. “相关交易行为明显异常”，是指（　　）。

A. 开户、销户、激活资金账户或者指定交易（托管）、撤销指定交易（转托管）的时间与该内幕信息形成、变化、公开时间基本一致的

B. 资金变化与该内幕信息形成、变化、公开时间基本一致的

C. 买入或者卖出与内幕信息有关的证券、期货合约时间与内幕信息的形成、变化和公开时间基本一致的

D. 买入或者卖出证券、期货合约行为明显与平时交易习惯不同的

【参考答案】ABCD

【答案解析】见《最高人民法院、最高人民检察院关于办理内幕交易、泄露内幕信息刑事案件具体应用法律若干问题的解释》第三条的有关规定。

4. 以下不属于规定的从事与内幕信息有关的证券、期货交易的情形包括（　　）。

A. 持有或者通过协议、其他安排与他人共同持有上市公司5%以上股份的自然人、法人或者其他组织收购该上市公司股份的

B. 按照事先订立的书面合同、指令、计划从事相关证券、期货交易的

C. 依据已被他人披露的信息而交易的

D. 交易具有其他正当理由

【参考答案】ABCD

【答案解析】见《最高人民法院、最高人民检察院关于办理内幕交易、泄露内幕信息刑事案件具体应用法律若干问题的解释》第四条规定。

（三）判断题（判断以下各小题的正误，正确的填写A，错误的填写B）

1. “内幕信息敏感期”是指内幕信息自形成至公开的期间。（　　）

【参考答案】A

【答案解析】见《最高人民法院、最高人民检察院关于办理内幕交易、泄露内幕信息刑事案件具体应用法律若干问题的解释》第五条的有关规定。

2. 二次以上实施内幕交易或者泄露内幕信息行为，未经行政处理或者刑事处理的，应当对相关交易数额依法累计计算。

【参考答案】A

【答案解析】见《最高人民法院、最高人民检察院关于办理内幕交易、泄露内幕信息刑事案件具体应用法律若干问题的解释》第八条的有关规定。

3.“违法所得”，是指通过内幕交易行为所获利益；对避免的损失不计算在内。

【参考答案】B

【答案解析】“违法所得”，是指通过内幕交易行为所获利益或者避免的损失。

（四）综合题（以下各小题给出的四个选项中，至少有一项符合题目要求，请将符合题目要求选项的代码填入括号内）

阅读材料，回答1～3题。

宋某与陈某是师生关系，二人关系密切且有利益往来，曾合作推动多个贸易项目。陈某为国有大型粮食贸易企业大豆海外采购事项的内幕信息知情人。一次，在海外大豆采购内幕信息公开前，宋某与陈某有三次电话联系。后宋某控制使用“宋某”“邢某”“张某瑶”账户在大豆采购信息披露前大量抛出大豆期货合约，期货交易占用保证金数额最高达100万元，并在信息披露后全部平仓出场，获利30万元。交易时间与内幕信息的形成、变化和公开时间高度吻合，交易行为明显异常，构成内幕交易。事后，宋某分给陈某10万元。中国证监会决定对宋某内幕交易的行为处以100万元罚款，并认定宋某和陈某构成共同犯罪。

1. 宋某的内幕交易行为被认定为（　　）。

A. 情节较轻　　B. 情节严重

C. 情节比较严重　　D. 情节特别严重

【参考答案】B

【答案解析】见《最高人民法院、最高人民检察院关于办理内幕交易、泄露内幕信息刑事案件具体应用法律若干问题的解释》第六条的有关规定。

2. 对宋某的内幕交易行为除没收违法所得外，罚款最高可达（　　）万元。

A. 30　　B. 60

C. 100　　D. 150

【参考答案】D

【答案解析】见《最高人民法院、最高人民检察院关于办理内幕交易、泄露内幕信息刑事案件具体应用法律若干问题的解释》第九条的有关规定。

3. 陈某虽实际未从事内幕交易，除没收其非法所得外，对其罚金数额应该为（　　）万元。

A. 30　　　　B. 60

C. 100　　　　D. 150

【参考答案】A

【答案解析】见《最高人民法院、最高人民检察院关于办理内幕交易、泄露内幕信息刑事案件具体应用法律若干问题的解释》第九条、第十条的有关规定。

二十六、《最高人民法院、最高人民检察院关于办理利用未公开信息交易刑事案件适用法律若干问题的解释》通关练习

（一）单项选择题（在以下各小题所给出的四个选项中，只有一个选项符合题目要求，请将正确选项的代码填入括号中）

1. 利用未公开信息交易，违法所得数额在（　　）万元以上的，应当认定为“情节严重”。

A. 10　　　　B. 50

C. 100　　　　D. 500

【参考答案】C

【答案解析】见《最高人民法院、最高人民检察院关于办理利用未公开信息交易刑事案件适用法律若干问题的解释》第五条有关的规定。

2. 利用未公开信息交易，（　　）利用未公开信息交易的，应当认定为“情节严重”。

A. 一年内两次　　　　B. 一年内三次

C. 二年内三次　　　　D. 二年内两次

【参考答案】C

【答案解析】见《最高人民法院、最高人民检察院关于办理利用未公开信息交易刑事案件适用法律若干问题的解释》第五条的有关规定。

3. 利用未公开信息交易，明示、暗示（　　）人以上从事相关交易活动的，应当认定为“情节严重”。

A. 1　　　　B. 2

C. 3　　　　D. 5

【参考答案】C

【答案解析】见《最高人民法院、最高人民检察院关于办理利用未公开信息

交易刑事案件适用法律若干问题的解释》第五条的有关规定。

4. 利用未公开信息交易，违法所得数额在（　　）万元以上的，应当认定为“情节特别严重”。

A. 50　　B. 100

C. 500　　D. 1 000

【参考答案】D

【答案解析】见《最高人民法院、最高人民检察院关于办理利用未公开信息交易刑事案件适用法律若干问题的解释》第七条的有关规定。

（二）多项选择题（以下各小题给出的四个选项中，至少有两项符合题目要求，请将符合题目要求选项的代码填入括号内）

1.《刑法第一百八十条第一款》所规定的“内幕信息以外的其他未公开的信息”，包括（　　）信息。

A. 证券、期货的投资决策、交易执行信息

B. 证券持仓数量及变化、资金数量及变化、交易动向信息

C. 期货仓单数量的变化

D. 其他可能影响证券、期货交易活动的信息

【参考答案】ABD

【答案解析】见《最高人民法院、最高人民检察院关于办理利用未公开信息交易刑事案件适用法律若干问题的解释》第一条的有关规定。期货仓单数量的变化是公开信息。

2. 行为人“明示、暗示他人从事相关交易活动”，应当综合（　　）方面进行认定。

A. 行为人具有获取未公开信息的职务便利

B. 行为人获取未公开信息的初始时间与他人从事相关交易活动的初始时间具有关联性

C. 行为人与他人之间具有亲友关系、利益关联、交易终端关联等关联关系

D. 他人从事相关交易的证券、期货品种、交易时间与未公开信息所涉证券、期货品种、交易时间等方面基本一致

【参考答案】ABCD

【答案解析】见《最高人民法院、最高人民检察院关于办理利用未公开信息交易刑事案件适用法律若干问题的解释》第四条的有关规定。

（三）判断题（判断以下各小题的正误，正确的填写A，错误的填写B）

1. 二次以上利用未公开信息交易，依法应予行政处理或者刑事处理而未经处理的，相关交易数额或者违法所得数额累计计算。（　　）

【参考答案】A

【答案解析】见《最高人民法院、最高人民检察院关于办理利用未公开信息交易刑事案件适用法律若干问题的解释》第八条的有关规定。

2. 符合《最高人民法院、最高人民检察院关于办理利用未公开信息交易刑事案件适用法律若干问题的解释》第五条、第六条规定的标准，行为人如实供述犯罪事实，认罪悔罪，并积极配合调查，退缴违法所得的，可以从轻处罚；其中犯罪情节轻微的，可以依法不起诉或者免予刑事处罚。

【参考答案】A

【答案解析】见《最高人民法院、最高人民检察院关于办理利用未公开信息交易刑事案件适用法律若干问题的解释》第十一条规定。

（四）综合题（以下各小题给出的四个选项中，至少有一项符合题目要求，请将符合题目要求选项的代码填入括号内）

阅读材料，回答1~2题。

2013年5月至2014年2月，被告人朱某在担任某证券公司上海证券自营分公司副总经理期间，利用其对该公司的股票自营账户具有投资决策权的职务便利，掌握相关投资决策、标的股票、交易执行等未公开信息，违反规定，通过其实际控制的户名为“梁某1”“周某某”在另外一家证券公司上海保定路证券营业部账户，先于同期或者稍晚于上述自营账户买入或卖出“阳普医疗”“世纪鼎利”2支相同股票，趋同交易金额2 408万余元，非法获利212万余元。2016年10月28日，被告人朱某向公安机关投案自首，其到案后供述了全部犯罪事实。法院审理期间，被告人朱某退赔了全部违法所得。

1. 被告人朱某的未公开信息交易行为被认定为（　　）。

A. 情节较轻　　B. 情节严重

C. 情节比较严重　　D. 情节特别严重

【参考答案】B

【答案解析】见《最高人民法院、最高人民检察院关于办理利用未公开信息交易刑事案件适用法律若干问题的解释》第五条的有关规定。

2. 最终，被告人朱某犯利用未公开信息交易罪，没收违法所得，判处有期徒刑 3 年，缓刑 4 年，并处罚金人民币 1 400 万元。这是因为（　　）。

A. 情节较轻

B. 被告人朱某有自首情节，依法减轻处罚

C. 被告人朱某退赔全部违法所得，可酌情从轻处罚

D. 情节特别严重

【参考答案】BC

【答案解析】见《最高人民法院、最高人民检察院关于办理利用未公开信息交易刑事案件适用法律若干问题的解释》第十一条的有关规定。

二十七、《最高人民法院、最高人民检察院关于办理操纵证券、期货市场刑事案件适用法律若干问题的解释》通关练习

（一）单项选择题（在以下各小题所给出的四个选项中，只有一个选项符合题目要求，请将正确选项的代码填入括号中）

1. 操纵期货市场，实际控制的账户合并持仓连续十个交易日的最高值超过期货交易所限仓标准的二倍，累计成交量达到同期该期货合约总成交量 20% 以上，且期货交易占用保证金数额在（　　）万元以上的，应当认定为“情节严重”。

A. 10　　B. 50

C. 100　　D. 500

【参考答案】D

【答案解析】见《最高人民法院、最高人民检察院关于办理操纵证券、期货市场刑事案件适用法律若干问题的解释》第二条的有关规定。

2. 操纵证券市场，连续十个交易日的累计成交量达到同期该证券总成交量（　）以上的，应当认定为“情节严重”。

A. 10%　　B. 20%

C. 30%　　D. 50%

【参考答案】B

【答案解析】见《最高人民法院、最高人民检察院关于办理操纵证券、期货市场刑事案件适用法律若干问题的解释》第二条的有关规定。

3. 操纵证券市场，证券交易成交额在（　　）万元以上的，应当认定为“情节严重”。

A. 100　　B. 500

C. 1 000　　D. 5 000

【参考答案】C

【答案解析】见《最高人民法院、最高人民检察院关于办理操纵证券、期货市场刑事案件适用法律若干问题的解释》第二条的有关规定。

4. 操纵证券、期货市场，当日累计撤回申报量达到同期该证券、期货合约总申报量（　　）以上，且证券撤回申报额在 1 000 万元以上、撤回申报的期货合约占用保证金数额在 500 万元以上的，应当认定为“情节严重”。

A. 10%　　B. 20%

C. 30%　　D. 50%

【参考答案】D

【答案解析】见《最高人民法院、最高人民检察院关于办理操纵证券、期货市场刑事案件适用法律若干问题的解释》第二条的有关规定。

5. 实施操纵证券、期货市场行为，违法所得数额在（　　）万元以上的，应当认定为“情节严重”。

A. 100　　B. 500

C. 1 000　　D. 5 000

【参考答案】A

【答案解析】见《最高人民法院、最高人民检察院关于办理操纵证券、期货市场刑事案件适用法律若干问题的解释》第二条规定。

6. 操纵证券市场，连续十个交易日的累计成交量达到同期该证券总成交量（　　）以上的，应当认定为“情节特别严重”。

A. 10%　　B. 20%

C. 30%　　D. 50%

【参考答案】D

【答案解析】见《最高人民法院、最高人民检察院关于办理操纵证券、期货市场刑事案件适用法律若干问题的解释》第四条的有关规定。

7. 操纵证券市场，证券交易成交额在（　　）万元以上的，应当认定为“情节特别严重”。

A. 100　　B. 500

C. 1 000　　D. 5 000

【参考答案】D

【答案解析】见《最高人民法院、最高人民检察院关于办理操纵证券、期货市场刑事案件适用法律若干问题的解释》第四条的有关规定。

8. 操纵期货市场，实际控制的账户合并持仓连续十个交易日的最高值超过期货交易所限仓标准的五倍，累计成交量达到同期该期货合约总成交量 50% 以上，且期货交易占用保证金数额在（　　）万元以上的，应当认定为“情节特别严重”。

A. 500　　B. 1 000

C. 2 500　　D. 5 000

【参考答案】C

【答案解析】见《最高人民法院、最高人民检察院关于办理操纵证券、期货市场刑事案件适用法律若干问题的解释》第四条的有关规定。

9. 操纵期货市场，实际控制的账户连续十个交易日的累计成交量达到同期该期货合约总成交量 50% 以上，且期货交易占用保证金数额在（　　）万元以上的，应当认定为“情节特别严重”。

A. 500　　B. 1 000

C. 2 500　　D. 5 000

【参考答案】C

【答案解析】见《最高人民法院、最高人民检察院关于办理操纵证券、期货市场刑事案件适用法律若干问题的解释》第四条的有关规定。

10. 实施操纵证券、期货市场行为，违法所得数额在（　　）万元以上的，应当认定为“情节特别严重”。

A. 100　　B. 500

C. 1 000　　D. 5 000

【参考答案】C

【答案解析】见《最高人民法院、最高人民检察院关于办理操纵证券、期货市场刑事案件适用法律若干问题的解释》第四条的有关规定。

（二）多项选择题（以下各小题给出的四个选项中，至少有两项符合题目要求，请将符合题目要求选项的代码填入括号内）

1. 行为人具有（　　）等情形之一的，可以认定为“以其他方法操纵证券、期货市场”。

A. 利用虚假或者不确定的重大信息，诱导投资者做出投资决策，影响证券、期货交易价格或者证券、期货交易量，并进行相关交易或者谋取相关利益

B. 通过对证券及其发行人、上市公司、期货交易标的公开做出评价、预测或者投资建议，误导投资者做出投资决策，影响证券、期货交易价格或者证券、期货交易量，并进行与其评价、预测、投资建议方向相反的证券交易或者相关期

货交易

C. 不以成交为目的，频繁申报、撤单或者大额申报、撤单，误导投资者做出投资决策，影响证券、期货交易价格或者证券、期货交易量，并进行与申报相反的交易或者谋取相关利益

D. 通过囤积现货，影响特定期货品种市场行情，并进行相关期货交易

【参考答案】ABCD

【答案解析】见《最高人民法院、最高人民检察院关于办理操纵证券、期货市场刑事案件适用法律若干问题的解释》第一条的有关规定。

2. 操纵证券、期货市场，违法所得数额在50万元以上，具有下列（　）等情形之一的，应当认定为“情节严重”。

A. 行为人明知操纵证券、期货市场行为被有关部门调查，仍继续实施

B. 因操纵证券、期货市场行为受过刑事追究

C. 二年内因操纵证券、期货市场行为受过行政处罚

D. 在市场出现重大异常波动等特定时段操纵证券、期货市场

【参考答案】ABCD

【答案解析】见《最高人民法院、最高人民检察院关于办理操纵证券、期货市场刑事案件适用法律若干问题的解释》第三条的有关规定。

3.（　）应当认定为“自己实际控制的账户”。

A. 行为人以自己名义开户并使用的实名账户

B. 行为人向账户转入或者从账户转出资金，并承担实际损益的他人账户

C. 行为人通过投资关系、协议等方式对账户内资产行使交易决策权的他人账户

D. 其他有证据证明行为人具有交易决策权的账户

【参考答案】ABCD

【答案解析】见《最高人民法院、最高人民检察院关于办理操纵证券、期货市场刑事案件适用法律若干问题的解释》第五条的有关规定。

（三）判断题（判断以下各小题的正误，正确的填写A，错误的填写B）

1. 操纵证券、期货市场，违法所得数额在50万元以上，并造成恶劣社会影响或者其他严重后果的，应当认定为“情节特别严重”。（　）

【参考答案】B

【答案解析】应当认定为“情节严重”。

2.“连续十个交易日”，是指行为人连续交易的十个交易日，并非指证券、

期货市场开市交易的连续十个交易日。（　　）

【参考答案】B

【答案解析】“连续十个交易日”，是指证券、期货市场开市交易的连续十个交易日，并非指行为人连续交易的十个交易日。

（四）综合题（以下各小题给出的四个选项中，至少有一项符合题目要求，请将符合题目要求选项的代码填入括号内）

阅读材料，回答1～2题。

伊世顿公司于2012年9月成立，由俄罗斯人实际控制。2013年6月起，伊世顿公司为逃避证券期货监管，通过高某、金某某介绍，以借用或者收购方式，实际控制了19名自然人和7个法人期货账户，与伊世顿公司自有账户组成账户组，进行中国金融期货交易所股指期货合约交易。

2015年初，伊世顿公司将自行开发的报单交易系统非法接入中金所交易系统，直接进行交易。同年6月1日至7月6日，该公司利用以逃避期货公司资金和持仓验证等非法手段获取交易速度优势，大量交易中证500股指期货主力合约、沪深300股指期货主力合约共377.44万余手，从中获取非法利益人民币3.893亿元。

1. 伊世顿公司操纵期货市场交易行为被认定为（　　）。

A. 情节较轻　　B. 情节严重

C. 情节比较严重　　D. 情节特别严重

【参考答案】D

【答案解析】见《最高人民法院、最高人民检察院关于办理操纵证券、期货市场刑事案件适用法律若干问题的解释》第四条的有关规定。

2. 伊世顿公司以借用或者收购方式，实际控制了19名自然人和7个法人期货账户。根据（　　）的事实，属于“自己实际控制的账户”。

A. 以自己名义开户并使用的实名账户

B. 通过投资关系、协议等方式对账户内资产行使交易决策权的他人账户

C. 向账户转入或者从账户转出资金，并承担实际损益的他人账户

D. 其他有证据证明行为人具有交易决策权的账户

【参考答案】ABCD

【答案解析】见《最高人民法院、最高人民检察院关于办理操纵证券、期货市场刑事案件适用法律若干问题的解释》第五条的有关规定。